CB138195

Dos Direitos da Personalidade ao Princípio da Boa-Fé Objetiva nos Contratos de Direito Privado

Lumen Juris Editora
www.lumenjuris.com.br

Editor
João Luiz da Silva Almeida

Conselho Editorial

Abel Fernandes Gomes
Adriano Pilatti
Alexandre Bernardino Costa
Ana Alice De Carli
Anderson Soares Madeira
André Abreu Costa
Beatriz Souza Costa
Bleine Queiroz Caúla
Bruno Soeiro Vieira
Daniela Copetti Cravo
Daniele Maghelly Menezes Moreira
Diego Araujo Campos
Enzo Bello
Firly Nascimento Filho
Flávio Ahmed
Frederico Antonio Lima de Oliveira
Frederico Price Grechi
Geraldo L. M. Prado
Gina Vidal Marcilio Pompeu
Gisele Cittadino
Gustavo Noronha de Ávila
Gustavo Sénéchal de Goffredo
Jean Carlos Dias
Jean Carlos Fernandes
Jeferson Antônio Fernandes Bacelar
Jerson Carneiro Gonçalves Junior
João Marcelo de Lima Assafim
João Theotonio Mendes de Almeida Jr.
José Emílio Medauar
José Ricardo Ferreira Cunha
José Rubens Morato Leite
Josiane Rose Petry Veronese
Leonardo El-Amme Souza e Silva da Cunha
Lúcio Antônio Chamon Junior
Luigi Bonizzato
Luis Carlos Alcoforado
Luiz Henrique Sormani Barbugiani
Manoel Messias Peixinho
Marcelo Pinto Chaves
Marcelo Ribeiro Uchôa
Márcio Ricardo Staffen
Marco Aurélio Bezerra de Melo
Marcus Mauricius Holanda
Maria Celeste Simões Marques
Murilo Siqueira Comério
Océlio de Jesus Carneiro de Morais
Ricardo Lodi Ribeiro
Roberto C. Vale Ferreira
Salah Hassan Khaled Jr.
Sérgio André Rocha
Simone Alvarez Lima
Valter Moura do Carmos
Vicente Paulo Barreto
Victor Sales Pinheiro
Vinícius Borges Fortes

Conselheiros beneméritos

Denis Borges Barbosa (*in memoriam*)
Marcos Juruena Villela Souto (*in memoriam*)

Filiais

Sede: Rio de Janeiro
Rua Octávio de Faria, n° 81 – Sala 301
CEP: 22795-415
Recreio dos Bandeirantes
Rio de Janeiro – RJ
Tel. (21) 3933-4004 / (21) 3249-2898

Maceió
(Divulgação)
Cristiano Alfama Mabilia
cristiano@lumenjuris.com.br
Maceió – AL
Tel. (82) 9-9661-0421

São Paulo
(Distribuidor)
Rua Sousa Lima, 75
CEP: 01153-020
Barra Funda – São Paulo – SP
Telefax (11) 5908-0240

AYMORÉ ROQUE POTTES DE MELLO

Dos Direitos da Personalidade ao Princípio da Boa-Fé Objetiva nos Contratos de Direito Privado

APROXIMAÇÕES LUSO-BRASILEIRAS

Editora Lumen Juris
Rio de Janeiro
2021

Copyright © 2021 *by* Aymoré Roque Pottes de Mello

Categoria: Direito Civil

PRODUÇÃO EDITORIAL
Livraria e Editora Lumen Juris Ltda.

Diagramação: Renata Chagas

A LIVRARIA E EDITORA LUMEN JURIS LTDA.
não se responsabiliza pelas opiniões
emitidas nesta obra por seu Autor.

É proibida a reprodução total ou parcial, por qualquer meio ou processo, inclusive quanto às características gráficas e/ou editoriais. A violação de direitos autorais constitui crime (Código Penal, art. 184 e §§, e Lei nº 6.895, de 17/12/1980), sujeitando-se a busca e apreensão e indenizações diversas (Lei nº 9.610/98).

Todos os direitos desta edição reservados à
Livraria e Editora Lumen Juris Ltda.

Impresso no Brasil
Printed in Brazil

CIP-BRASIL. CATALOGAÇÃO-NA-FONTE

M527d

Mello, Aymoré Roque Pottes de
Dos direitos da personalidade ao princípio da boa-fé objetiva nos contratos de direito privado : aproximações luso-brasileiras / Aymoré Roque Pottes de Mello. – Rio de Janeiro : Lumen Juris, 2021.
264 p. ; 23 cm.

Bibliografia : p. 239-248.

ISBN 978-65-5510-621-3

1. Direito civil. 2. Dignidade da pessoa humana. 3. Direito da personalidade. 4. Função social. 5. Princípio da boa-fé objetiva. I. Título.

CDD 346

Ficha catalográfica elaborada por Ellen Tuzi CRB-7: 6927

Para meus pais, João Mello Sobrinho e Ariêta Pottes de Mello (in memorian), guias-mestras da minha vida.

Aos meus filhos, Luciana e Rafael, com amor e esperança de um mundo melhor.

À Marciane, companheira de todas as horas e afeto da minha vida.

Aos meus irmãos Ubiratã e Ubiraci, sempre ao meu lado em qualquer circunstância.

Ao compadre José Antônio Palma Borges (in memoriam), meu irmão de coração e trumpetista favorito desde tempos imemoriais.

Ao colega e amigo Desembargador Cláudio Luís Martinewski (TJRS), incansável companheiro na construção de futuros.

Ao Professor Doutor Diogo Leite de Campos, a admiração pessoal e gratidão pela maestria no processo de orientação da minha Dissertação de Mestrado no Curso de Mestrado em Direito da UAL - Universidade Autónoma de Lisboa "Luís de Camões".

Ao Professor Doutor António Alfredo Mendes, o reconhecimento pessoal e gratidão pela frutificante convivência acadêmica na UAL - Universidade Autónoma de Lisboa "Luís de Camões".

Ao Corpo Docente dos Cursos de Mestrado e de Doutoramento em Direito da UAL - Universidade Autónoma de Lisboa "Luís de Camões", o reconhecimento e gratidão.

Aos Colegas da Turma 8 do Curso de Mestrado em Direito da UAL - Universidade Autónoma de Lisboa "Luís de Camões", a amizade e gratidão.

Sumário

Resumo

O presente estudo investiga os fundamentos éticos, jurídicos e normativos que os direitos da personalidade e o postulado da dignidade da pessoa humana transmitem aos princípios da função social dos negócios e da boa-fé objetiva no sistema obrigacional dos contratos de direito privado no Brasil e em Portugal. Nesta perspectiva, pesquisa e investiga a historicidade, conceito, natureza jurídica, dimensão, fundamentos e conformações orgânico-funcionais de cada uma destas quatro categorias jurídico-institucionais, bem assim os nexos etiológicos que vinculam cada uma e todas entre si. Assim, o objetivo principal da investigação consiste em examinar quando e em que condições o princípio da boa-fé objetiva converte-se em fonte substancial de concretização dos direitos da personalidade — dimensão qualificada do postulado da dignidade da pessoa humana — e do princípio da função social dos contratos no sistema obrigacional juscivilista luso-brasileiro.

A metodologia de abordagem desenvolvida na investigação e na pesquisa abrange os métodos indutivo, dedutivo e dialético, tendo por escopo produzir uma visão orgânico-funcional sobre as quatro categorias jurídico-institucionais estudadas. Os procedimentos investigatórios envolvem metodologia histórica e comparativa, com pesquisas de ordem normativa, doutrinária e jurisprudencial. As técnicas de pesquisa usadas para a coleta da informação, compilação e elaboração do trabalho são de ordem documental e bibliográfica na sua essência, com iterativa nominação direta das fontes de pesquisa.

Palavras-chave: direitos da personalidade, postulado da dignidade da pessoa humana, função social dos negócios jurídicos, princípio da boa-fé objetiva contratual.

Abstract

This scientific work investigates the fundamental ethical, legal, and normative principles connecting legal personalities and the postulate of the dignity of the human person transmit to the principles of social function of the business and the objective good faith within the obligational system of private law in Brazil and Portugal. Within this perspective, the work assesses the historicity, concept, dimensions, principles, and organic-functional conformations of the four aforementioned legal-institutional categories, as well as the causal, structural, contextual, taxonomic, and reciprocity relations within and between each category. Thus, the main objective of the investigation consists of uncovering *if*, *when*, and *under what conditions regards to its recipient, the principle of objective good faith* becomes a *substantial source* of *realization of personality rights*, of the *dignity of the human person*, and of the *principle of social function of contracts* within the Brazilian and Portuguese systems of civil obligations.

The methodology of the approach developed in the research and analysis includes the deductive and dialectic methods, aiming to produce a functional-organic, structural, and contextual vision of the diverse interactive questions within the subject. The investigative procedures involve historical and comparative methodology, with normative, doctrinal and jurisprudential research. The research techniques used for information gathering, compilation and development of the work are essentially documentary and bibliographical, with **direct reference to sources**.

Keywords: personality rights, postulate of the dignity of the human person, social function of business, principle of objective good faith.

Prefácio

Recebi com grande honra o convite para elaborar o Prefácio do livro do meu querido colega e amigo Desembargador Aymoré Roque Pottes de Mello, denominado "Dos Direitos da Personalidade ao Princípio da Boa-fé Objetiva nos Contratos de Direito Privado – Aproximações Luso-Brasileiras", elaborado a partir de sua Dissertação de Mestrado, brilhantemente apresentada perante a Universidade Autônoma de Lisboa "Luís de Camões" (UAL), tendo como orientador o eminente Professor Doutor Ricardo Diogo Paredes Leite de Campos.

O presente trabalho, praticamente uma Tese de Doutorado, elaborado com o rigor acadêmico próprio das universidades lusitanas, foi aprovado com extraordinário brilho por banca formada pelos Professores Doutores Ruben Bahamonde Delgado (UAL), Antônio Alfredo Mendes (Instituto Superior de Contabilidade e Administração de Lisboa) e Ricardo Diogo Paredes Leite de Campos (UAL – Orientador), que tive a satisfação de assistir virtualmente, sendo uma das poucas alegrias proporcionadas pelos tempos da pandemia da Covid-19.

O Júri da Faculdade de Direito da UAL atribuiu, nas provas públicas de Defesa da Dissertação de Mestrado, por unanimidade, 19 valores, com a qualificação de "Excelente", obtendo 18 valores como nota final no Curso de Mestrado em Direito.

A qualidade e a profundidade da obra não surpreende quem conhece o seu autor há mais de trinta anos, tendo o privilégio de desfrutar da sua amizade e de sua família, que se aprofundou ao longo desse período por diferentes circunstâncias da vida que nos aproximaram ainda mais.

O autor, formado pela Faculdade de Direito da Universidade do Vale do Rio dos Sinos (UNISINOS), após breve período dedicado à advocacia, ingressou na Magistratura gaúcha como Pretor em 1980. Após novo concurso público, foi nomeado para o cargo de Juiz de Direito, atuando nas Comarcas de Arroio do Meio, Tupanciretã, Sapucaia do Sul e Porto Alegre, sendo promovido para o Tribunal de Alçada em 1997. Tornou-se Desembargador do Tribunal de Justiça do Rio Grande do Sul em 1998, com marcante atuação em Câmaras Cíveis e Criminais. Paralelamente, exerceu o Magistério na Faculdade de Direito da UNISINOS, da qual é Professor licenciado, nas disciplinas de Direito

Comercial, Direito Civil e Direito Processual Civil. Além disso, sempre teve forte atuação na política institucional e associativa da Magistratura no Tribunal de Justiça do Rio Grande do Sul, na Associação dos Juízes do Rio Grande do Sul (AJURIS) e na Associação dos Magistrados Brasileiros (AMB), com destaque para os temas ligados à previdência pública.

A nota característica do autor foi sempre se dedicar "de corpo e alma" a todas as atividades nas quais se envolve ao longo de sua vida pessoal e profissional.

Com essa característica pessoal, acompanhada de seu excelente currículo, não surpreende a coragem do autor de impor a si mesmo o desafio de investigar, perante uma tradicional academia jurídica lusitana, os fundamentos éticos, jurídicos e normativos que os direitos da personalidade e o postulado normativo da dignidade da pessoa humana transmitem aos princípios da função social dos contratos e da boa-fé objetiva no sistema de direito obrigacional do Brasil e de Portugal.

O seu objetivo central foi estabelecer, principalmente, em que medida o princípio da boa-fé objetiva transforma-se em fonte substancial de concretização dos direitos da personalidade, do postulado da dignidade da pessoa humana e do princípio da função social dos contratos no sistema obrigacional português e brasileiro.

O peso da empreitada não poderia estar em melhores mãos, tendo o autor, com esmero e profundidade, cercado da melhor doutrina brasileira e portuguesa, estabelecido os contornos jurídicos de cada uma dessas quatro categorias para alcançar as suas conclusões.

O estudo foi desenvolvido em três grandes partes umbilicalmente ligadas entre si e entremeadas dos grandes valores que conectam os princípios da função social dos contratos e da boa-fé objetiva aos direitos da personalidade e ao postulado da dignidade da pessoa humana.

No primeiro capítulo, denominado de "Direitos da Personalidade e Postulado da Dignidade da Pessoa Humana nos Contratos de Direito Privado", são estabelecidos os paradigmas axiológicos norteadores de toda a sua investigação, avultando a sua preocupação de entrelaçar a melhor doutrina brasileira e portuguesa acerca do tema.

No segundo capítulo, dedicado aos "Princípios da Função Social e da Boa-fé Objetiva nos Contratos de Direito Privado", a preocupação do autor é com a análise desses dois grandes pilares do sistema de direito privado à luz da estrutura de valores transcendentes que dimanam dos direitos da personalidade e da dignidade da pessoa humana. Merece especial destaque a verificação feita pelo autor de como ocorre a sua concretização, especialmente da boa-fé objetiva, mediante os conceitos jurídicos indeterminados, as cláusulas gerais e os *standards* de comportamento, especialmente na jurisprudência.

No terceiro capítulo, denominado "Estrutura Orgânica e Funcional do Princípio da Boa-fé Objetiva nos Contratos de Direito Privado", o autor volta a sua investigação para a morfologia orgânica e funcional do princípio da boa-fé objetiva no sistema de direito contratual, concentrando a sua análise nas funções do princípio da boa-fé objetiva (função interpretativa, função criadora de deveres jurídicos e função de controle e delimitação do exercício de direitos subjetivos) e na sua concretização em diversos institutos, cujos nomes são sintetizados em brocardos oriundos de outras línguas, como *venire contra factum proprium, supressio, surrectio, tu quoque, exceptio doli, Stoppel, duty to mitigate the loss, nachfrist.*

Após analisar a concretização desses institutos em perspectiva doutrinária, o autor traça, na segunda parte desse capítulo, um panorama jurisprudencial, com ênfase em precedentes do Superior Tribunal de Justiça brasileiro (STJ) e do Supremo Tribunal de Justiça português, demonstrando o prestígio do princípio da boa-fé objetiva na jurisprudência das duas Cortes, inclusive fazendo referência a alguns acórdãos da minha relatoria no STJ brasileiro.

O autor conseguiu, assim, dissecar os princípios fundamentais do sistema de direito privado no Direito brasileiro e português, especialmente a boa-fé objetiva, com notável poder de sistematização dos seus aspectos teóricos e práticos.

Além disso, o presente livro estabelece um importante elo de ligação entre diferentes Escolas de Direito Civil do Brasil e de Portugal, que, com diferentes enfoques, cultuam os princípios jurídicos como os grandes fundamentos do sistema de direito privado, com destaque, no Brasil, para as lições do saudoso Professor Clóvis do Couto e Silva, que, mediante sua extraordinária obra "Obrigação como Processo", teve a primazia de transpor o princípio da boa-fé objetiva do direito alemão para o direito brasileiro e de demonstrar a sua importância no sistema de direito privado, formando uma escola própria na Faculdade de Direito da Universidade Federal do Rio Grande do Sul e formando ilustres discípulos como Judith Martins-Costa, Vera Fradera, Ruy Rosado de Aguiar Júnior.

Trata-se, enfim, de uma obra madura, que se apresenta como a concretização de uma investigação teórico-prática desenvolvida não apenas durante o

Curso de Mestrado em Portugal, mas ao longo de toda a sua fecunda trajetória profissional, seja como Professor Universitário, seja como Magistrado no Tribunal de Justiça do Estado do Rio do Grande do Sul, tendo sempre como nota marcante a coragem de apresentar e defender com galhardia teses pioneiras e humanistas, que gradativamente foram sendo aceitas e se consolidaram na jurisprudência gaúcha e brasileira.

Não apenas como amigo do autor, mas como Professor e Magistrado há mais de três décadas, tenho o dever de afiançar que obras doutrinárias, como a constante do presente livro, constituem leitura obrigatória para todos os operadores do Direito, que pretendam compreender a extraordinária importância teórica e prática assumida pelo princípio da boa-fé objetiva no Direito brasileiro e português!

Brasília, fevereiro de 2021.

Ministro PAULO DE TARSO SANSEVERINO
Superior Tribunal de Justiça - STJ

Apresentação

A obra do Desembargador Aymoré Mello é profundamente humana, logo bela e inspiradora, portanto jurídica.

Como texto académico recebeu a mais alta classificação dada pelas Faculdades de Direito portuguesas, raríssimas vezes atribuída.

É difícil encontrar-se um estudo jurídico, com a excelência deste, tão inspirado e gerado pelo Autor. Este não se reduz a recolher normas ou os seus farrapos (embora as leve em conta), simples partes não significativas da totalidade.

A totalidade é a pessoa digna, dignidade feita de valores, de liberdade a favor dos outros, de razão, de amor, de sentimento de igualdade. Dignidade integrada por valores e direitos. Direitos que geram a relação jurídica animada pela boa fé.

O percurso do Autor é o acompanhamento do caminho da pessoa digna em relação jurídica, feita de empatia e de simpatia perante o outro igual ao eu-mesmo. Quando se refere a autores, tribunais ou lei todos estes são consumidos pela valia do discurso original do Autor a caminho da totalidade.

É uma obra cume de uma grande carreira - outras aparecerão.

Mas que deveria ser meditada também por todos os que começam os estudos de Direito, para entenderem o que este é e se conciliarem com ele.

O seu conteúdo são os valores e a razão do jurista excelso que é o Desembargador Aymoré Mello. Lendo a obra é fácil estimar e admirar a pessoa.

Lisboa, fevereiro de 2021.

Doutor DIOGO LEITE DE CAMPOS
Professor catedrático jubilado da Faculdade de Direito de Coimbra
Professor catedrático da Universidade Autónoma de Lisboa

Introdução

O presente trabalho tem por escopo investigar os fundamentos éticos, jurídicos e normativos que os direitos da personalidade e o postulado da dignidade da pessoa humana transmitem aos princípios da função social dos negócios e da boa-fé objetiva no sistema obrigacional dos contratos de direito privado no Brasil e em Portugal.

Trata-se de incursionar, neste passo, sobre os nexos etiológicos desta tetralogia jurídico-institucional, em cuja ambiência cada fator opera e coopera para a formação de um processo interativo, criando um quadro complexo, polifacetado e multifuncional que opera em regime de concausas, gerando uma cadeia constitutiva de causalidades conformadoras de um ciclo virtuoso que se retroalimenta, dialoga e constrói soluções em caráter contínuo no universo ético, jurídico e normativo no Estado de Direito democrático.

No magistério de MARIA CELINA BODIN DE MORAES[1], a construção do conceito filosófico-político da dignidade humana deve-se à compreensão de que a reflexão jurídica sobre o tema desenvolve-se, necessariamente, com o recurso à Filosofia, à Política e à História, passo em que não incumbe ao ordenamento jurídico, enquanto tal, determinar o seu conteúdo e as suas características, menos ainda permitir que se avalie essa dignidade. Tampouco são as Constituições que definem o que seja dignidade humana, pois o Direito enuncia o princípio, cristalizado na consciência histórica coletiva de determinada comunidade, dispondo sobre a sua tutela através de direitos, liberdades e garantias que a assegurem. Sem conotação jusnaturalista, trata-se de ressaltar que, antes de se incorporar o postulado da dignidade da pessoa humana às Constituições, foi necessário que se reconhecesse o ser humano como sujeito de direitos e, nesta condição, detentor de uma *dignidade* própria, cuja base lógica reside no direito universal da pessoa humana a ter direitos. Assim, o respeito à dignidade da pessoa humana, fundamento do imperativo categórico kantiano, de ordem moral, tornou-se um comando jurídico, no Brasil, com

---

1 MORAES, Maria Celina Bodin de - O conceito de dignidade humana: substrato axiológico e conteúdo normativo. *In:* SARLET, Ingo Wolfgang (Org.). **Constituição, Direitos Fundamentais e Direito Privado.** 2.ª ed., rev. e ampl. Porto Alegre: Livraria do Advogado, 2006, p. 116.

a Carta Magna de 1988, e, em Portugal, com a Constituição da República de 1976. Por sua vez, ANTONIO JUNQUEIRA DE AZEVEDO aduz que o uso da expressão *dignidade da pessoa humana* é acontecimento recente no mundo jurídico e leciona que, na atualidade, "a dignidade da pessoa humana como princípio jurídico pressupõe o imperativo categórico da intangibilidade da vida humana e dá origem, em sequência hierárquica, aos seguintes preceitos: 1- respeito à integridade física e psíquica das pessoas; 2- consideração pelos pressupostos materiais mínimos para o exercício da vida; e, 3- respeito pelas condições mínimas de liberdade e convivência social igualitária"[2].

Assim, a polêmica dos direitos humanos, ou dos direitos da personalidade, refere-se à necessidade de normatização dos direitos das pessoas em favor da *concretude* do princípio da dignidade da pessoa humana, do modo de melhor tutelá-la, onde quer que se faça presente essa necessidade. Nesta esteira, MARIA CELINA BODIN DE MORAES assevera que é preciso tomar posição sobre a questão da tipicidade ou atipicidade dos direitos da personalidade, pois, de fato, descabe discutir sobre eles serem *numerus apertus* ou *clausus, uma vez que,* a partir do *postulado constitucional da dignidade*, está-se diante de uma *cláusula geral de tutela da pessoa humana*[3]. Avançando no *thema*, LUIZ EDSON FACHIN[4] afirma necessária a superação da dicotomia entre os direitos da personalidade públicos e privados, uma vez que os nominalismos e as classificações exacerbadas resultam, muitas vezes, na imposição de barreiras que dificultam a proteção da pessoa no plano da *praxis*, para o que chama à colação, no ponto, o magistério da Professora BODIN DE MORAES, no sentido de que, "À identificação taxativa e ao desdobramento dos direitos da personalidade se opõe a consideração de que a *pessoa humana* — e, portanto, sua personalidade — configura um valor unitário, daí decorrendo o reconhecimento, pelo ordenamento jurídico, de uma *cláusula geral de tutela* a consagrar a *proteção integral da personalidade*, em todas as suas manifesta-

2 AZEVEDO, Antonio Junqueira de - A caracterização jurídica da dignidade da pessoa. **Revista Trimestral de Direito Civil.** n.º 9, jan/mar 2002, Rio de Janeiro: Fórum, 2002, p. 3-24, *apud* MORAES, Maria Celina Bodin de - O conceito de dignidade humana: substrato axiológico e conteúdo normativo. *In:* SARLET, Ingo Wolfgang (Org.) - **Constituição, Direitos Fundamentais e Direito Privado.** 2.ª ed., rev. e ampl. Porto Alegre: Livraria do Advogado, 2006, p. 116.

3 MORAES, Maria Celina Bodin de - ***Artic. et op. cit.***, p. 143-144.

4 FACHIN, Luiz Edson - Prefácio à 2.ª Edição. *In:* SZANIAWSKI, Elimar. **Direitos de Personalidade e sua tutela.** 2.ª ed., rev. e ampl. São Paulo: Revista dos Tribunais, 2005, p. 6-7.

ções tendo como *ponto de confluência* a *dignidade da pessoa humana*, posta no ápice da Constituição Federal de 1988."[5]

Por conseguinte, sob os fundamentos e contornos que esse binômio tutelar adquire na atualidade, e segundo os ditames da solidariedade e da justiça social, este estudo direciona-se à investigação dos princípios da função social dos negócios e da boa-fé objetiva no sistema obrigacional dos contratos de direito privado. Nesta moldura principiológica, a investigação vai ao encontro dos ensinamentos doutrinários de DIOGO LEITE DE CAMPOS[6], no sentido de que, "Ao primado dos direitos do sujeito, contraponho o primado da ética — como conteúdo e limites de tais direitos. Rejeitando a soberania absoluta de cada um, que só pode levar ao domínio absoluto, na dialéctica do senhor--escravo". Na mesma toada, orienta-se no magistério de FLÁVIO TARTUCE[7], ao adjudicar os princípios da solidariedade social e da igualdade *lato sensu*, ou isonomia, aos princípios da função social e da boa-fé objetiva dos contratos de direito privado, envolvendo-os todos na estrutura de valores dimanados do postulado da dignidade da pessoa humana e de direitos da personalidade residentes nesses quadrantes juscivilistas.

Sob estes fundamentos e perspectivas luso-brasileiras, as pesquisas buscam desvendar a historicidade, conceito, natureza jurídica, dimensão, fundamentos e conformações orgânico-funcionais de cada uma destas quatro categorias jurídico-institucionais, bem assim os nexos estruturais e de conjuntura, de aproximações e reciprocidades, existentes entre todas elas.

Destarte, à luz da doutrina e da jurisprudência, investiga-se *quando* e *em que condições destinatárias* o *princípio da boa-fé objetiva* metamorfoseia-se em *fonte substancial* de *concretização* da *estrutura de valores transcendentes* vinculada ao *postulado da dignidade da pessoa humana* e aos *direitos da personalidade*, e, nesta esteira, também ao consorte *princípio da função social dos contratos* no sistema obrigacional juscivilista luso-brasileiro.

---

5 MORAES, Maria Celina Bodin de - Recusa à realização de exame de DNA na investigação de paternidade e direitos da personalidade. *In:* BARRETO, Vicente. **A nova família.** Rio de Janeiro: Renovar, 1994, p. 174, *apud* FACHIN, Luiz Edson. ***Artic. et op. cit.***, p. 7.

6 CAMPOS, Diogo Leite de - **Nós - Estudos sobre o Direito das Pessoas.** Coimbra: Almedina, 2004, p. 130.

7 TARTUCE, Flávio - **Manual de Direito Civil - Volume Único.** 8.ª ed., rev., atual. e ampl. Rio de Janeiro: Forense, 2018, p. 100-116.

Portanto, o estudo desenvolve-se em três etapas distintas, sucessivas e interpenetradas por legados de valores — éticos, jurídicos e normativos — que conectam os princípios da função social dos contratos e da boa-fé objetiva nos negócios privados aos consectários direitos da personalidade e ao postulado da dignidade da pessoa humana, sendo abordados, em cada elo desta corrente tetralógica em construção, os vínculos ético-valorativos e os liames jurídico-normativos nos quais cada uma destas categorias institucionais se entrelaça às demais.

De início, no Capítulo I, firmam-se os *paradigmas axiológicos* e os *caminhos hermenêuticos* que nortearão a investigação e o desenvolvimento da sua extensa pauta temática. Em seguida, investigam-se as estruturas de valores transcendentes e os fundamentos ético-jurídicos e normativos que os direitos da personalidade e o postulado fundamental da dignidade da pessoa humana têm condições de legar, em regime de aproximações e reciprocidades etiológicas, ao sistema obrigacional dos contratos de direito privado no Brasil e em Portugal.

No Capítulo II, os princípios da função social dos negócios e da boa-fé objetiva nos contratos de direito privado são investigados, respectivamente, à luz da estrutura de valores transcendentes e fundamentos ético-jurídicos e normativos dimanentes dos direitos da personalidade e do postulado fundamental da dignidade da pessoa humana. Na sequência, a investigação prossegue com o estudo da disciplina própria a cada uma destas categorias institucionais, âmbito em que será examinada a natureza jurídico-instrumental do princípio da boa-fé objetiva, nomeadamente no âmbito de sistema normativo aberto funcionalizado nas técnicas dos conceitos indeterminados, princípios, cláusulas gerais, *standards* de comportamento e precedentes jurisprudenciais aplicáveis à espécie. Por fim, desenvolve-se um estudo panorâmico sobre o princípio da boa-fé objetiva no âmbito do direito civil português e brasileiro, respectivamente.

No Capítulo III, replicando a tábua de valores ético-jurídicos e normativos dimanentes dos direitos da personalidade, do postulado fundamental da dignidade da pessoa humana e do princípio da função social dos negócios, o estudo desemboca na investigação detalhada sobre a estrutura orgânica e funcional do princípio da boa-fé objetiva no sistema obrigacional dos contratos de direito privado, desvelando uma estrutura ética e um universo jurídico-normativo rente às melhores tradições doutrinárias e jurisprudenciais juscivilistas no Brasil e em Portugal.

Por fim, a título de conclusão, as aproximações finais do estudo.

Capítulo I
Direitos da Personalidade e Postulado da Dignidade da Pessoa Humana nos Contratos de Direito Privado

1.1 Direito e direitos da personalidade em perspectiva luso-brasileira: paradigmas

Investigar o princípio da boa-fé objetiva no âmbito do sistema obrigacional dos negócios jurídicos de direito privado requisita estudos, pesquisas e abordagens bem articuladas na doutrina e na jurisprudência, em face do imenso potencial que estes específicos campos de conhecimento desenvolvem na polifacetação e multifuncionalidade deste instituto, de notório impacto na organização da vida dos cidadãos em geral, conferindo eticidade e segurança jurídica — nomeadamente — ao tráfego dos contratos juscivilistas, seja em juízo ou no seu natural *locus* extrajudicial. Enfim, nestes lindes, a investigação inicia-se mediante abordagens de conjuntura sobre a pauta temática proposta, cujo ponto de partida reside na seara dos denominados *direitos da personalidade* — qualificada dimensão do *postulado da dignidade da pessoa humana* —, posteriormente perpassando o *princípio da função social dos negócios jurídicos* e conformando, por fim, o princípio da boa-fé objetiva nos contratos de direito privado. Neste sentido e à partida, os *paradigmas investigatórios* sobre os quais o estudo se desenvolve são buscados nas lições doutrinárias de nomeados expoentes da Academia Jurídica portuguesa e brasileira, cujas ideias e orientações são adotadas como fundamentos das nossas escolhas no passo a passo da investigação.

Começando por Portugal, traz-se à colação os *paradigmas* lecionados pelo jurista e professor catedrático conimbricense DIOGO LEITE DE CAMPOS[8], que, ao discorrer sobre *a recuperação dos direitos da personalidade na*

8 CAMPOS, Diogo Leite de - O Direito e os Direitos da Personalidade. *In:* CAMPOS, Diogo Leite de - **Nós - Estudos sobre os Direitos das Pessoas.** Coimbra: Almedina, 2004, p. 128-130.

sociedade-de-iguais, preleciona que as lutas contra a onipotência legislativa do soberano absoluto da Idade Moderna conduziram à invenção dos direitos da personalidade, enquanto direitos naturais, metapositivos, no mesmo passo em que as mesmas lutas do povo-soberano, como também dos outros soberanos (classe, ditador, etc.), absolutizaram esses direitos e o seu titular, o cidadão. Neste sentido, leciona que a *liberdade é uma noção ética* sem a qual o "Direito" resultante da liberdade nada mais será do que a vontade de tornar eterna uma relação mutável de poder, na qual o Direito nada mais é do que o "nome" que o poder usa para se fazer aceitar pelos outros[9]. Afirmando que o Direito deve substanciar os sentimentos éticos da coletividade e que a solução para o arbítrio deve ser buscada no interior dos próprios direitos da personalidade, o também *Magister* da Universidade Autónoma de Lisboa anota que a cada direito corresponde um dever do próprio titular do direito, seja para consigo mesmo, seja para com outrem. Assim, o limite interno do direito transforma-o em poder-dever ou, indo mais longe, absorve-o numa complexa situação jurídica integrada por direitos e deveres intimamente ligados, de modo a atenuar e compensar o *poder absoluto* ligado ao direito subjetivo, âmbito em que, seja qual for a estrutura conceitual que se decida construir, ela deve assentar na *definitiva* ultrapassagem do caráter autoritário e egoísta

9 Ao discorrer, mediante corte epistemológico, sobre a genealogia do poder, DIOGO LEITE DE CAMPOS produz as seguintes reflexões, *verbis*: "Liberdade, igualdade? o que se pretendia quando se falava estes conceitos?, pergunta o genealogista do poder. Com a convicção de que aquele que fala de poder (mesmo que "só" para o destruir) se integra numa estratégia de tomada e de reorganização do poder. Destruição do poder real? do poder dos nobres?, não. Antes, transferência, tomada desse poder, por outrem, pelo povo soberano, que sucede ao rei na sua omnipotência. Acabando o "povo soberano" por apagar o papel do ser humano e dos seus direitos políticos. [...] Na mera aparência das coisas, o poder absoluto do soberano transferiu-se do rei para o conjunto do povo, para a vontade geral; com todos os cidadãos igualados na submissão total a essa vontade, que era, no fim de contas, também, a vontade de cada um. Mera aparência, repito. Tinha-se tratado de uma simples reorganização de poder, em que este fora transferido do rei e da nobreza para um grupo, composto pelos proprietários fundiários, pelos comerciantes, pelos industriais — em resumo, pelos ricos, pelos poderosos. [...] Rapidamente, por detrás da vontade geral desmascaram-se grupos sociais que se reservam o seu exercício. Quem votava, elegendo e sendo eleito? Os proprietários e os que dispusessem de uma renda suficiente para garantir o seu interesse em defender a ordem social assente na propriedade. Eram estes os novos soberanos absolutos, a nova nobreza. Liberdade, só para eles, pois os outros continuavam submetidos à omnipotência do soberano, agora colectivo. [...] Mero processo de transferência de poder, repito. Em que um núcleo fundamental dos direitos da pessoa, o direito de criar o Direito, era confiscado em favor de alguns, transformando-se de via de libertação em instrumento de poder. A omnipotência do legislador só tinha mudado de titular." (CAMPOS, Diogo Leite de - Os direitos da personalidade: Categoria em reapreciação. ***Op. cit.***, p. 156-157).

do direito subjetivo. Mais adiante, na sua abordagem, LEITE DE CAMPOS subsume a dimensão bilateral das relações jurídico-obrigacionais à estrutura axiológica dos direitos da personalidade, *verbis*[10]:

> "A pessoa do devedor (do sujeito "passivo") tem seguramente o mesmo relevo do que a pessoa do credor (do sujeito "activo"), em todas as fases da relação, numa plena igualdade das partes. Antes de mais, a relação jurídica só se constitui (em via de regra) mediante o acordo de todas as partes. Há aqui uma igualdade originária ("genética") que se manterá ao longo de toda a relação. Esta igualdade permite começar a fundar a percepção de que o funcionamento da relação não assenta (não pode assentar) em actos de poder, mas sim em actos de colaboração eticamente fundados, destinados a obter um justo equilíbrio de interesses (na óptica das partes). [...]
>
> Há que retirar todas as consequências do princípio da boa fé, e do seu complemento, a proibição do abuso do direito; revendo, com base neles, a própria concepção do direito subjetivo. Externamente, constituem limites do direito as pessoas e os direitos dos outros e do próprio. A paridade ontológica dos seres humanos exclui que se estabeleçam entre eles relações de poder; mas só relações bilaterais, em que cada um tenha simultaneamente direitos e obrigações. Esta bilateralidade estende-se, naturalmente, às relações sociais. Entre o ser humano e a sociedade estabelecem-se vínculos complexos, integrando direitos e deveres, genética e funcionalmente incindíveis.
>
> O direito subjectivo, na sua concepção tradicional, é assim duplamente ferido. Limitado, internamente, pelo dever ético-jurídico perante a outra parte, transforma-se em poder-dever; convertendo-se de instrumento de poder, em veículo de colaboração. Limitado, externamente, pelos direitos dos outros e do próprio; integrado numa relação complexa em que cada uma das partes tem deveres e direitos correlativos e justapostos; transforma-se em mero componente de uma complexa [*relação*] jurídica que traduz a densidade da trama do tecido social.
>
> Também os direitos da personalidade têm de sofrer esta transformação - que, de algum modo, tem de começar por eles, dada a sua posição (estratégica) no núcleo do relacionamento social, que permitem e ao qual dão sentido.

10 CAMPOS, Diogo Leite de - **Artic. et op. cit.**, p. 130-132.

> Assentes na paridade ontológica dos seres humanos; na natural contratualidade das relações; são poderes-deveres em que cada um, ao exercer o poder (de exclusão dos outros, ou a "sobre" si próprio) está a levar a cabo um plano de realização pessoal eticamente fundada, ou colaborar na intensificação das relações sociais também eticamente fundadas. O poder está a serviço do eu - que não se confunde com a vontade - e dos outros."

Por fim, em conclusões tópicas no tema, DIOGO LEITE DE CAMPOS adverte que os direitos da personalidade não devem ser vistos como um remédio universal apto para resolver todos os problemas, tal qual medicamento milagroso que substituirá todos os outros, deste modo subvertendo toda a ordem jurídica em nome de algumas ideias-força. Nada obstante, registra que "Os direitos da personalidade estão plasmados, directa ou indirectamente, em múltiplas normas ou instituições — do Direito Criminal, ao Direito Administrativo, passando pelo Direito Civil e pelo Direito Fiscal. Quando estiver em causa uma situação de facto que releve das normas 'ordinárias' dos direitos da personalidade, devem estas ser invocadas e aplicadas - salva lacuna ou 'injustiça' grave. Os direitos da personalidade constituirão, praticamente, *'cláusulas gerais'* de controlo do ordenamento e de preenchimento de lacunas. Sendo as normas (formais ou substanciais) que os consagram enquanto tais consumidas pela concorrência de outras normas que utilizam (com justiça) tais direitos como um dos ingredientes da composição dos interesses em jogo."[11]

Na abordagem brasileira sobre direitos da personalidade, integrando-se com os paradigmas de Diogo Leite de Campos, vem à colação do *thema*, mediante assentada de natureza civil-constitucional, os *paradigmas* lecionados por GUSTAVO TEPEDINO[12] e FLÁVIO TARTUCE[13], *in litteris*:

> "Como inovação festejada, o Código Civil de 2002 passou a tratar dos direitos da personalidade entre os seus arts. 11 a 21. Destaque-se que a

11 CAMPOS, Diogo Leite de - O Direito e os direitos da personalidade. **Op. cit.**, p. 133.

12 TEPEDINO, Gustavo - A tutela da personalidade no ordenamento jurídico-constitucional brasileiro. Temas de Direito Civil - Tomo I. 3.ª ed. rev. e atual. Rio de Janeiro: Renovar, 2004, p. 50, *apud* TARTUCE, Flávio - **Manual de Direito Civil - Volume Único.** 8.ª ed., rev., atual. e ampl. Rio de Janeiro: Forense, 2018, p. 100-103.

13 TARTUCE, Flávio - **Manual de Direito Civil - Volume Único.** 8.ª ed., rev., atual. e ampl. Rio de Janeiro: Forense, 2018, p. 100-103.

proteção de direitos dessa natureza não é uma total novidade no sistema jurídico nacional, eis que a Constituição Federal de 1988 enumerou os direitos fundamentais postos à disposição da pessoa humana. Por isso, é preciso abordar a matéria em uma *perspectiva civil-constitucional*, na linha doutrinária antes exposta.

Sabe-se que o Título II da Constituição de 1988, sob o título "Dos Direitos e Garantias Fundamentais", traça as prerrogativas para garantir uma convivência digna, com liberdade e com igualdade para todas as pessoas, sem distinção de raça, credo ou origem. Tais garantias são genéricas, mas também são essenciais ao ser humano, e sem elas a pessoa humana não pode atingir sua plenitude e, por vezes, sequer pode sobreviver. Nunca se pode esquecer da vital importância do art. 5.º da CF/1988 para o nosso ordenamento jurídico, ao consagrar as *cláusulas pétreas*, que são direitos fundamentais deferidos à pessoa. Para a efetivação desses direitos, Gustavo Tepedino defende a existência de uma *cláusula geral de tutela e promoção da pessoa humana*. São suas palavras:

> *"Com efeito, a escolha da dignidade da pessoa humana como fundamento da República, associada ao objetivo fundamental de erradicação da pobreza e da marginalização, e de redução das desigualdades sociais, juntamente com a previsão do § 2.º do art. 5.º, no sentido de não exclusão de quaisquer direitos e garantias, mesmo que não expressos, desde que decorrentes dos princípios adotados pelo texto maior, configuram uma verdadeira cláusula geral de tutela e promoção da pessoa humana, tomada como valor máximo pelo ordenamento".*[14]

Adotando a tese do Professor Tepedino, na *IV Jornada de Direito Civil*, evento de 2006, foi aprovado o Enunciado n.º 274 do CJF/STJ[15], um dos mais importantes enunciados doutrinários das *Jornadas de Direito Civil*. A *primeira parte* da ementa do enunciado doutrinário prevê que *"Os direitos da personalidade, regulados de maneira não exaustiva pelo Código Civil, são expressões da cláusula geral de tutela da pessoa humana, contida no art. 1.º, III, da Constituição (princípio da dignidade da pessoa humana). Em caso de colisão entre eles, como nenhum pode sobrelevar os de-*

---

14 TEPEDINO, Gustavo - A tutela da personalidade no ordenamento jurídico-constitucional brasileiro. Temas de Direito Civil - Tomo I. 3.ª ed. rev. e atual. Rio de Janeiro: Renovar, 2004, p. 50, *apud* TARTUCE, Flávio - **Manual de Direito Civil - Volume Único.** 8.ª ed., rev., atual. e ampl. Rio de Janeiro: Forense, 2018, p. 100-103.

15 O Conselho da Justiça Federal é órgão administrativo de cúpula da Justiça Federal Comum no Brasil, sendo integrado pelos Presidentes de Tribunais Regionais Federais e por Ministros do Superior Tribunal de Justiça.

> *mais, deve-se aplicar a técnica da ponderação*". Em suma, existem outros direitos da personalidade tutelados no sistema, como aqueles constantes do Texto Maior. O rol do Código Civil é meramente exemplificativo (*numerus apertus*) e não taxativo (*numerus clausus*). [...]
> Repise-se, pois fundamental para a compreensão da matéria, que na concepção *civil-constitucional* — na esteira das lições de Gustavo Tepedino —, tais ícones devem ser relacionados com três princípios básicos constitucionais, a saber:
> - Princípio da proteção da *dignidade da pessoa humana*, fundamento do Estado Democrático de Direito da República Federativa do Brasil (art. 1.º, III, da CF/1988).
> - Princípio da *solidariedade social*, também um dos objetivos da República Federativa do Brasil (construção de uma "*sociedade livre, justa e solidária*" - art. 3.º, I, da CF/1988), visando também à erradicação da pobreza (art. 3.º, III, da CF/1988).
> - Princípio da *igualdade lato sensu* ou isonomia, eis que "*todos são iguais perante a lei, sem distinção de qualquer natureza*" (art. 5.º, *caput*, da CF/1988)."

Adjudicando aos paradigmas em tela uma indissociável dimensão valorativa do direito no plano da responsabilidade civil, o magistério de CRISTIANO CHAVES DE FARIAS, FELIPE PEIXOTO BRAGA NETTO e NELSON ROSENVALD[16] integra-se como mão à luva, pois "o direito de nossos dias é o direito da ponderação, da reflexão contextualizada, do percurso argumentativo. Vivemos numa república de razões, e as democracias constitucionais atuais precisam continuamente se legitimar, de modo contínuo, transparente e dinâmico. A teoria dos direitos fundamentais, a força normativa dos princípios, a funcionalização dos conceitos e categorias, a priorização das situações existenciais em relação às patrimoniais, a repulsa ao abuso de direito, a progressiva consagração da boa-fé objetiva são algumas das ferramentas teóricas que ajudam a construir a teoria da responsabilidade civil do século XXI."

Nesta conjuntura, PRISCILA ZENI DE SÁ[17] leciona que "A sistemática civil-constitucional permite ao intérprete maior conexão com o caso concreto

16 FARIAS, Cristiano Chaves de; BRAGA NETTO, Felipe Peixoto; ROSENVALD, Nelson - **Novo Tratado de Responsabilidade Civil.** 4.ª ed. São Paulo: Saraiva Educação, 2019, p. 23.

17 SÁ, Priscila Zeni de - **Poder Judiciário e as Cláusulas Gerais - Parâmetros para a concretização no direito civil-constitucional.** Florianópolis: Tirant Lo Blanch, 2018, p. 154.

e propicia a tópica, mas também o liga à posição de centralidade da Constituição no sistema de fontes, bem como sujeita-o à aplicação dos princípios e garantias constitucionais. Não se trata aqui de deixar o seu preenchimento totalmente livre, como já afirmado, estimulando atitudes solipsistas do Judiciário, mas sim, segundo Gustavo Tepedino[18], de permitir uma jurisprudência de valores comprometida com as opções valorativas da sociedade. Müller[19] também afirma que as cláusulas gerais contêm ao menos referências éticas e sociais que permitem uma concretização em consonância com critérios extrajurídicos de aferição". Vem a calhar, no ponto, o magistério de MARIA CELINA BODIN DE MORAES, que, ao discorrer sobre o sistema normativo aberto e asserir que a centralidade dos princípios constitucionais em face da doutrina e da jurisprudência constitui fenômeno próprio do Estado de Direito Democrático[20], leciona que "A progressiva atribuição de eficácia normativa aos princípios vem associada ao processo, delimitável historicamente, de abertura do sistema jurídico. Num sistema aberto, os princípios funcionam como conexões axiológicas e teleológicas entre, de um lado, o ordenamento jurídico e o dado cultural, e de outro, a Constituição e a legislação infraconstitucional. No sistema aberto, portanto, as funções atribuídas aos princípios não mais se compadecem com uma restrição à sua eficácia normativa, como aquela que os limitava a operar como fonte supletiva de integração do ordenamento."[21]

---

18 TEPEDINO, Gustavo - Introdução: Crise de fontes normativas e técnica legislativa na parte geral do Código Civil de 2002. *In:* A parte geral do novo código civil: estudos na perspectiva civil-constitucional. 3.ª ed. - Gustavo Tepedino (coordenador) - Rio de Janeiro: Renovar, 2007, p. XIX, *apud* SÁ, Priscila Zeni de. **Poder Judiciário e as Cláusulas Gerais - Parâmetros para a concretização no direito civil-constitucional.** Florianópolis: Tirant Lo Blanch, 2018, p. 154.

19 MÜLLER, Friedrich - Teoria estruturante do direito I. Trad. Peter Naumann, Eurídes Avance de Souza. 1.ª ed. São Paulo: Editora Revista dos Tribunais, , 2014, Livro Eletrônico, Cap. IV, *apud* SÁ, Priscila Zeni de. **Poder Judiciário e as Cláusulas Gerais - Parâmetros para a concretização no direito civil-constitucional.** Florianópolis: Tirant Lo Blanch, 2018, p. 154.

20 MORAES, Maria Celina Bodin de - Constituição e direito civil: Tendências. *In:* Revista dos Tribunais. São Paulo, v. 779, 2000, p. 47-63, *apud* SÁ, Priscila Zeni de. **Poder Judiciário e as Cláusulas Gerais - Parâmetros para a concretização no direito civil-constitucional.** Florianópolis: Tirant Lo Blanch, 2018, p. 154.

21 MORAES, Maria Celina Bodin de. Prefácio - *In:* NEGREIROS, Teresa Paiva de Abreu Trigo de. Fundamentos para uma interpretação do princípio constitucional da boa-fé. Rio de Janeiro: Renovar, 1998, *apud* SÁ, Priscila Zeni de. **Poder Judiciário e as Cláusulas Gerais - Parâmetros para a concretização no direito civil-constitucional.** Florianópolis: Tirant Lo Blanch, 2018, p. 154.

Por sua vez, JUDITH MARTINS-COSTA[22] acentua que as cláusulas gerais e os princípios assumem substantivo protagonismo na mudança de paradigmas entronizada no Código Civil de 2002[23], tendo contribuído de modo decisivo

22 MARTINS-COSTA, Judith - O novo código civil brasileiro: em busca da "Ética da Situação". *In:* MARTINS-COSTA, Judith; BRANCO, Gerson Luiz Carlos. Diretrizes teóricas do novo código civil brasileiro. São Paulo: Saraiva, 2002, p. 122, *apud* SÁ, Priscila Zeni de. **Poder Judiciário e as Cláusulas Gerais - Parâmetros para a concretização no direito civil-constitucional.** Florianópolis: Tirant Lo Blanch, 2018, p. 154-155.

23 No ponto, convém observar que o Código Civil de 2002 suscitou controvérsias na doutrina brasileira, de que serve de exemplo a criteriosa avaliação de GUSTAVO TEPEDINO, Professor da Faculdade de Direito da Universidade do Estado do Rio de Janeiro (UERJ), sobre "O Velho Projeto de um Revelho Código Civil", *verbis*: "Na discussão sobre o projeto do novo(?) Código Civil, o que menos importa é o indiscutível brilho e o extraordinário talento da comissão de juristas que o elaborou e do Senador Josaphat Marinho, seu Relator. O fato é que o projeto foi redigido há quase 30 anos (a comissão foi constituída em maio de 1969) e a sua aprovação representará impressionante retrocesso político, social e jurídico. Do ponto de vista político, a redação do projeto precede a consolidação de processo histórico identificado, nos anos 70, justamente, como a *era da descodificação*. Vale dizer, uma codificação não surge por acaso. Expressa momento de unificação política e ideológica de um povo, fazendo prevalecer o conjunto de regras que a sintetiza. Assim foi no século XIX, após a Revolução Francesa, assim se deu na Europa do pós-guerra, com a derrubada dos governos totalitários. Tais circunstâncias históricas não mais existem: deram lugar a cenário inteiramente diverso, pluralista e multifacetado, onde os grupos políticos emergentes manifestam-se através de robusto conjunto de leis especiais, que regula de maneira setorial a atividade privada e parece insuscetível de unificação no plano das leis ordinárias. Basta pensar no Estatuto da Criança e do Adolescente, no Código de Defesa do Consumidor e na Lei das Locações Prediais Urbanas, todos posteriores ao projeto. Tais estatutos não se limitam a tratar de forma específica situações excepcionais ou especiais, como ocorrera no passado. [...] O ocaso das codificações, visualizado entre nós já pelo saudoso Professor Orlando Gomes, coincide com a absorção, pelo texto constitucional, do papel de reunificação do sistema, temperando, com seus princípios e normas hierarquicamente superiores, as pressões setoriais manifestadas nas diversas leis infraconstitucionais. Do ponto de vista social, o retrocesso não é menos chocante. Os últimos 30 anos marcaram profunda transformação do direito civil, simplesmente desconsiderada pelo projeto do novo(?) código: *os institutos de direito privado, em especial a família, a propriedade, a empresa e o contrato, ganharam função social que passa a integrar o seu conteúdo. As relações patrimoniais são funcionalizadas à dignidade da pessoa humana e aos valores sociais insculpidos na Constituição de 1988.* Fala-se, por isso mesmo, de uma *despatrimonialização do direito privado*, de modo a bem demarcar a diferença entre o atual sistema em relação àquele de 1916, patrimonialista e individualista. Os quatro personagens do Código Civil - o marido, o proprietário, o contratante e o testador -, que exauriam as atenções (sociais) do codificador, renascem, redivivos, com o projeto, agora em companhia de mais um quinto personagem: o empresário. Finalmente, do ponto de vista jurídico, o projeto encontra-se completamente desatualizado: desconhece os avanços da dogmática em matéria de responsabilidade civil, *dos direitos da personalidade*, apenas timidamente abordados, das relações de consumo (que dele não merecem qualquer referência); dos novos contratos, das relações contratuais de fato, dos princípios contratuais da boa-fé objetiva e do equilíbrio das prestações; da disciplina da posse, da propriedade e dos novos direitos reais e imobiliários. Nenhuma palavra, diga-se ainda, sobre as relações de família na perspectiva civil-constitucional ou sobre os avanços relativos às técnicas de inseminação artificial. Não fossem todas essas imperdoáveis lacunas — compreensíveis

para que este novo estatuto se afastasse dos vetores patrimonialistas do Código de 1916, indo buscar nos princípios da socialidade, eticidade, operabilidade e sistematicidade a supremacia da pessoa humana e da sociedade coletivamente considerada, âmbito em que, consoante gizado por Miguel Reale na exposição de motivos do *Codex*, a eticidade e a sociabilidade assumem absoluta relevância para o primado da responsabilidade social da lei, constituindo uma técnica aberta de legislar e viabilizando a sua adequação normativa à sociedade, à cultura, aos valores e aos padrões em que ela está encartada. Nesta moldura e diante das tendências do século XXI, o magistério de FARIAS, BRAGA NETTO e ROSENVALD[24] acentua que "as categorias, conceitos e institutos devem ser lidos à luz da função exercida. É essa a grande viragem do direito contemporâneo: a passagem da estrutura à função, o abandono de uma concepção estrutural do direito em favor de uma postura funcionalizada, onde sobreleva a atuação social dos direitos."

Em Portugal, no universo jusprivatístico e com amplo respaldo doutrinário-jurisprudencial, MENEZES CORDEIRO[25] averba a sua reserva à tendência de que, à luz de discussões metodológicas em torno do "ventilar do princípio da igualdade na jusprivatística", a Constituição concentre a função de eixo condutor do sistema de direito privado. Neste sentido, leciona que "O fascínio dos textos constitucionais, compreensível pelos abusos cometidos na primeira metade do século [XX] e pela perfeição conseguida nos articulados das constituições mais desenvolvidas, tem levado a um neo-positivismo que, pretendendo aproveitar, ao máximo, as potencialidades das leis fundamentais, pode ameaçar o renascer de discursos centrais, com progressões dedutivísticas. O Direito Civil, quando queira indagar pelas suas referências últimas e, delas, fazer um instrumento operacional, incorre nesse mesmo risco". No

perfeitamente quando se examina o projeto como um importante documento histórico, redigido há 30 anos e sem pretensões de se tornar lei —, desconhece aquele texto as cláusulas gerais de que é dotada a técnica legislativa contemporânea. Eis o único mecanismo capaz de resistir à veloz e dinâmica evolução da sociedade tecnológica, que torna obsoleta, antes mesmo de entrar em vigor, qualquer legislação analítica e regulamentar, excessivamente tipificadora, tão comum no século passado e que é a marca registrada do projeto do novo(?) código."

24 FARIAS, Cristiano Chaves de; BRAGA NETTO, Felipe Peixoto; ROSENVALD, Nelson - ***Op. cit.***, p. 704.

25 CORDEIRO, António Manuel da Rocha e Menezes - **Da Boa fé no Direito Civil.** 7.ª reimpr. Coimbra: Almedina, 2017, p. 1.272-1.275.

Brasil, embora sob fundamentos metodológicos outros, a posição de Menezes Cordeiro encontra eco.

Na doutrina juspublicista, INGO SARLET[26] leciona que, na evolução histórica de constitucionalização do ordenamento jurídico, o relacionamento entre a Constituição — com destaque para os direitos fundamentais — e o Direito Privado sempre se pautou na sua dialeticidade e dinamismo de influências recíprocas, também por isto podendo ser descrito, segundo Eugênio Facchini Neto[27], a partir de duas perspectivas: a do Direito Privado na Constituição e a da Constituição no Direito Privado. Neste sentido, SARLET anota que, "Em primeiro lugar e ocupando um papel de destaque situa-se a Constituição na esfera do Direito Privado (a Constituição no Direito Privado), onde se cuida principalmente de uma interpretação conforme a Constituição das normas de Direito Privado e da incidência da Constituição no âmbito das relaões entre sujeitos privados, seja por meio da concretização da Constituição pelos órgãos legislativos, seja pela interpretação e desenvolvimento jurisprudencial. Além disso, importa não esquecer do fenômeno da inserção, na Constituição, de institutos originariamente oriundos de Direito Privado, em outras palavras, da presença do Direito Privado na Constituição. Justamente nesta hipótese, quando não estamos mais em face de institutos de Direito Privado propriamente ditos, mas sim, de disposições e normas constitucionais (que, por sua vez, incidirão na esfera jurídica privada por meio da outra via da constitucionalização!) é que não nos parece a solução mais adequada — pelos menos em termos terminológicos — falar em um Direito Civil-Constitucional ou de um Direito Privado com *status* ou hierarquia constitucional". Em seguida, SARLET exemplifica dispositivos da Constituição Federal que mantêm relação direta com o Direito Privado: o direito à indenização por violação da honra, da intimidade e da imagem (art. 5.º, X); a função social da propriedade

---

26 SARLET, Ingo Wolfgang - A influência dos direitos fundamentais e relações privadas, em especial na jurisprudência do STF e ao caso da proteção do consumidor. *In:* BENJAMIN, Antonio Herman; MARQUES, Cláudia Lima; MIRAGEM, Bruno (coordenadores). **O Direito do Consumidor no mundo em transformação.** São Paulo: Thomson Reuters Brasil, 2020, p. 70-73, *passim*.

27 NETO, Eugênio Facchini - **O Direito do Consumidor no mundo em transformação.** São Paulo: Thomson Reuters Brasil, 2020, p. 71. *In:* SARLET, Ingo Wolfgang (org.). Constituição, Direitos Fundamentais e Direito Privado. 2.ª ed. Porto Alegre: Livraria do Advogado Editora, 2006, p. 35 e ss, *apud* SARLET, Ingo Wolfgang. A influência dos direitos fundamentais e relações privadas, em especial na jurisprudência do STF e ao caso da proteção do consumidor. *In:* BENJAMIN, Antonio Herman; MARQUES, Cláudia Lima; MIRAGEM, Bruno (coordenadores).

e o direito de propriedade em termos gerais, também abrangendo a propriedade intelectual e industrial (art. 5.º, XXII *usque* XXIX); o direito à herança (art. 5.º, XXX e XXXI); a tarefa do Estado na proteção do consumidor (art. 5.º, XXXII); disposições sobre aquisição da propriedade por usucapião especial urbano e rural (artigos 183 e 191); a proteção da família, do casamento e das uniões estáveis, e a vedação de discriminação entre os cônjuges e dos filhos (artigos 226 e 227). Nessa moldura, esclarece que, em ambas as hipóteses aventadas, os Direitos Fundamentais impactam o Direito Privado, seja quanto à vinculação do Legislador e/ou do Poder Judiciário, seja na esfera das relações entre os próprios atores privados, pois o que se discute nesse contexto é o *se* e o *como* ocorre a influência dos Direitos Fundamentais, mormente nas relações entre particulares.

Na doutrina juscivilista, PAULO DE TARSO SANSEVERINO[28] preleciona que as regras reguladoras das relações tipicamente privadas devem respeito aos grandes princípios constitucionais, incumbindo ao intérprete concretizá-lo no momento da aplicação empírica do direito, pois princípio é norma e o sistema jurídico é, na expressão de Eros Roberto Grau[29], uma "ordem teleológica de princípios". Nada obstante, no âmbito da legislação infraconstitucional, o Código Civil exerce papel fundamental de integração e desempenha uma função central no sistema de direito privado, âmbito em que os microssistemas normativos são por ele satelitizados, nele buscando, com frequência, os subsídios necessários para a integração e complementação das suas regras, conforme ocorre com o Código de Defesa do Consumidor. Embora as suas raízes constitucionais e principiologia própria, o CDC de 1990 apresenta-se como um microssistema orbitário do Código Civil, sendo demasiada a afirmação de que a Constituição Federal ocupe "o eixo central do sistema de direito privado, como se tivesse ocorrido a constitucionalização de todos os seus setores". Destarte, na esteira de Menezes Cordeiro, aduz que as regras gerais de cada instituto são desenhadas em face do Código Civil, estabelecendo a sua regulamentação ordinária. Nesse contexto, as regras especiais são encontradas nos microssistemas normativos,

28 SANSEVERINO, Paulo de Tarso Vieira - **Responsabilidade Civil no Código de Defesa do Consumidor e a Defesa do Fornecedor.** 3.ª ed. São Paulo: Saraiva, 2010, p. 85-86.

29 GRAU, Eros Roberto. Interpretando o Código de Defesa do Consumidor: algumas notas. RDC, São Paulo, n.º 5, p. 183-189, jan./mar., 1993, *apud* SANSEVERINO, Paulo de Tarso Vieira - **Responsabilidade Civil no Código de Defesa do Consumidor e a Defesa do Fornecedor.** 3.ª ed. São Paulo: Saraiva, 2010, p. 86.

dando uma nova roupagem a determinados institutos e conferindo-lhes novos efeitos, frequentemente sendo necessário retornar, todavia, ao sistema de direito comum, a fim de formatar a compreensão das mudanças introduzidas pela regulamentação especial.

Nesta moldura integrativa lusitana e brasileira, tendo como ponto de partida os *direitos da personalidade* e como meta de chegada o *princípio da boa-fé objetiva* nos negócios jusprivatistas, restam firmados e afirmados, portanto, os *paradigmas de valor* e os *caminhos hermenêuticos* norteadores das pesquisas e rumos desta investigação, a fim de que possa preponderar, no bojo do permanente diálogo das fontes jurídico-normativas constitucionais e infraconstitucionais, um sistema aberto funcionalizado na extraordinária força intrínseca dos fundamentos, princípios, conceitos indeterminados, cláusulas gerais de tutela e demais *standards* de comportamento vocacionados à viabilização da atuação social dos direitos e à implementação dos princípios da socialidade, eticidade, operabilidade e sistematicidade numa sociedade justa, livre e solidária.

1.2 Direitos da personalidade e postulado da dignidade da pessoa humana: aproximações e reciprocidades na teoria do diálogo das fontes

No *thema* percutido, à partida, breve reiteração metodológica: nesta investigação, os direitos da personalidade e o postulado da dignidade da pessoa humana, em regime de aproximações e reciprocidades, são os fundamentos primeiros e últimos na conformação valorativa dos princípios da função social dos negócios e da boa-fé objetiva no sistema obrigacional dos contratos de direito privado. Destarte, mormente no Brasil, os focos finalísticos da investigação são de natureza juscivilista, mas as suas pedras fundacionais e de conformação axiológica também residem, por intermédio da *teoria* do *diálogo das fontes*, em categorias jurídicas de direito público com estatura normativa constitucional e infraconstitucional.

No ponto, o jurista FLÁVIO TARTUCE[30] leciona que a *teoria do diálogo das fontes* foi desenvolvida na Alemanha por Erik Jayme, professor da Universidade de Heidelberg, sendo trazida para o Brasil por Cláudia Lima Marques,

30 TARTUCE, Flávio - **Manual**, ***op. cit.***, p. 66-73.

da Universidade Federal do Rio Grande do Sul (UFRGS). A essência da teoria é que as normas não se excluem, mesmo quando situadas em ramos jurídicos distintos, mas se complementam. Daí a premissa de uma *visão unitária* do ordenamento jurídico, cuja aplicação se justifica no *plano funcional*, pois no mundo pós-moderno e globalizado, complexo e abundante por natureza, convive-se um momento de explosão de leis e uma quantidade enorme de normas jurídicas: um *Big bang legislativo*, conforme simbolizado por Ricardo Lorenzetti[31]. Assim, a aplicação dessa teoria ocorre com a possibilidade de subsunção concomitante, em regime de mão dupla, entre Constituição/1988 e Código Civil/2002, entre Código de Defesa do Consumidor (CDC/1990) e Código Civil (CC/2002), a determinadas relações obrigacionais, sobretudo aos *contratos*, em decorrência da consabida aproximação principiológica dos dois sistemas, consolidada pelos *princípios sociais contratuais*, com especial relevância aos da *função social* e da *boa-fé objetiva dos contratos*, com o que se supera a ideia de que o CDC/1990 seria um *microssistema jurídico*, totalmente isolado do CC/2002. Ao *diálogo das fontes* integra-se, a partir de 2015, o novo Código de Processo Civil brasileiro, em especial por ter adotado um *sistema aberto* e *constitucionalizado*, no qual introduzido, inclusive, o *princípio da boa-fé objetiva processual*, a fim de valorizar a conduta de lealdade das partes no curso de um processo judicial. Esse *diálogo tripartite das fontes* (CDC/CC/CPC) já desencadeou significativa jurisprudência nos Tribunais de Apelação brasileiros, tendo recebido acolhimento doutrinário em Portugal.

No *diálogo das fontes*, CLÁUDIA LIMA MARQUES[32] alinha três formas funcionais de expressão: (a) havendo aplicação simultânea das duas leis, se uma lei servir de base conceitual para a outra, estará presente o *diálogo sistemático de coerência* (*v.g.*: o conceito de contratos em espécie pode advir do Código Civil de 2002, mesmo sendo um contrato de consumo, caso de uma compra e venda (CC, art. 481); (b) se o caso for de aplicação coordenada de duas leis, uma norma pode completar a outra, de forma direta (*diálogo de complementariedade*) ou indireta (*diálogo de subsidiariedade*), a exemplo

31 TARTUCE anota que todos os referenciais teóricos do jurista argentino constam em: LORENZETTI, Ricardo Luís. ***Teoria da decisão judicial.*** Trad. Bruno Miragem, com notas e revisão de Cláudia Lima Marques.

32 MARQUES, Cláudia Lima; BENJAMIN, Antonio Herman V.; MIRAGEM, Bruno - **Manual de Direito do Consumidor.** São Paulo: RT, 2007, p. 91.

típico dos contratos de consumo *adesivos*, cujas *cláusulas abusivas* podem receber a proteção dos consumidores com base no art. 51 do CDC, bem assim a proteção que o art. 424 do CC confere aos aderentes; e, (c) os *diálogos de influências recíprocas sistemáticas* estão presentes quando os *conceitos estruturais* de determinada lei recebem a influência de outra lei (*v.g.*: o conceito de consumidor pode receber influência do CC), pois, conforme leciona LIMA MARQUES, é a *influência do sistema especial no geral e do geral no especial*, um diálogo de *doublé sens* (*diálogo de coordenação e adaptação sistemática*).

Ainda no ponto, recorde-se que PIETRO PERLINGIERI[33], jurista italiano e Reitor da Universidade do Sannio, já lecionava, ainda nos anos 1990, a *teoria do diálogo das fontes* entre o direito civil e o direito constitucional, em obra de larga divulgação acadêmica no Brasil até os dias atuais.

Em Portugal, o cenário é diferente do Brasil, mormente em face das rígidas fronteiras decorrentes do princípio da separação dos Poderes do Estado e de um Direito Civil unificado fortemente enraizado nas suas próprias fontes históricas e origens romano-germânicas. Embora assente uma visão unitária do ordenamento jurídico, prepondera um viés mitigante na aplicação da teoria do diálogo das fontes normativas lusitanas, mas que não elide, todavia, a disciplinada observância aos princípios da Constituição da República Portuguesa de 1976 e às diretivas comunitárias da União Europeia.

Embora sob este sentido finalístico, convém explicitar que a investigação sobre os *direitos da personalidade* e o *postulado da dignidade da pessoa humana* não se direciona, ainda que ao custo de um certo reducionismo, para o estudo de questões juridicamente ligadas, por exemplo, ao direito à vida nos seus mais significativos e complexos valores, aos direitos ao próprio corpo e à disposição do cadáver, aos direitos sexuais e, neles, designadamente, aos de ordem homoafetiva, e tantos outros direitos humanos fundamentais tão caros aos *direitos da personalidade* e ao *postulado fundamental da dignidade humana*. Nesta perspectiva, a investigação recai não só sobre as origens próximas destas categorias jurídicas, mas também, no âmbito delas, às questões que envolvem a estrutura de valores ético-jurídicos requisitada pelos *princípios da função social e da boa-fé objetiva* nos *contratos de direito privado*, a exemplo dos direitos, liberdades e garantias ao bom nome, à honra e reputação da

33 PERLINGIERI, Pietro - **Perfis do Direito Civil - Introdução ao Direito Civil Constitucional.** Trad. de Maria Cristina De Cicco. 1.ª ed. rev. e ampl. Rio de Janeiro: Renovar, 1999, p. 23-28, *passim*.

pessoa, aos negócios jurídicos em geral e, no particular, aos contratos comutativos — paritários ou não paritários — socialmente justos e equânimes em uma sociedade-de-iguais, bem assim aos deveres de respeito, equidade e boa-fé objetiva nos negócios jusmaterialísticos e processuais, e à tutela protetiva de determinados direitos de personalidade às pessoas jurídicas, no Brasil, e às pessoas coletivas, em Portugal.

Ainda neste passo introdutório, por bem traduzir o regime jurídico-normativo simbiótico — de aproximações e reciprocidades — entre os direitos da personalidade e o postulado da dignidade da pessoa, vem a calhar o magistério de ELIMAR SZANIAWSKI[34], Professor da Faculdade de Direito da Universidade Federal do Paraná, que, após averbar que a Constituição Federal não contém, a exemplo das Leis Fundamentais da Alemanha e da Itália, uma *cláusula geral expressa* destinada a tutelar amplamente a *personalidade do homem*, leciona que, embora assim, o grande avanço jurídico e social brasileiro ocorreu com a promulgação da Carta de 1988, que rompeu definitivamente com os seus vínculos com as concepções pandectistas e individualistas da doutrina jurídica do século XIX. Assim é que a Lei Fundamental contempla, entre os *princípios fundamentais* que a informam, o *princípio da igualdade*, encartado no seu Preâmbulo e no *caput* do art. 5.º (direitos e garantias fundamentais), bem assim o *princípio da dignidade da pessoa*, no inciso III do art. 1.º (princípios fundamentais). Estes dois princípios fundamentais têm idêntico valor e conjugação, constituindo o substrato necessário à constituição dos demais direitos e tutelando a pessoa humana em toda a sua dimensão, sendo portadora de dignidade e igualdade formal e material. Neste norte, prossegue SZANIAWSKI, a Lei Fundamental brasileira reconhece e tutela o *direito geral de personalidade* através do *princípio da dignidade da pessoa*, que, com o *status* de *princípio fundamental* da ordem jurídico-constitucional nacional, substancia uma *cláusula geral* de concreção da proteção e do desenvolvimento da *personalidade* do indivíduo. Isto decorre do fato de que, sendo o *princípio da dignidade da pessoa* um *princípio fundamental reitor* segundo o qual deve ser lido e interpretado todo o ordenamento jurídico brasileiro, ele constitui uma *cláusula geral de proteção da personalidade*, pois a pessoa natural é o primeiro e último destinatário da ordem jurídica.

---

34 SZANIAWSKI, Elimar - **Direitos da Personalidade e sua Tutela.** 2.ª ed., rev., atual. e ampl. São Paulo: RT, 2005, p. 136-139.

Nesta toada, o Constituinte brasileiro optou por construir um *sistema de tutela da personalidade*, alicerçando o *direito geral de personalidade* pátrio a partir do *princípio da dignidade da pessoa humana* e de alguns outros princípios constitucionais fundamentais espalhados em diversos Títulos da Lei Fundamental, deste modo garantindo o exercício do livre desenvolvimento da personalidade humana. Sob esta moldura, o jurista em epígrafe conclui que, "Tendo em vista a importância e a extensão do *princípio da dignidade da pessoa humana* como princípio-mãe, do qual irradiam todos os direitos fundamentais do ser humano, vinculando o poder público como um todo, bem como os particulares, pessoas naturais ou jurídicas, e sendo o direito da pós-modernidade um direito que possui por destinatário primeiro a pessoa humana, exercendo uma função social dentro do seu próprio meio, o direito posto deve ser lido e interpretado à luz da Constituição, segundo os *postulados do princípio da dignidade da pessoa humana*".[35] Em síntese, portanto, à luz dos *paradigmas* assentados, aqui reside a primeira parte da proposição multifuncional adotada nesta investigação, para adjudicar os princípios da função social e da boa-fé objetiva dos contratos de direito privado aos direitos da personalidade e ao postulado da dignidade da pessoa humana.

1.2.1 Direitos da personalidade no século XXI

Na leitura de LEONARDO ESTEVAM DE ASSIS ZANINI[36], apoiado em preleções doutrinárias de Maria Celina Bodin de Moraes, de Danilo Doneda e de Gustavo Tepedino, é firme o liame existente entre a *cláusula geral da dignidade da pessoa humana* e os *direitos da personalidade*, permitindo ao operador do Direito a proteção ao caso concreto, nas hipóteses de interesse existencial da pessoa que não estejam tuteladas por normatividade casuística, deste modo flexibilizando o direito vigente e contribuindo para que não ocorra o envelhecimento precoce dos ordenamentos jurídicos. Nessa perspectiva, não é mais possível negar tutela a quem pretenda o amparo de sua existência, pois tal interesse tem relevância constitucional, não importando que haja, ou não, a previsão de um instrumento protetivo específico, visto

35 SZANIAWSKI, Elimar - ***Op.cit.***, p. 139.

36 ZANINI, Leonardo Estevam de Assis - **Direitos da Personalidade - Aspectos essenciais.** São Paulo: Saraiva, 2011, p. 88-89.

que em tais hipóteses será soberana a *cláusula geral* que tutela a *dignidade da pessoa humana.*[37] Assim, essa *cláusula geral* representa o ponto de referência de todas as situações nas quais alguns aspectos ou desdobramento da personalidade esteja em jogo, estabelecendo nitidamente a prioridade a ser dada à pessoa humana.[38] Na mesma toada, os *direitos das pessoas* estão garantidos, todos, pelo *princípio constitucional da dignidade da pessoa humana*, sendo concretamente protegidos pela *cláusula geral de tutela da pessoa humana*[39], ao que se alia o magistério de Gustavo Tepedino, ao denominá-la, também, de *verdadeira cláusula geral de tutela e promoção da pessoa humana*, tomada como valor máximo pelo ordenamento jurídico.[40] Nesta esteira, a proteção em tela foi objeto do *Enunciado n.º 247*, aprovado na *IV Jornada de Direito Civil* do *Conselho da Justiça Federal* (CJF/STJ), segundo o qual "Os *direitos da personalidade*, regulados de maneira não exaustiva pelo Código Civil, são expressões da *cláusula geral de tutela da pessoa humana*, contida no art. 1.º, III, da Constituição (*princípio da dignidade da pessoa humana*). Em caso de colisão entre eles, como nenhum pode sobrelevar os demais, deve-se aplicar a técnica da ponderação". Enfatizando que a *cláusula geral de tutela da dignidade da pessoa* não pode ser usada como solução para todo e qualquer problema jurídico, pena da sua banalização, ASSIS ZANINI conclui ser nítida a relação íntima entre os *direitos da personalidade* e o *princípio fundamental* e *cláusula geral da dignidade da pessoa humana*, pedras angulares de todo o sistema jurídico brasileiro.

Em exame de situacionamento motivacional, ELIMAR SZANIAWSKI[41] assinala que os *direitos da personalidade* empalmam temática nova e pouco discutida em *terra brasilis*, sendo raros os autores que a ela se dedicaram, em

37 MORAES, Maria Celina Bodin de - O princípio da dignidade humana. *In:* MORAES, Maria Celina Bodin de (Coord.) - **Princípios do direito civil contemporâneo.** Rio de Janeiro: Renovar, 2006, p. 55, *apud* ZANINI, Leonardo Estevam de Assis - ***Op. cit.***, p. 88.

38 DONEDA, Danilo - Os direitos da personalidade no novo Código Civil. *In:* TEPEDINO, Gustavo (Org.) - **A parte geral do novo Código Civil.** 3.ª ed. Rio de Janeiro: Renovar, 2007, p. 46, *apud* ZANINI, Leonardo Estevam de Assis - ***Op. cit.***, p. 88.

39 MORAES, Maria Celina Bodin de - ***Artic. et op. cit.***, p. 55, *apud* ZANINI, Leonardo Estevam de Assis - ***Op. cit.***, p. 88.

40 TEPEDINO, Gustavo - Cidadania e os direitos de personalidade. **Revista Jurídica**, v. 51, n.º 305, mar. 2003 Porto Alegre: 2003, p. 58, *apud* ZANINI, Leonardo Estevam de Assis - ***Op. cit.***, p. 89.

41 SZANIAWSKI, Elimar - ***Op. cit.***, p. 20.

cujo âmbito a grande maioria apenas reitera, ao discorrer sobre personalidade natural, as tradicionais lições sobre a aquisição e perda da personalidade, alguns ainda confundindo-a com a noção de capacidade jurídica da pessoa. Além do pouco que se escreveu sobre o assunto, os trabalhos mais destacados dedicam-se à tutela penal da personalidade, enquanto nos Estados Unidos da América e na Europa, em especial em França, Portugal e Itália, o direito de personalidade é protegido dentro do sistema de tipificação e fracionamento desse direito em vários outros, autônomos, *numerus apertus*, através de ricas construções jurisprudenciais por suas Cortes de Cassação, tutelando-se essa categoria de direitos, na Alemanha e na Suíça, de acordo com a concepção unitária do direito geral de personalidade, âmbito em que os tribunais federais desses países desenvolveram marcante jurisprudência no sentido de definir e estabelecer os limites de atuação desses direitos frente a outros tuteláveis na mesma proporção.

No Brasil, no entanto, a tutela dos direitos inerentes à personalidade não recebe o mesmo destaque europeu, sendo reservada, na prática, à jurisprudência dos tribunais sobre casos concretos. A consagração da *dignidade humana* no cenário internacional e a sua incorporação à Constituição brasileira de 1988, bem assim à Lei Fundamental portuguesa de 1976, atingiram em cheio o Direito Privado e, nele, em especial, como não poderia deixar de ser, o Direito Civil.

Com efeito. Antes restrito ao disciplinamento das coisas e demarcado por uma ótica patrimonialista, o Direito Civil brasileiro abriu os seus olhos, já não sem tempo, às pessoas, e, no clima construtivista decorrente da democratização do país e promulgação da Constituição Cidadã, doutrinadores de escol passaram a defender a necessidade da sua releitura, desta feita à luz dos novos valores existenciais constitucionalmente adotados.

Nesta perspectiva, a promulgação da Lei Fundamental de 1988 começou a gerar os seus efeitos e, na sequência, no andar dos anos 1990, paulatinamente, importantes segmentos da Academia Jurídica brasileira, com o respaldo de uma plêiade de doutrinadores juscivilistas, deram início a movimento de transformação de valores e resistência aos setores vinculados às tradições liberal-patrimonialistas do Direito Civil. Assim é que, nas asas dos ventos redemocratizantes do país e na esteira dos novos valores constitucionais sufragados na nova Carta da República, a denominada "Escola de Direito

Civil Constitucional"[42] brasileira passou a interagir nesse cenário ávido de mudanças. Nesse contexto, a jurisprudência dos Tribunais de Apelação, com amplo respaldo do Superior Tribunal de Justiça — também conhecido como o "Tribunal da Cidadania" —, reforçaram esse movimento doutrinário por intermédio da aplicação direta dos princípios constitucionais na solução de

---

42 No ponto, em face da notável dimensão acadêmica da "Escola de Direito Civil Constitucional" e para que melhor se aquilate, no âmbito da *teoria* do *diálogo das fontes*, a sua penetração doutrinário-jurisprudencial no Brasil, vem a calhar o depoimento do jurista FLÁVIO TARTUCE sobre o *thema*, *verbis*: "Em princípio, o Direito Público tem como finalidade a ordem e a segurança geral, enquanto o Direito Privado reger-se-ia pela liberdade e pela igualdade. Enquanto no Direito Público somente seria válido aquilo que está autorizado pela norma, no Direito Privado tudo aquilo que não está proibido por ela seria válido. Mas essa dicotomia não é absoluta, como quase nada é absoluto nos nossos dias. Nesse sentido, é interessante tecer alguns comentários sob[re] a relação entre o Direito Civil e o Direito Constitucional, da qual este autor é adepto e entusiasta. A utilização da expressão *Direito Civil Constitucional* encontra raízes na doutrina italiana de Pietro Perlingeri (PERLINGIERI, Pietro - **Perfis do direito civil. Introdução ao direito civil constitucional.** Trad. Maria Cristina de Cicco. 2.ª ed. Rio de Janeiro: Renovar, 2002.). No início de sua obra, Perlingieri aponta que a Constituição funda o ordenamento jurídico, pois 'O conjunto de valores, de bens, de interesses que o ordenamento jurídico considera e privilegia, e mesmo a sua hierarquia, traduzem o tipo de ordenamento com o qual se opera. Não existe, em abstrato, o ordenamento jurídico, mas existem ordenamentos jurídicos, cada um dos quais caracterizado por uma filosofia de vida, isto é, por valores e por princípios fundamentais que constituem a sua estrutura qualificadora' (PERLINGIERI, Pietro - ***Op. cit.***, p. 5). No Brasil, essa visão ganhou força na escola carioca, capitaneada pelos professores da UERJ Gustavo Tepedino, Maria Celina Bodin de Moraes e Heloísa Helena Barbosa. No Paraná, Luiz Edson Fachin, [...], na UFP. No Nordeste, [...], Paulo Luiz Netto Lobo. Em São Paulo, [...], Renan Lotufo, na PUCSP, e a professora Giselda Maria Fernandes Novaes Hironaka, na USP. Na FADISP, onde lecionamos [...]. Em Brasília, na UNB, o professor Frederico Viegas de Lima [...]. O conceito de Direito Civil Constitucional, à primeira vista, poderia parecer um paradoxo. Mas não é. O direito é um sistema lógico de normas, valores e princípios que regem a vida social, que interagem entre si de tal sorte que propicie segurança - em sentido *lato* - para os homens e mulheres que compõem uma sociedade. O Direito Civil Constitucional, portanto, está baseado em uma *visão unitária do ordenamento jurídico* (TEPEDINO, Gustavo - Normas constitucionais e relações de direito civil na experiência brasileira. **Temas de direito civil. Tomo II.**, Rio de Janeiro: Renovar, 2005). Ao tratar dos direitos fundamentais, José Joaquim Gomes Canotilho também fala em unidade da ordem jurídica, sustentando a viabilidade de uma interação entre Direito privado e a Constituição, mesmo que em tom cético. Para o mesmo Gustavo Tepedino, um dos principais idealizadores desse novo caminho metodológico, é 'imprescindível e urgente uma releitura do Código Civil e das leis especiais à luz da Constituição'. Desse modo, 'reconhecendo a existência dos mencionados universos legislativos setoriais, é de se buscar a unidade do sistema, deslocando para a tábua axiológica da Constituição da República o ponto de referência antes localizado no Código Civil' (TEPEDINO, Gustavo - Premissas metodológicas para a constitucionalização do direito civil. ***Op. cit.***, p. 1 e 13). [...]. Deve ser feita a ressalva que, por tal interação, o Direito Civil não deixará de ser Direito Civil; e o Direito Constitucional não deixará de ser Direito Constitucional. O Direito Civil Constitucional nada mais é do que um novo caminho metodológico, que procura analisar os institutos privados a partir da Constituição, e, eventualmente, os mecanismos constitucionais a partir do Código Civil e da legislação infraconstitucional em uma *análise de mão dupla*" (TARTUCE, Flávio - **Manual de Direito Civil - Volume Único.** 8.ª ed., rev., atual. e ampl. Rio de Janeiro: Forense, 2018, p. 57-60, *passim*).

conflitos entre particulares, a tal ponto que, nos primórdios do século XXI, a estrada indicava a consolidação de um Direito Civil com vetores hermenêuticos estruturados sobre e a partir dos *princípios constitucionais da dignidade humana* e da *solidariedade social*.

Nesta toada, no entanto, na dicção de ANDERSON SCHREIBER[43], Professor da Faculdade de Direito da UERJ, emergiu um novo Código Civil que não teve qualquer relação com as recentes e crescentes transformações pelas quais passava o Direito Civil brasileiro. Com efeito, ressalvado o notável conhecimento jurídico dos membros da Comissão que elaborou o novo Código Civil, ao invés de ser elaborado um texto autenticamente novo, o Congresso Nacional resultou instado a recuperar um projeto de codificação gestado nos anos 1970, quando a ditadura militar ainda imperava no Brasil. O discreto processo de aprovação ocorrido ao longo do ano de 2001 prescindiu de uma ampla e efetiva discussão com a sociedade e com a comunidade jurídica sobre o conteúdo e finalidades funcionais da nova codificação, daí resultando a publicação, no Diário Oficial da União de 11/01/2002, de um novo Código Civil que pouco tem de novo, consoante retro assentado.

Não se pode olvidar, no entanto, que o Código Civil de 2002, ainda que pontual e timidamente, introduziu importantes inovações, a exemplo da *expressa consagração* dos *princípios da boa-fé objetiva* (artigos 113, 187 e 422) e *da função social do contrato* (art. 421), além da ampliação das hipóteses de responsabilidade civil objetiva (artigos 927, *caput*, e parágrafo único, 933 e 936), e, para mais disso, dedicou um Capítulo inteiro aos *direitos da personalidade*. Em onze artigos (artigos 11 *usque* 21) encartados no Capítulo II (*Dos direitos da personalidade*)[44] do Livro I (*Das Pessoas*), no Título I (*Das*

43 SCHREIBER, Anderson - **Direito da Personalidade.** 3.ª ed. rev. e atual. São Paulo: Atlas, 2014, p. 10-14.

44 Em apertada síntese nossa, GAGLIANO e PAMPLONA FILHO (**Manual** - ***op. cit.***, p. 66-75) classificam os *direitos da personalidade*, quanto à sua *tutela de proteção*, em três grupos *numerus apertus*: (a) *vida e integridade física:* corpo vivo, cadáver, incolumidade corpórea e intelectual, voz, nome, *et al.*; (b) *integridade psíquica e criações intelectuais:* liberdade civil, política, de pensamento, religiosa, sexual, de locomoção, de trabalho, de estipulação contratual, de comércio, de culto, de organização sindical, de imprensa; autoria científica, literária, musical, literária *et. al.*; criações intelectuais, privacidade e segredo pessoal, profissional, doméstico, das comunicações pessoais epistolares, telefônicas, telegráficas, telemáticas *et. al.*; (c) *direito à integridade moral*: à honra objetiva e subjetiva; à imagem-retrato e imagem-atributo *et. al.*. Os direitos da personalidade são *imanentes* à pessoa (projeções física, mental e moral) e os seus *predicados, atributos* ou *características* são: (a) *absolutos*, sendo oponíveis *erga omnes*; (b) *universais, gerais, necessários*, pois imanentes a todas as pessoas; (c) *extrapatrimoniais*: não têm preço ou conteúdo patrimonial direto, embora aferíveis objetivamente

pessoas naturais) da Parte Geral, o novo Código Civil de 2002 procurou regular os *direitos* ao próprio corpo, ao nome, à honra, à imagem e à privacidade. Destarte, prossegue SCHREIBER, essa inserção já representa, por si só, uma admirável evolução em relação ao Código Civil de 1916, carregado de tintas patrimoniais. Ademais, a inauguração de um Capítulo dedicado à proteção da pessoa em seus aspectos essenciais, deve ser interpretada como afirmação do compromisso de todo o Direito Civil com a tutela e a promoção da *personalidade humana*. Portanto, o acerto do Legislador nesse aspecto é indiscutível e merece todos os encômios, muito embora no corpo do Capítulo os aplausos se dissipem, em face de alguns sérios equívocos no tratamento dos direitos da personalidade. Nesse âmbito, como é natural, há falhas pontuais e deslizes técnicos que ocorrem na maior parte das leis, mas também há enganos maiores. Assim é que — prossegue o jurista em epígrafe —, contaminado pelo espírito do seu vetusto tempo, o CC/2002 tratou os direitos da personalidade com rigidez excessiva e de forma puramente estrutural, em que muitos dos seus dispositivos carregam soluções absolutas, definitivas, fechadas, que não se ajustam bem à realidade contemporânea e à própria natureza dos direitos da personalidade, dificultando sobremaneira a solução dos casos concretos. Apesar disso, os descuidos do CC/2002 não conduzem a cenário de desalento, pois o estudante, o advogado, o juiz e o intérprete da norma, de modo geral, são convocados para corrigir os desvios do Legislador, por meio de interpretações construtivas que permitam conferir soluções adequadas aos inúmeros e difíceis conflitos que envolvem os direitos da personalidade.

Poucos temas revelam maiores dificuldades conceituais quanto os denominados *direitos da personalidade*, pois, de um lado, os avanços da tecnologia e dos agrupamentos urbanos expõem a pessoa a novas situações que desafiam o ordenamento jurídico, reclamando disciplina, e, de outro, a doutrina parece *buscar em paradigmas do passado* as bases para as soluções das controvérsias que, geradas na sociedade contemporânea, *não se ajustam aos modelos nos quais se pretende enquadrá-las*. Com esta reflexão à partida, o jurista GUSTAVO TEPEDINO[45], Professor da Faculdade de Direito da Uni-

---

e ainda que a sua lesão produza efeitos econômicos; (d) *indisponíveis*, (e) *intransmissíveis* e (f) *irrenunciáveis*; (g) *imprescritíveis*, (h) *impenhoráveis* e (i) *vitalícios*.

45 TEPEDINO, Gustavo - A Tutela da Personalidade no Ordenamento Civil-Constitucional Brasileiro. **Temas de Direito Civil - Tomo I.** 3.ª ed. rev. e atual. Rio de Janeiro: Renovar, 2004, p. 23-78, *passim*.

versidade Estadual do Rio de Janeiro e cofundador da Escola de Direito Civil Constitucional no Brasil, leciona que o direito romano não tratou dos direitos da personalidade nos moldes conhecidos na atualidade, tendo concebido apenas a *actio injuriarum* (a ação contra a injúria), que, na *praxis* romana, abrangia qualquer *atentado à pessoa física ou moral do cidadão*, hoje associado à *tutela da personalidade humana*. Por conseguinte, a *categoria* dos *direitos da personalidade* constitui construção recente, fruto de elocubrações doutrinárias germânica e francesa da segunda metade do século XIX, neles compreendendo-se, contemporaneamente, os direitos pertinentes à *tutela* da *pessoa humana*, considerados *essenciais* à sua *dignidade* e *integridade*. Em feliz síntese, Giorgio Giampiccolo[46] observou que "o homem, como pessoa, manifesta dois interesses fundamentais: como indivíduo, o interesse a uma existência livre; como partícipe do consórcio humano, o interesse ao livre desenvolvimento da *vida em relações*. A esses dois aspectos essenciais do ser humano podem substancialmente ser reconduzidas todas as instâncias específicas da personalidade". No entanto, nem sempre foi assim, porque perduraram durante muito tempo as hesitações doutrinárias pertinentes à *existência conceitual* dos *direitos da personalidade*, tendo havido acesas dúvidas sobre a sua *natureza* e *conteúdo*, bem assim quanto à *extensão da disciplina aplicável* à espécie. No ponto — historia o Professor TEPEDINO —, destaque para as denominadas *teorias negativistas* (Roubier, Unger, Dabin, Savigny, Thon, Von Thur, Enneccerus, Zitelmann, Crome, Dabin, Jellinek, Ravà, Simoncelli *et. al.*), que, no século XIX, refutaram a categoria dos direitos da personalidade mediante a afirmação, em síntese, de que a *personalidade* identificava-se com a *titularidade* de direitos e, por isso, não poderia ser considerada, *ao mesmo tempo*, como *objeto* de direitos, porque isto envolveria uma contradição lógica. Nessa linha de objeções, Savigny afirmou que o reconhecimento dos direitos da personalidade legitimaria o suicídio ou a automutilação, no mesmo passo que, para Jellinek, *bens* como a vida, a saúde, a honra e a liberdade corporal, por exemplo, não se enquadrariam na *categoria* do *ter*, mas do *ser*, o que os tornaria incompatíveis com a noção de *direito subjetivo*, predisposto à tutela das relações patrimoniais e, em parti-

46 GIAMPICCOLO, Giorgio - *La tutela giuridica della persona umana e il c.d. diritto alla riservatezza.* ***Riv. Trimestrale di diritto e procedura civile.*** 1958, p. 458, *apud* TEPEDINO, Gustavo - ***Artic. et op. cit.***, p. 24-25.

cular, do domínio. Conforme registra Elimar Szaniawski[47], "a origem dessa discussão parte da concepção de alguns autores que veem os direitos da personalidade como o direito de alguém sobre a sua própria pessoa, na evolução da ideia do antigo *ius in re ipsa*. De acordo com esse pensamento, não se constituem os direitos de personalidade em *direitos subjetivos*, mas sim em meros efeitos reflexos do direito objetivo, donde ser concedida uma certa projeção jurídica a determinadas radiações da personalidade". Vale dizer: inadmitia-se que alguém pudesse ser titular de um direito subjetivo sobre si mesmo, sobre parte inerente do seu *ser*, pois se considerava que a proteção jurídica da personalidade não revestia as características do *direito subjetivo*, limitando-se à reação do ordenamento contra a *lesão* (o dano injusto), por meio do mecanismo da responsabilidade civil. Daí decorreriam situações *objetivas*, mas não já o *direito subjetivo*, figura autônoma e preestabelecida pela lei ou pela vontade das partes, que assegura poderes ao titular não apenas para protegê-lo contra lesões, mas para que ele possa dispor livremente do *próprio direito*.

Muitas foram as críticas às teorias negativistas, aduz o Professor TEPEDINO, atacadas que foram na sua premissa. Acresce que a personalidade pode ser considerada, a rigor, sob dois pontos de vista. Assim é que, sob o prisma dos *atributos da pessoa humana*, que a habilita a ser *sujeito de direito*, tem-se a *personalidade* como *capacidade*, indicando a *titularidade* das *relações jurídicas*, caracterizando uma ótica atinente à *estrutura* das situações jurídicas *subjetivas*, em que a pessoa, tomada em sua subjetividade, identifica-se como o *elemento subjetivo* das *situações jurídicas*. De outra banda, tem-se a *personalidade* como o *conjunto de características e atributos* da *pessoa humana*, considerada como *objeto de proteção* por parte do *ordenamento jurídico*. A pessoa, vista sob este ângulo, há de ser *tutelada* das *agressões* que afetam a sua *personalidade*, identificando a doutrina, por isso mesmo, a *existência* de *situações jurídicas subjetivas oponíveis erga omnes*. Vale dizer: considerada como *sujeito de direito*, a *personalidade* não pode ser *dele* o seu *objeto*. Em sentido oposto, considerada como *valor* e tendo em linha de conta o *conjunto de atributos inerentes e indispensá-*

47 SZANIAWSKI, Elimar - Direitos da Personalidade e sua Tutela. São Paulo: RT, 1993, p. 36-37, *apud* TEPEDINO, Gustavo - ***Artic. et op. cit.***, p. 26.

veis ao *ser humano* — que se *irradiam* da *personalidade* —, constituem *bens jurídicos em si mesmos*, dignos de *tutela privilegiada*[48].

Nesta toada, a distinção entre os conceitos de personalidade como *objeto* e como *sujeito de direitos* é clarificada no art. 70[49], n.º 1, do Código Civil português, que estabelece a *tutela geral da "personalidade física ou moral"* dos indivíduos, assim considerada, pela doutrina, como "os bens inerentes à própria materialidade e espiritualidade de cada homem", demarcando, então, que "a personalidade surge aqui imediatizada no ser humano e configurada como objeto de direitos e deveres, não se perspectivando como elemento qualificador do sujeito da relação jurídica enquanto tal, cuja qualificação nos é dada pelas idéias de personalidade jurídica, ou seja, pelo reconhecimento de um centro autônomo de direitos e obrigações, e de capacidade jurídica, isto é, pela possibilidade jurídica inerente a esse centro de ser titular de direitos e obrigações em concreto".[50] Nesta toada, a doutrina predominante, a partir dos anos 1950, admitia a existência dos direitos da personalidade, embora ainda bastante apegada ao modelo dos direitos subjetivos *patrimoniais*, e, em particular, à propriedade.[51] Admitida a personalidade como objeto de direito, discutiu-se se estes direitos subjetivos incidem sobre a própria pessoa (*jus in*

---

48 No ponto, GUSTAVO TEPEDINO invoca lição de 1942 do professor SAN TIAGO DANTAS - precocemente falecido, em 06/09/1964, aos 53 anos de idade - introdutor, em 1942, na Faculdade Nacional de Direito (RJ), do estudo dos direitos da personalidade em suas aulas, *verbis:* "A palavra personalidade está tomada, aí, em dois sentidos diferentes. Quando falamos em *direitos da personalidade*, não estamos identificando aí a personalidade como a capacidade de ter direitos e obrigações; estamos então considerando a personalidade como um fato natural, como um conjunto de atributos inerentes à condição humana; estamos pensando num homem vivo e não nesse atributo especial do homem vivo, que é a capacidade jurídica em outras ocasiões identificadas como a personalidade" (DANTAS, San Tiago - Programa de Direito Civil - Vol. I - Edição Histórica. Rio de Janeiro: Ed. Rio, 1979, p. 192, *apud* TEPEDINO, Gustavo - ***Artic. et op. cit.***, p. 27).

49 "Art. 70.º **Tutela geral da personalidade 1.** A lei protege os indivíduos contra qualquer ofensa ilícita ou ameaça de ofensa à sua personalidade física ou moral. **2.** Independentemente da responsabilidade civil a que haja lugar, a pessoa ameaçada ou ofendida pode requerer as providências adequadas às circunstâncias do caso, com o fim de evitar a consumação da ameaça ou atenuar os efeitos da ofensa já cometida."

50 SOUSA, Rabindranath Capelo de - O Direito de Personalidade. Coimbra: Coimbra, 1995, p. 106, *apud* TEPEDINO, Gustavo - ***Artic. et op. cit.***, p. 28.

51 TEPEDINO ilustra a concepção com a doutrina de Pontes de Miranda sobre os direitos da personalidade, no sentido de que "a imediata influência do instituto da propriedade, em tempos que conheceram a servidão e a escravidão, concorria para que se pensasse em propriedade, sempre que se descobria serem *absolutos* os direitos em causa. Ainda no século [XX] em que vivemos, juristas de prol resistiram a tratar a integridade psíquica, a honra e, até, a liberdade de pensamento como *direitos*" (PONTES

se ipsum), já que todo homem é considerado como unidade física e moral, ou sobre parte ou algumas partes dela, ou se, ao contrário, incidem sobre objeto externo, fora da própria pessoa, constituindo uma obrigação geral negativa.

Examinando o cerne dessas questões, GUSTAVO TEPEDINO[52] leciona que, imaginando-se a personalidade humana sob o *prisma estrutural* (ora o *elemento subjetivo* da *estrutura* das *relações jurídicas*, identificada com o *conceito* de *capacidade jurídica*, ora o *elemento objetivo*, ponto de referência dos chamados *direitos da personalidade*), e *protegendo-a* em termos apenas *negativos*, no sentido de repelir as ingerências externas à livre atuação do sujeito de direito, em consonância com a técnica própria do *direito de propriedade*, a *tutela da personalidade* será sempre setorial e insuficiente. Mas adverte: não se subestime o elevado valor das orientações doutrinárias que, sem sombra de dúvida, permitiram a ampliação da tutela dos *direitos humanos*, antes limitada aos *tipos de direito penal* e às *relações entre Estado e cidadão*, hoje estendidas às *relações de direito privado*. E isto ocorreu a partir das construções que engendraram os direitos da personalidade, quer mediante a *tipificação de uma série de direitos subjetivos*, quer através da *configuração* de uma *relação jurídica-tipo*, generalizante e abrangente. Entretanto — enfatiza —, a *realização plena da dignidade humana*, como quer o projeto constitucional em vigor no Brasil, não se conforma com a *setorização da tutela jurídica* ou com a *tipificação de situações previamente estipuladas*, nas quais possa incidir o ordenamento. Nem parece suficiente o mecanismo simplesmente *repressivo*, próprio do direito penal, de incidência normativa limitada aos momentos patológicos das relações jurídicas, no momento em que ocorre a violação do direito, sob a moldura de *situações-tipo*. Isto porque a *tutela da pessoa humana*, além de superar a perspectiva setorial (direito público e direito privado), não se satisfaz somente com as *técnicas ressarcitória* e *repressiva* (binômio lesão-sanção), exigindo, ao contrário, instrumentos de promoção do homem, considerados em qualquer situação jurídica de que participe, seja contratual ou extracontratual, de direito público ou de direito privado.

Neste passo, em corte transversal sobre o *thema*, mas já encaminhando algumas conclusões, impende retornar ao magistério de ANDERSON

DE MIRANDA - Tratado de Direito Privado - Vol. VII. São Paulo: RT, 1983, p. 5, *apud* TEPEDINO, Gustavo - ***Artic. et op. cit.***, p. 29).

52 TEPEDINO, Gustavo - ***Artic. et op. cit.***, p. 48-49.

SCHREIBER[53], para quem os direitos de personalidade consistem em atributos essenciais da pessoa humana, cujo reconhecimento jurídico resulta de uma contínua marcha de conquistas históricas. No decorrer dos últimos séculos, o tema foi tratado sob diversos enfoques e distintas denominações. Em França, a Assembleia Constituinte fez referência, na sua célebre declaração de 1789, aos *Direitos do Homem e do Cidadão*[54], e a Declaração das Nações Unidas, de 1948, emprega a expressão *Direitos Humanos*. Nesse norte, a Constituição Republicana de 1988 dedica-se, no Título I, aos *Princípios Fundamentais*, e, no Título II, aos *Direitos e Garantias Fundamentais*, ademais do que, conforme já referido, o Código Civil de 2002 reserva um Capítulo aos *Direitos da Personalidade*. A esta altura, SCHREIBER pergunta qual é, afinal, a *distinção* entre todas essas expressões, e, de plano, responde que a ampla variedade desses termos não se presta para gerar confusões, porque todas essas diferentes designações têm por escopo contemplar *predicamentos* ou *atributos da personalidade humana* merecedores de *proteção jurídica*. Assim, o que muda é tão somente o plano em que a personalidade *se manifesta*: a expressão *direitos humanos* é mais usada no plano internacional, independentemente, portanto, do modo como cada Estado nacional regula a matéria, ao passo que a expressão *direitos fundamentais* — no ponto, é importante não esquecer a matriz axiológica deles, os *princípios constitucionais fundamentais*, pedra de fundação dos *direitos fundamentais* —, por sua vez, é empregada, de regra, para designar *direitos positivados na Constituição de um determinado Estado*, caracterizando a terminologia preferida para tratar da *proteção da pessoa humana no campo do direito público*, em face da atuação do poder estatal. Já a expressão *direitos da personalidade* é usada no referenciamento aos *atributos humanos* que exigem *especial proteção no campo das relações privadas*, ou seja, na interação entre particulares, sem embargo de também terem fundamento constitucional e

53 SCHREIBER, Anderson - ***Op. cit.***, p. 13-14.

54 No ponto, GUSTAVO TEPEDINO controverte a referência histórica em testilha, apoiando-se, para tanto, na doutrina de DIOGO LEITE DE CAMPOS, *verbis*: "Diogo Leite de Campos, *Lições de Direitos da Personalidade, cit.*, pp. 36-37, observa que, embora seja normalmente associado o fundamento da "*personalidade*" à Declaração dos Direitos do Homem e do Cidadão, aprovada pela Assembleia francesa em 1789, tal Carta 'fora precedida de muitas outras, adaptadas nos estados norte-americanos, desde o século XVII (carta de Carlos I à colônia de Rhode Island de 1643; constituição de Locke para a Carolina do Norte, de 1669; *Bills of Rights* de diversos estados, particularmente o da Virgínia de 1776). Normalmente de muito maior elevação." (CAMPOS, Diogo Leite de - Lições de Direitos da Personalidade. Coimbra: Almedina, 2000, p. 36-37, *apud* TEPEDINO, Gustavo - ***Artic. et op. cit.***, p. 40).

proteção legal nos planos nacional e internacional, neste último por meio de Tratados e Convenções internacionais, e Diretivas Comunitárias.

Trata-se, portanto, do mesmo fenômeno, visto sob variadas angulações, faces multifuncionais e polivalentes de uma estrutura de valores única, em que o *valor tutelado* é idêntico: a *dignidade humana*, que será investigada na subseção seguinte. No plano nacional interno — a afirmação aplica-se, também, a Portugal, na medida do seu ordenamento jurídico-constitucional e legal —, embora possa variar o tipo de proteção oferecida, conforme o ofensor seja um particular ou o Poder Público — de que é exemplo marcante, no Brasil, a ação de mandado de segurança —, a interconexidade entre esses dois campos jurídicos é cada vez maior e mais ampla, pois a ciência jurídica contemporânea vem superando, a passos largos, os abismos do passado entre o direito público e o direito privado, a fim de reunir e unificar as duas esferas em torno da unidade do ordenamento de cada Estado nacional.

Releva anotar, neste sentido, que os *direitos da personalidade* mencionados no CC/2002 (imagem, honra, nome, privacidade *et alii*), em sua maior parte, têm previsão expressa no art. 5.º da Lei Fundamental, âmbito em que, mesmo aqueles que nele não têm inscrição explícita, recebem tutela jurídico-constitucional e legal direta na condição de direitos, liberdades e garantias consectários ao *postulado fundamental da dignidade da pessoa humana* (CRFB, art. 1.º, inc. III; CRP, art. 1.º). Em regime de aproximações e reciprocidades permanentes, esses direitos convivem em contínua retroalimentação orgânico-funcional, o que se viabiliza, em grande parte, em razão dos *insights* doutrinários e jurisprudenciais que produzem *feedback* em sistema normativo aberto, flexível e funcionalizado, receptício às constantes mudanças da sociedade do século XXI. Nesta perspectiva, é de fundamental importância perceber, compreender e assimilar a *teoria do diálogo das fontes* de proteção jurídica reservada à *condição humana* e, nesta medida, concluir que o *elenco de direitos da personalidade* contemplado no Código Civil de 2002 reflete um arrolamento *numerus apertus*, meramente exemplificativo[55], porque o disciplinamento deles não se compadece com um regime jurídico-constitucional e

55 À luz dos declinados *paradigmas*, impende reiterar, no ponto sob comento, que os *direitos da personalidade* não devem ser entendidos como uma panaceia geral para todos os males, porque nem todos os direitos, liberdades e garantias fundamentais mantêm com eles nexos estruturais ou de conjuntura, uma vez que o arrolamento típico-constitucional objetiva proteger, também, outros interesses de cunho patrimonial individual, coletivo e/ou difuso que, embora também tenham uma

legal fechado, *numerus clausus*, mormente nessa sociedade líquida, que vive o seu dia-a-dia como se fosse o fim da História.

No caso brasileiro, em respeito ao texto constitucional, o Professor TEPEDINO[56] leciona ser lícito considerar a *personalidade* não como um novo reduto de poder do indivíduo, nos lindes do qual ele exerce a sua titularidade, mas como *valor máximo* do ordenamento, *modelador* da *autonomia privada, capaz de submeter toda a atividade econômica a novos critérios de validade*. Nesta direção, por conseguinte, *de lege ferenda*, não se trata de enunciar um único direito subjetivo ou classificar múltiplos direitos de personalidade, senão *salvaguardar a pessoa humana*, mais tecnicamente, *em qualquer momento da atividade econômica* — que se aplica, naturalmente, à disciplina da função social e da boa-fé objetiva nos contratos de direito privado —, quer mediante os específicos direitos subjetivos previstos pela Constituição e pelo legislador especial (saúde, imagem, nome, justiça etc.), quer como inibidor de tutela jurídica de qualquer *ato jurídico patrimonial ou extrapatrimonial* que não atenda à *realização da personalidade*. Nesta perspectiva, a prioridade conferida à *cidadania* e à *dignidade da pessoa humana* (CRFB, art. 1.º, I, II e III), e a adoção do *princípio da igualdade substancial* (CRFB, art. 3.º, III), ao lado da *isonomia formal* do art. 5.º e da *garantia residual* prescrita no § 2.º do art. 5.º da Lei Fundamental, condicionam o intérprete e o legislador ordinário, modelando todo o tecido normativo infraconstitucional com a tábua axiológica eleita pelo Constituinte.

No ponto, com efeito, o Professor GUSTAVO TEPEDINO[57] leciona que a escolha da *dignidade da pessoa humana* como *fundamento* da República, associada ao objetivo fundamental de erradicação da pobreza e da marginalização, e de redução das desigualdades sociais, em conjunto com a prescrição do § 2.º do art. 5.º da Lei Fundamental — de não exclusão de quaisquer direitos e garantias, mesmo que não expressos, desde que decorrentes dos princípios por ela adotados —, configuram uma autêntica *cláusula geral de tutela e promoção da dignidade da pessoa humana*, tomada como *valor máximo* pelo ordenamento. Ainda sublinhe-se, no ponto, a *técnica legislativa* utilizada pelo

---

relação - direta ou indireta - com a proteção da pessoa, *não são considerados atributos essenciais à condição humana*, portanto não se qualificando como direitos da personalidade.

56 TEPEDINO, Gustavo - ***Artic. et op. cit.***, p. 49-53.

57 TEPEDINO, Gustavo - ***Artic. et op. cit.***, p. 50.

Constituinte, ao fixar, no Título I, *princípios fundamentais* que, ali situados, impõem específica função aos demais direitos constitucionais, permeando todo o sistema jurídico com os *valores* ali indicados, expressos nos fundamentos e objetivos da República. Já na regulamentação das relações jurídicas patrimoniais, a *dignidade da pessoa humana* é o *limite interno* capaz de definir com novas bases as *funções sociais da propriedade e da atividade econômica*, uma vez que esta assertiva resta confirmada pela técnica usada pelo Constituinte ao associar, modo expresso e imediato, à garantia do direito de propriedade (CRFB, art. 5.º, XXII), o atendimento de sua função social (CRFB, art. 5.º, XXIII), e às finalidades da ordem econômica, o dever de "assegurar a todos existência digna, conforme os ditames da justiça social", observando-se, dentre outros, os princípios da função social da propriedade e da redução das desigualdades regionais e sociais, além da busca pelo pleno emprego (CRFB, art. 170, *caput*, e incisos III, VII e VIII). A *tutela da personalidade*, convém insistir — assere o jurista em epígrafe —, não pode se conter em setores estanques: de um lado, os direitos humanos, e, de outro, as chamadas situações jurídicas de direito privado, pois a pessoa, à luz do sistema constitucional, requer proteção integrada, que supere a dicotomia direito público e direito privado, e atenda à *cláusula geral* fixada pela Lei Fundamental, de *promoção da dignidade humana*.

No contexto desse magistério, FLÁVIO TARTUCE[58] noticia que a tese do Professor Gustavo Tepedino foi adotada no curso da *IV Jornada de Direito Civil*, evento de 2006, tendo sido aprovado o *Enunciado n.º 274 do CJF/STJ*, segundo o qual "Os direitos da personalidade, regulados de maneira não-exaustiva pelo Código Civil, são expressões da cláusula geral de tutela da pessoa humana, contida no art. 1º, inc. III, da Constituição (princípio da dignidade da pessoa humana). Em caso de colisão entre eles, como nenhum pode sobrelevar os demais, deve-se aplicar a técnica da ponderação.", caracterizando um dos mais importantes enunciados doutrinários das *Jornadas de Direito Civil*, inclusive porque, além de consagrar a *cláusula geral de tutela da dignidade pessoa humana* (CRFB, art. 1.º, III), consolida o reconhecimento de que existem *outros direitos da personalidade* tutelados no sistema, a exemplo de todos aqueles inscritos nos princípios fundamentais e nos direitos, liberda-

58 TARTUCE, Flávio - **Manual de Direito Civil - Volume Único.** 8.ª ed., rev., atual. e ampl. Rio de Janeiro: Forense, 2018, p. 100-101.

des e garantias fundamentais expressos na Constituição da República, dentre outros, âmbito em que o *rol de direitos da personalidade* do Código Civil é meramente exemplificativo, *numerus apertus*, afastando a ideia da sua taxatividade *numerus clausus*.

Na banda lusitana, PEDRO PAIS DE VASCONCELOS leciona que o Código Civil (CC) de 1966 inovou em matéria de *direitos da personalidade*, que ganharam *autonomia e vigor* em relação ao Código anterior, passando a ocupar uma posição hierarquicamente superior aos demais direitos subjetivos[59], ao passo que ANTÓNIO PINTO PEREIRA[60] explicita que as *pessoas singulares, físicas* ou *individuais* são os principais *sujeitos* da *relação jurídica* e correspondem à própria *essência e dignidade do homem*, adquirindo *personalidade jurídica* após o nascimento completo com vida (CC, art. 66.º, n.º 1), cessando com a morte (CC, art. 68.º, n.º 1), atribuindo ao sujeito a suscetibilidade de titular direitos, deveres e obrigações na ordem jurídica, da qual emerje o *princípio fundamental da dignidade humana* (CRP, art. 1.º) e um conjunto de *direitos de personalidade*, que correspondem à primeira geração de direitos fundamentais e compreendem direitos, liberdades e garantias pessoais inscritos na Constituição da República Portuguesa (CRP) de 1976 (artigos 24.º a 47.º), também estando contemplados na lei em *numerus apertus* (*v.g.*: CC, artigos 70.º a 84.º), cujos principais atributos ou características, na condição de *direitos da personalidade*, são:

(a) *absolutos*, na medida em que lhes cabe uma proteção e oponibilidade *erga omnes*, impondo a todos um *dever geral de respeito*;

(b) *imateriais*, pois não têm preço, nem valor patrimonial, não sendo passíveis de quantificação pecuniária, embora as suas violações possam originar uma reparação em dinheiro;

(c) *indisponíveis*, pois o seu titular não pode dispor deles, não podendo ser cedidos por qualquer forma (*v.g.*: CC, art. 2008.º, n.º 1);

(d) *intransmissíveis*, pois o seu titular não pode dispor deles em vida ou após a morte, que os extingue (*v.g.*: CC, art. 2025.º); e,

59 VASCONCELOS, Pedro Pais de - **Direito de Personalidade.** Reimpr. de 2006. Coimbra: Almedina, 2014, p. 32-33.

60 PEREIRA, António Pinto - **Princípios Gerais de Direito.** Coimbra: Coimbra, 2013, p. 246-248.

(e) *irrenunciáveis*, pois não permite ao seu titular rejeitar as suas responsabilidades ou abdicar de qualquer dos direitos que lhe são conferidos (*v.g.:* CC, art. 1882.º).

Nessa moldura, CARLOS ALBERTO DA MOTA PINTO[61] ensina que os direitos da personalidade incidem sobre a vida da pessoa, a sua integridade física, a sua honra, a sua liberdade física e psicológica, o seu nome, a sua imagem, a reserva sobre a intimidade da sua vida privada, dentre outros, conformando um *círculo de direitos necessários*, um conteúdo mínimo e imprescindível da esfera jurídica de cada pessoa, protetor dos vários modos de ser físicos e morais da personalidade. Neste passo, afirma que o art. 70.º[62] do CC contém uma *norma de tutela geral da personalidade*, da qual se pode retirar um direito à vida, à integridade física, à liberdade, à honra, e que a consagração desta proteção geral da personalidade — de onde se retira, além destes direitos *especiais*, também um *direito geral de personalidade* — permite conceder a tutela a bens pessoais não tipificados, protegendo, designadamente, aspectos da personalidade cuja lesão ou ameaça de violação só com a evolução dos tempos assumam um significado ilícito, de que podem ser exemplos a identidade genética, a *autodeterminação informativa* ou o controle sobre os dados pessoais. A ofensa a qualquer desses direitos está sancionada no n.º 2 do referido art. 70.º do CC, no qual, além da *responsabilidade civil*, está prevista a *faculdade de requerer as providências adequadas às circunstâncias do caso.* Aduz, ademais, que o Código Civil não disciplinou exaustivamente os direitos de personalidade e que, para além do regime geral dos artigos 70.º, 71.º[63]

61 PINTO, Carlos Alberto da Mota; MONTEIRO, António Pinto; PINTO, Paulo Mota - **Teoria Geral do Direito Civil.** 4.ª ed., 2.ª reimpr. Coimbra: Coimbra, 2012, p. 209-212.

62 "Art. 70.º - **Tutela geral da personalidade**

1. A lei protege os indivíduos contra qualquer ofensa ilícita ou ameaça de ofensa à sua personalidade física ou moral.

2. Independentemente da responsabilidade civil a que haja lugar, a pessoa ameaçada ou ofendida pode requerer as providências adequadas às circunstâncias do caso, com o fim de evitar a consumação da ameaça ou atenuar os efeitos da ofensa já cometida."

63 "Art. 71.º - **Ofensa a pessoas já falecidas - 1.** Os direitos da personalidade gozam igualmente de protecção depois da morte do respectivo titular. **2.** Tem legitimidade, neste caso, para requerer as providências previstas no n.º 2 do artigo anterior o cônjuge sobrevivo ou qualquer descendente, ascendente, irmão, sobrinho ou herdeiro do falecido. **3.** Se a ilicitude da ofensa resultar da falta de consentimento, só as pessoas que o deveriam prestar têm legitimidade, conjunta ou separadamente, para requerer as providências a que o número anterior se refere."

e 81.º[64], limitou-se a prever alguns direitos de personalidade que particularmente poderiam suscitar problemas. Todavia, a *cláusula geral da personalidade* do art. 70.º, n.º 1, do CC, deve ser concretizada em atenção tanto o regime dos *direitos, garantias* e *liberdades pessoais* (CRP, art. 24.º e seguintes) a que *correspondem* os *direitos da personalidade*, quanto os tipos de crime que objetivam proteger — como mínimo de proteção reconhecido — bens jurídicos correspondentes aos direitos da personalidade. Destarte, ANTÓNIO PINTO PEREIRA[65] leciona que a lei consagra uma *cláusula de tutela geral da personalidade* substanciada em quatro vias principais, a saber:

(a) confere proteção normativa aos indivíduos contra qualquer ofensa ilícita ou ameaça de ofensa à sua personalidade física ou moral (CC, art. 70.º, n.º 1);

(b) mesmo depois de cessar a personalidade por força da morte, os direitos de personalidade continuam a merecer proteção jurídica adequada (CC, art. 71.º, n.º 1);

(c) não pode haver limitação voluntária dos direitos de personalidade, sendo a mesma revogável, e nula, quando contrária aos princípios da ordem pública (CC, art. 81.º); e,

(d) há responsabilidade civil geradora da obrigação de indenizar pelos prejuízos causados decorrentes de ofensas ou violações desses direitos, quer em *termos gerais* (CC, art. 483.º)[66], quer em *termos especiais* em alguns casos, como sucede, *por exemplo*, com a *ofensa do crédito ou do bom nome* (CC, art. 484.º)[67].

---

64 "Art. 81.º - **Limitação voluntária dos direitos de personalidade** - **1.** Toda a limitação voluntária ao exercício dos direitos da personalidade é nula, se for contrária aos princípios da ordem pública. **2.** A limitação voluntária, quando legal, é sempre revogável, ainda que com obrigação de indemnizar os prejuízos causados às legítimas expectativas da outra parte."

65 PEREIRA, António Pinto - ***Op. cit.***, p. 247-248.

66 "Art. 483.º - **Princípio geral** - **1.** Aquele que, com dolo ou mera culpa, violar ilicitamente o direito de outrem ou qualquer disposição legal destinada a proteger interesses alheios fica obrigado a indemnizar o lesado pelos danos resultantes da violação. **2.** Só existe obrigação de indemnizar independentemente de culpa nos casos especificados em lei."

67 "Art. 484.º - **Ofensa do crédito ou bom nome** - Quem afirmar ou difundir um facto capaz de prejudicar o crédito ou o bom nome de qualquer pessoa, singular ou colectiva, responde pelos danos causados."

Na sequência, o Professor do Instituto Superior de Ciências Socias e Políticas da Universidade Técnica de Lisboa arrola, em *numerus apertus*, os seguintes *direitos de personalidade* previstos em normas constitucionais e legais: o direito à vida e à dignidade (CRP, artigos 24.º e 1.º); o direito à integridade social (CRP, art. 25.º); os direitos à identidade pessoal, ao desenvolvimento da personalidade, à capacidade civil, à cidadania, ao bom nome e reputação, à imagem, à palavra, à reserva da intimidade da vida privada e familiar, e à proteção contra qualquer forma de discriminação (CRP, art. 26.º); o direito à liberdade e à segurança (CRP, art. 27.º); os direitos e garantias aplicáveis nos domínios penal e processual penal (CRP, artigos 28.º e 32.º); o direito à não expulsão de cidadãos portugueses do território nacional (CRP, art. 33.º); o direito à inviolabilidade do domícilio e da correspondência (CRP, art. 34.º); o direito de acesso aos dados pessoais informatizados (CRP, art. 35.º); o direito à liberdade de expressão e informação (CRP, art. 37.º); o direito à liberdade de imprensa e aos meios de comunicação social (CRP, arts. 38.º e 39.º); os direitos de antena, de resposta e de réplica política (CRP, art. 40.º); o direito à liberdade de consciência, de religião e de culto (CRP, art. 41.º); o direito à liberdade de criação cultural (CRP, art. 42.º); o direito à liberdade de aprender e ensinar (CRP, art. 43.º); o direito de deslocamento e de emigração (CRP, art. 44.º); o direito de reunião e de manifestação (CRP, art. 45.º); o direito à liberdade de associação (CRP, art. 46.º); o direito à liberdade de escolha de profissão e de acesso à função pública (CRP, art. 24.º); o direito ao nome e ao pseudônimo (CC, artigos 72.º e 74.º); a proteção da informação contida em cartas-missivas e em memórias familiares e pessoais (CC, artigos 75.º a 78.º); e o direito à reserva sobre a intimidade privada (CC, art. 80.º), dentre outros.

Por fim, porque a questão concerne, modo direto, com os escopos desta investigação, breve consideração sobre a tutela de direitos da personalidade às pessoas físicas, no Brasil, e às pessoas coletivas, em Portugal. Enquanto o art. 52 do Código Civil brasileiro prescreve, modo expresso, que "Aplica-se às pessoas jurídicas, *no que couber*, a proteção dos direitos da personalidade"[68], o Código Civil lusitano, na dicção literal do art. 70.º, n.º 1, limita os direitos da personalidade a "indivíduos", passo em que a doutrina e a jurisprudência

---

68 A Súmula, verbete 227, do Superior Tribunal de Justiça, prescreve que "A pessoa jurídica pode sofrer dano moral". Ora, se o dano moral é um direito da personalidade e as pessoas jurídicas podem sofrer danos morais, nada mais consentâneo do que as pessoas jurídicas titularem, *no que couber*, direitos da personalidade. No Brasil, *de lege lata*; em Portugal, *de lege ferenda*.

controvertem sobre a possibilidade das pessoas coletivas titularem direitos de personalidade e, nessa medida, receber a proteção da sua cláusula geral de tutela. No ponto, parte da doutrina lusitana admite a proteção, alguns limitando-a ao exame de caso a caso, outros aplicando-a somente aos direitos especiais de personalidade, ao passo que outra parte entende-a inadmissível[69].

Em síntese, passando ao largo do exame casuístico, individualizado, dos direitos da personalidade em Portugal, assim como já feito em relação ao instituto no Brasil, à exceção daqueles direitos fundamentais de personalidade diretamente vinculados aos princípios da função social e da boa-fé objetiva nos contratos de direito privado, por agora fica a conclusão de que, embora haja acesas controvérsias sobre a natureza e extensão desta espécie de direitos fundamentais, a doutrina portuguesa não controverte sobre a importância orgânico-funcional do *princípio* e *cláusula geral* de *tutela dos direitos fundamentais da personalidade* insculpida, como visto, sob moldura institucional aberta, flexível, *numerus apertus*, no texto original do Código Civil de 1966 — mais de meio século de vigência e aplicação, portanto —, ao passo que no Brasil, sob o protagonismo doutrinário-jurisprudencial da Escola de Direito Civil Constitucional, ainda há espaços para evoluir na tutela dos direitos fundamentais da personalidade e na concretização do postulado fundamental da dignidade da pessoa humana, que vai investigado na sequência.

1.2.2 Postulado fundamental da dignidade da pessoa humana

A Constituição da República Portuguesa (CRP), no seu art. 1.º, inscreve a "*dignidade da pessoa humana*"[70] como um dos seus *fundamentos republicanos*, e dimensiona, nesta esteira, dentre vários outros, o *direito pessoal* à *dignidade humana* (*v.g.*: art. 26.º, n.º 2) e a *tutela de garantia* à *dignidade pessoal*

69 Vide, no ponto, o ilustrativo apanhado doutrinário de Pedro Pais de Vasconcelos (VASCONCELOS, Pedro Pais de - ***Op. cit.***, p. 122-124), que não admite a cláusula de tutela dos direitos da personalidade às pessoas coletivas, embora desenvolva reflexões, na esteira do art. 84.º do CC, sobre o seu eventual cabimento em hipóteses restritas.

70 Na revisão constitucional de 1989, o art. 1.º da CRP recebeu nova redação, *verbis*: "Portugal é uma República soberana, baseada na dignidade da pessoa humana e na vontade popular e empenhada na construção de uma sociedade livre, justa e solidária." No entanto, o texto original já contemplava a dignidade da pessoa humana como um dos fundamentos da República.

(*v.g.*: art. 26, n.º 3), também adotando o termo *pessoa* (*v.g.*: art. 27.º, n.º 4), ao se referir à *pessoa singular*, ao *cidadão*, em contraposição às *pessoas colectivas* (*v.g.*: CRP, art. 12.º, n.º 2). O Código Civil lusitano de 1966 também adota esta abordagem (*v.g.*: Título II, Subtítulo I, Capítulo I; artigos 67.º e 72.º, n.º 1).

O art. 1.º da Constituição da República Federativa do Brasil (CRFB) inscreve, no inciso III, a "*dignidade da pessoa humana*" como um dos *fundamentos republicanos* do Estado Democrático de Direito nela entronizado[71], além de contemplá-la em outros dispositivos (*v.g.*: artigos 170, *caput*, 226, § 7.º, 227, *caput*, e 230, *caput*). O Código Civil de 2002 menciona o *ser humano*, a *pessoa*, o *cidadão*, também aludindo à *pessoa natural* ou *pessoa física* (*v.g.*: CC, artigos 1.º e 2º), em contraposição à *pessoa jurídica*. No Brasil e em Portugal, a doutrina e a jurisprudência constitucional e juscivilista não controvertem na referenciação da *dignidade da pessoa humana* como um *fundamento*, *postulado* ou *princípio* republicano, ainda que lavrem acesos dissídios, no ponto, sobre as suas questões de natureza, condição, método e procedimento.

No magistério de JORGE REIS NOVAIS[72], Professor da Faculdade de Direito da Universidade de Lisboa, a *dignidade da pessoa humana* não surge constitucionalmente consagrada como um dentre vários outros princípios constitucionais, mas, sim, como base na qual se assenta a República portuguesa, o que exige, mesmo sem ter um significado preciso e imediatamente apreensível, consequências normativas relevantes e correspondentes ao *locus* especial que lhe foi reservado na Constituição, sob pena da afirmação do Constituinte não ser levada a sério. Destarte, a concreta recepção constitucional de que foi objeto não pode ser reduzida a fato jurídico trivial, na medida em que a forma e a ideia constitucionalmente assumidas apontam para a atribuição de uma relevância especial ao princípio. Nesta perspectiva, percebe-se de plano, até pela própria inserção sistemática formal — a dignidade da pessoa humana está consagrada no art. 1.º da CRP —, o princípio da dignidade da pessoa humana é elevado à qualidade de alicerce em que se as-

71 "Art. 1.º A República Federativa do Brasil, formada pela união indissolúvel dos Estados e Municípios e do Distrito Federal, constitui-se em Estado Democrático de Direito e tem como fundamentos: [...] III - a dignidade da pessoa humana; [...]."

72 NOVAIS, Jorge Reis - **A Dignidade da pessoa humana - Dignidade e Direitos Fundamentais - Vol. I**. Coimbra: Almedina, 2016, p. 19-20.

senta todo o edifício constitucional, sendo reconhecido, constitucionalmente, como o *princípio dos princípios*.

Neste passo, na banda brasileira, na pesquisa dos marcos históricos do *thema* ora investigado, impende trazer à colação o exauriente magistério de HELENA REGINA LOBO DA COSTA[73] sobre o que denomina de *postulado da dignidade da pessoa humana*. Neste sentido, ao discorrer sobre o desenvolvimento do conceito de dignidade humana, a jurista e Professora da Faculdade de Direito da Universidade de São Paulo leciona que a ideia de que o ser humano é singular e ocupa posição diferenciada de todas as outras criaturas encontra as suas origens no Cristianismo, a partir das concepções de que o homem foi feito à imagem e semelhança de Deus, da igualdade universal dos filhos de Deus e da inexistência do povo escolhido. Todavia, a construção do conceito de dignidade como um atributo da pessoa, tal como é entendido na atualidade, inicia-se apenas no século XVIII, quando predicados antes associados à aristocracia e à ocupação de cargos públicos começam a receber um processo de generalização que, paulatinamente, altera o seu conteúdo simbólico, vinculando-o ao conceito de liberdade como *autonomia* ou *não-impedimento*, sendo aí que o ideal de que todo homem é um ser livre e, por esta razão, digno, dotado de dignidade, começa a desenhar-se nos autores do denominado jusnaturalismo moderno, sendo insculpido na Declaração de Direitos da Virgínia, bem assim na Declaração dos Direitos do Homem e do Cidadão, de 1789, cujo art. 1.º consagra a liberdade e dispõe que "Os homens nascem e permanecem livres e iguais em direitos", no mesmo passo em que o seu art. 6.º entroniza a dignidade e o seu processo de generalização conceitual, ao dispor que "todos os cidadãos, sendo iguais a seus olhos, são igualmente admissíveis a todas as dignidades, vagas e empregos públicos segundo sua capacidade".

No entanto, fruto de um movimento histórico capitaneado pela classe burguesa, o conceito de dignidade passa a perder a sua concretude aristocrática, tanto quanto a concepção de igualdade e liberdade adstringia-se à lógica classista das relações de produção capitalistas. No final do século XVIII, Kant inovou no tema e definiu o conceito de dignidade humana na segunda seção da obra "Fundamentação da Metafísica dos Costumes", denominada de "Transição da

---

73 COSTA, Helena Regina Lobo da - **A Dignidade Humana - Teorias de prevenção geral positiva.** São Paulo: Revista dos Tribunais, 2008, p. 21-55. Embora a autora oriente os escopos da sua monografia para o campo do Direito Penal, a primeira parte da obra desenvolve substantivos conteúdos universais sobre o postulado da dignidade da pessoa humana.

filosofia moral popular para a metafísica dos costumes", em que se ocupa das leis da liberdade. Nessa toada, a *dignidade da pessoa* kantiana é produto da *razão e liberdade humanas*, e, ao fundar a dignidade no homem, o seu conceito ganha *universalidade*, estendendo-se a todos os seres racionais, isto querendo significar que o homem individual concebe a si próprio, subjetivamente, em sua dignidade, ou seja, concebe a si próprio como *fim objetivo* e daí resulta o seu *valor absoluto*. Assim, a dignidade está no *fundamento* do *princípio* prático objetivo, ou seja, a concepção de que cada ser racional tem a si mesmo como fim objetivo. A natureza racional existe, para Kant, como *fim em si*, e os *fins* de *todo homem*, por derivarem da *razão*, também são os *fins* de *cada homem*.

Neste passo, LOBO DA COSTA anota que a concepção kantiana não encontrou, à época, o seu espaço de concretização, e, no curso do século XIX e inícios do século XX, o progresso e o desenvolvimento sobrepuseram-se, como processo, ao *valor da pessoa*, ainda que a sobreposição da subjetividade sobre a objetividade não tenha sido linear, avultando, no ponto em testilha, *v.g.*: a luta contra a instrumentalização da pessoa por meio da escravidão; a previsão de a dignidade ser, na Constituição mexicana de 1917, um dos valores cardeais do sistema educacional do país; a promulgação da Constituição de Weimar de 1919, que dispunha, no art. 151, parte 1, que "a ordem da vida econômica deve ter como princípio a justiça, com o objetivo de garantir uma existência digna para todos". No entanto, vingou a concepção objetivista e instrumental que, levada a extremo, resultou na brutal ruptura do conceito de dignidade humana ocorrida na primeira metade do século XX, com os movimentos totalitários que colocaram em xeque o paradigma da filosofia do direito, na medida em que rompeu com os limites do *logos del razonable*. É nesta toada que a *completa coisificação* da pessoa, que se inicia com a privação dos direitos humanos, seguida pela destruição da personalidade moral do homem e pela eliminação da singularidade da pessoa humana, encontra a sua máxima expressão nos *campos de concentração*[74].

---

74 No ponto, LOBO DA COSTA traz à colação do seu magistério eloquente texto de Hanna Arendt, segundo o qual "a calamidade dos que não têm direitos não decorre do fato de terem sido privados da vida, da liberdade ou da procura da felicidade, nem da igualdade perante a lei ou da liberdade de opinião - fórmulas que se destinavam a resolver problemas dentro de certas comunidades -, mas do fato de já não pertencerem a qualquer comunidade. Sua situação angustiante não resulta do fato de não serem iguais perante a lei, mas de não haver ninguém mais que se interesse por eles, nem que seja para oprimi-los. Só no último estágio de um longo processo o seu direito à vida é ameaçado; só se permanecerem absolutamente "supérfluos", se não se puder encontrar ninguém para reclamá-los, as

Após o final da 2.ª Guerra Mundial — prossegue a doutrinadora em epígrafe —, o conceito de dignidade humana ressurge com vigor e é usado para demonstrar o repúdio absoluto aos horrores nela praticados, do que resultou uma retomada do direito natural, ganhando impulso a constitucionalização desse conceito, de que são exemplos, ainda que tardios, a Constituição italiana de 1947[75] e a Lei Fundamental alemã de 1949[76], âmbito em que a positivação da dignidade humana pelo direito constitucional germânico foi uma das formas mais contundentes de reação às atrocidades humanas praticadas pelo Terceiro *Reich* nacional-socialista. Neste passo, a jurisprudência foi paulatinamente aumentando a bitola de aplicação do princípio da dignidade da pessoa humana, incluindo não apenas *direitos-liberdade* (*Abwehrrechte*), que impõem limitações, deveres negativos, ao poder estatal, em face do indivíduo, mas também *direitos sociais*, que impõem ao Estado deveres positivos de prestação ao indivíduo.

Nos anos 1960, Niklas Luhmann confere novos contornos doutrinários ao conceito, por meio da sua *teoria funcional da personalidade*, pela qual a dignidade humana não é inerente à pessoa, mas o resultado de uma construção da identidade da personalidade dentro da sociedade. Assim, a dignidade é construída pelo indivíduo e resultado de uma função representativa e de cooperação social. A partir dessa premissa, Luhmann conclui que o Estado não está na posição de garantir a dignidade da pessoa humana, mas tem a obrigação de estabelecer condições para que os indivíduos possam criar a sua identidade e, a partir daí, desenvolver a sua dignidade. Posto que a dignidade humana seria resultado de um processo funcional, nem todas as pessoas a possuiriam. O modelo luhmaniano foi objeto de críticas contundentes,

---

suas vidas podem correr perigo. [...] *O importante é que se criou uma condição de completa privação de direitos antes que o direito à vida fosse ameaçado*" (ARENDT, Hanna - **Origens do Totalitarismo.** Trad. Roberto Raposo. São Paulo: Cia. das Letras, 1989, p. 329, *apud* COSTA, Helena Regina Lobo da - **Op. cit.**, p. 26, nota de rodapé n.º 10 - os grifos são nossos).

75 No Capítulo dos princípios fundamentais, o art. 3.º dispõe que "*todos os cidadãos têm a mesma dignidade social* e são *iguais perante a lei*, sem distinção de sexo, de raça, de língua, de religião, de opinião política, de condição pessoal ou social", no mesmo passo em que, no Capítulo pertinente à ordem econômica, o art. 41 prescreve que "a iniciativa econômica privada é livre. Não pode colocar-se em contraste com a utilidade social ou de modo a trazer dano à segurança, à liberdade ou à *dignidade humana*" (os grifos são nossos).

76 "Art. 1.º A *dignidade da pessoa humana* é inviolável. Todas as autoridades públicas têm o dever de a respeitar e a proteger" (os grifos são nossos).

especialmente em razão de não ser possível determinar, com tamanho grau de precisão, quais os critérios de uma construção de identidade satisfatória, tampouco elucidar quem deveria estabelecer qual construção da personalidade seria satisfatória e, portanto, portadora de dignidade humana. Enfim, os riscos envolvidos na concepção foram amplamente apontados pela doutrina alemã, que se remeteu à experiência do Terceiro *Reich*, para recordar como determinados grupos foram objeto de perseguição com base em uma *legislada* "ausência de capacidade social", daí resultando que a doutrina de Luhmann não encontrou espaço na *praxis* jurídica.

Na sequência, até os anos 1980, prevaleceu um conceito amplo de dignidade humana, abrangente de direitos fundamentais de primeira e segunda geração[77]. Todavia, a partir dos anos 1980, LOBO DA COSTA anota que essa concepção passou a enfrentar novos desafios, pois as novas características do Estado, da economia e do processo de globalização, ao lado das novas descobertas científicas e tecnológicas, ensejaram que a dignidade humana fosse catapultada à categoria dos conceitos jurídicos em crise. Com efeito, prossegue a

---

77 Na atualidade, os direitos fundamentais podem ser classificados em quatro gerações, tendo cada uma delas surgido em períodos distintos, em face das circunstâncias e peculiaridades de cada época. No entanto, o surgimento de novas *gerações de direitos fundamentais* não resultou no desaparecimento das que as antecederam, daí resultando a coexistência de todas elas. Parcela da doutrina classifica-as como *dimensões* de direitos, ao invés de *gerações*, no entendimento de não ter ocorrido uma sucessão de gerações, mas, sim, o surgimento espaço-temporal de novas *dimensões* de direitos fundamentais que passaram a coexistir entre as demais na medida da consolidação de cada uma. Nesta perspectiva, em apertada síntese, as quatro gerações ou dimensões de direitos fundamentais podem ser assim classificadas:
- *1.ª geração de direitos fundamentais:* são os *direitos civis e políticos*, vinculando-se ao *valor liberdade individual*; são direitos individuais, homogêneos, com caráter prestacional negativo, exigindo a abstenção do Estado, seu principal destinatário;
- *2.ª geração de direitos fundamentais:* são os *direitos sociais, econômicos e culturais*, vinculando-se ao *valor igualdade substancial;* são direitos individuais, homogêneos ou não, coletivos, com caráter prestacional positivo, exigindo a atuaçãos do Estado;
- *3.ª geração de direitos fundamentais:* são os *direitos ao desenvolvimento e ao progresso, à proteção dos consumidores, ao meio ambiente, à autodeterminação dos povos, à propriedade sobre o patrimônio comum da humanidade e à comunicação*, vinculando-se aos *valores humanismo, universalidade, fraternidade e solidariedade*, dentre outros; são direitos transindividuais em rol *numerus apertus*, destinados à proteção do gênero humano; e,
- *4.ª geração de direitos fundamentais:* são os *direitos à democracia, à informação, ao pluralismo*, à engenharia genética, vinculando-se ao *valor globalização jurídico-política*.

Há doutrinadores, ainda, que advogam uma *5.ª geração de direitos fundamentais*, fruto da especialização de alguns direitos de 3.ª geração: são os direitos à evolução cibernética e de tecnologias (inteligência artificial, realidade virtual, Internet, etc,). Outros doutrinadores encartam o *direito à paz*, supremo direito da humanidade e axioma da democracia participativa.

jurista em epígrafe, o papel do Estado na tutela da dignidade humana sempre foi destacado como essencial, tanto assim que Hanna Arendt já advertia sobre a importância da nacionalidade na tutela dos direitos humanos e Tércio Sampaio Ferraz Júnior[78] ressalta que "A complexidade concreta do mundo contemporâneo não pode ser reduzida por uma seletividade abstrata, isto é, não basta dizer que todos são iguais perante a lei que com isso apenas não são controlados os conflitos sociais. Em outras palavras, o direito positivado tem de responder, ele próprio, pela sua estrutura. Daí a ideia de que toda declaração de 'direitos do homem' é inseparável da sua garantia. [...] Se é verdade que as garantias limitam o poder público, elas só têm condições de funcionar através do próprio poder público". Nesta toada, HELENA REGINA LOBO DA COSTA questiona: diante de um Estado enfraquecido, que perdeu poder para novos centros de tomada de decisão, como garantir a dignidade humana e os direitos humanos dela decorrentes? As instâncias internacionais de proteção serão suficientes para assegurar a todos os seres humanos uma vida digna? Mais adiante, a investigação retornará ao magistério da jurista em tela.

No entendimento de NUNO MANUEL PINTO OLIVEIRA[79], o princípio da dignidade da pessoa humana titula a dimensão de *fundamento ético-jurídico* dos *princípios da liberdade* e *da vinculatividade contratuais*, constituindo um *pensamento reitor* de todo o Direito e, por isso, de todo o Direito Civil, bem assim, por extensão, do direito dos contratos como um todo. Entre os contributos essenciais para a reconstrução de um conceito jurídico de dignidade da pessoa encontra-se a *fórmula do objeto* de Günther Dürig, que, inspirando-se em Kant, apresenta-o como uma *categoria axiológica*, um *valor*.

No ponto, Kant distinguia o *mundo da natureza* e o *mundo da liberdade*: o primeiro é o mundo das *coisas ou objetos*, ao passo que o segundo é o mundo das *pessoas ou sujeitos*. Enquanto as coisas ou objetos são *instrumentos*, as pessoas ou sujeitos são *fins em si*. Enquanto os *objetos*, como instrumentos, têm um *preço*, os *sujeitos*, como fins em si, têm *dignidade*, que está acima de qualquer preço. Para Dürig, a diferença entre a coisa e a pessoa, entre o objeto e o sujeito, entre o mundo da natureza e o mundo da liberdade, engendra um dever ético

---

78 FERRAZ JÚNIOR, Tércio Sampaio - Perversão Ideológica dos direitos humanos. Ciência Penal - Vol. 3. São Paulo: [*s.n.*], 1974, p. 413-414, *apud* COSTA, Helena Regina Lobo da - **Op. cit.**, p. 31.

79 OLIVEIRA, Nuno Manuel Pinto - **Princípios de Direito dos Contratos.** Coimbra: Coimbra, 2011, p. 150-152.

de respeito pela pessoa, como fim em si: "age sempre de tal forma que trates a humanidade, tanto na tua pessoa como na pessoa dos outros, nunca somente como um meio, mas sempre e simultaneamente como um fim em si".

Nesta toada, opera-se a reconstrução do *dever ético* em tela como um *dever jurídico*, sob o fundamento de que o *princípio constitucional da dignidade da pessoa humana* enuncia o *dever jurídico positivo* de cada sujeito ser tratado como um fim em si e, sobretudo, o *dever jurídico negativo* de não tratar nenhum *sujeito* (vale dizer: nenhum *fim em si*) como *objeto* (vale dizer: como um puro e simples *instrumento*): "a dignidade da pessoa humana enquanto tal é atingida se a pessoa humana concreta é reduzida à condição de objecto, de simples meio, de elemento substituível"[80]. Neste norte, o conteúdo do *princípio* jurídico-constitucional da dignidade da pessoa humana deverá explicitar-se através do *conceito* de *relação jurídica fundamental*, que designa uma relação de *reconhecimento e de* respeito *recíprocos*, em que cada um tem o direito subjetivo de exigir de todos os demais que seja respeitado como *pessoa* e, reciprocamente, tem o dever jurídico de respeitar todos os demais *como pessoas*. Assim, o conteúdo do direito subjetivo (do poder de exigir) coincide integralmente com o conteúdo do dever jurídico (do dever de prestar): "cada um pode exigir respeito ao outro nos mesmos termos em que deve [prestar] respeito [aos outros]". Enquanto pensamento reitor do subsistema de direitos dos contratos, o princípio da dignidade da pessoa humana concretiza-se, sobretudo, nos *subprincípios* da *liberdade* e da *vinculatividade contratuais*.

Ao dissertar sobre o *princípio constitucional da dignidade da pessoa humana*, o constitucionalista JORGE MIRANDA[81], Professor da Faculdade de

80 Neste passo, PINTO OLIVEIRA esclarece que o Tribunal Constitucional português acolheu a *fórmula do objeto* em pelo menos três ocasiões. O acórdão 130/88, de 8 de Junho, associa os conceitos de autonomia ética (ou de "liberdade ética") e de dignidade. O Tribunal Constitucional afirma que o "ensinamento de Kant, de acordo com o qual o Estado deve respeitar a liberdade ética do homem individual", conserva "plena actualidade". Assim, a "liberdade ética do homem individual" é o fundamento último da irredutibilidade da pessoa humana à condição de objeto e, por isso, da sua dignidade: o dever de respeito pela "liberdade ética do homem individual" decorre, assim, "da ideia ou princípio do Estado de Direito, iluminado pelo relevo que tem nele a dignidade da pessoa humana". Os acórdãos n.º 426/91 e n.º 89/2000 ligam os conceitos de culpa e de dignidade: o princípio da culpa, como pressuposto e limite da pena, concretizaria ou exprimiria a "essencial dignidade da pessoa humana, que não pode ser tomada como simples meio para a prossecução de fins preventivos" (OLIVEIRA, Nuno Manuel Pinto - **Op. cit.**, p. 151).

81 MIRANDA, Jorge; MEDEIROS, Rui - **Constituição Portuguesa Anotada - Vol. I.** 2.ª ed. rev. Lisboa: Universidade Católica Portuguesa, 2017, p. 58-71.

Direito da Universidade de Lisboa, traz à colação do seu magistério, à partida, o enunciado do art. 1.º da Declaração Universal dos Direitos do Homem, segundo o qual "Todos os seres humanos nascem livres e iguais em dignidade e em direitos. Dotados de razão e de consciência, devem agir uns para com os outros em espírito de fraternidade". Nesta perspectiva, preleciona que *razão* e *consciência* conformam o denominador comum da igualdade entre os seres humanos, constituindo o que, para além das diferenciações econômicas, culturais e sociais, justifica o reconhecimento, a garantia e a promoção dos direitos fundamentais, ou os que estão no seu cerne, âmbito em que, também fundados na razão e consciência, esses direitos fundamentais não podem desprender-se da *consciência jurídica dos homens e dos povos*. Leciona, ademais, que a *dignidade da pessoa é dignidade da pessoa concreta*, na sua vida real e quotidiana, nada tendo a ver com um ser ideal e abstrato. Portanto, é o homem e a mulher empíricos, tal como eles existem, que a ordem jurídica considera *irredutível*, *insubstituível* e *irrepetível*, cujos direitos fundamentais a Constituição enuncia e protege. Neste passo, o jurista lisboeta vai buscar nos ensinamentos de Manuel Gomes da Silva[82] a reafirmação do seu magistério, no sentido de que, "Quando se afirma que *o direito é inerente à personalidade* e que o fim dele é salvaguardar a *dignidade desta* e concorrer para o realizar pelo cumprimento dos fins últimos, *não pode ter-se em vista a pessoa humana como realidade abstrata*, mas sim o homem como *ser real e concreto*. Se se aceitasse qualquer conceção, para a qual os *valores* da *personalidade humana* fossem *dissociáveis da qualidade do homem real*, o dever básico de fidelidade ao fim supremo e a correspondente relação ética tomariam a natureza de *realidades extrínsecas* de que *qualquer* poderia *libertar-se arbitrariamente* e o direito e a moral seriam irremediavelmente *desagregados*".

Neste sentido e a respeito do caráter situado do *direito inerente à personalidade* e da *salvaguarda da sua dignidade*, JORGE MIRANDA traz à colação o magistério de Maria Lúcia Amaral[83], para quem "A imagem de homem que a Constituição consagra é a do ser concreto, imerso nas necessidades, urgências e contingências da sua condição existencial, e não a do cidadão (abstrato)

---

82 SILVA, Manuel Gomes da - Esboço de uma concepção personalista do Direito. Lisboa: [*s.n.*], 1965, p. 134-135, *apud* MIRANDA, Jorge; MEDEIROS, Rui - **Op. cit.**, p. 63.

83 AMARAL, Maria Lúcia - O Cidadão, o Provedor de Justiça e as Entidades Administrativas Independentes. Lisboa: [*s.n.*], 2002, p. 65 e ss., *apud* MIRANDA, Jorge; MEDEIROS, Rui - **Op. cit.**, p. 63.

totalmente identificado com os deveres da virtude republicana. [...]". Na sua realidade concreta, portanto, cada pessoa tem de ser compreendida em relação com as demais, sendo por isso que a Constituição completa a referência à dignidade da pessoa humana com a referência à "mesma dignidade social" que possuem todos os cidadãos e todos os trabalhadores [artigos 13.º, n.º 1, e 59.º, n.º 1, alínea *b)*], decorrente da inserção numa comunidade determinada, fora da qual, como diz o art. 29.º, n.º 1, da Declaração Universal dos Direitos do Homem, "não é possível o livre e pleno desenvolvimento da sua personalidade". Nesta toada, sendo *idêntica* em todos os homens a *natureza humana*, o homem não terá direitos efetivos se não for considerado, pelos seus semelhantes, digno de se associar com eles. Destarte, a Constituição repousa na dignidade humana e confere uma unidade de sentido, de valor e de concordância prática ao sistema de direitos fundamentais, em cujo âmbito o princípio da dignidade da pessoa humana substancia a referência axial de todo o sistema de direitos fundamentais. É neste sentido, aliás, a orientação do Tribunal Constitucional no AcórdãoTC n.º 591/96, segundo o qual "a nossa Lei Fundamental assenta na dignidade da pessoa humana, que é o fundamento de todo o ordenamento jurídico, base do próprio Estado, ideia que unifica todos os direitos fundamentais e que perpassa também pelos direitos sociais". Assim, pelo menos, de modo direto e evidente, os *direitos*, as *liberdades* e *garantias pessoais* e os *direitos econômicos, sociais* e *culturais comuns* têm a sua *fonte ética* na *dignidade da pessoa*, de todas as pessoas. Nesta perspectiva, o *princípio* informa *axiologicamente* o *sistema de direitos*, sendo auxiliar na descoberta de novos direitos, seja por força da *cláusula aberta* do art. 16.º[84] da CRP, seja por força da descoberta de novos direitos de natureza análoga (art. 17.º)[85], seja através da *concretização de direitos explícitos* em direitos concretizadores mais específicos. Nada obstante — ressalva o constitucionalista em epígrafe, em questão de condição, método e procedimentalidade —, é preciso ter em linha de conta que o princípio em tela não é uma espécie de premissa apta à dedução direta de direitos fundamentais específicos, inclusive porque não existe,

84 "Art. 16.º Âmbito e sentido dos direitos fundamentais. **1.** Os direitos fundamentais consagrados na Constituição não excluem quaisquer outros constantes das leis e das regras aplicáveis de direito internacional. **2.** Os preceitos constitucionais e legais relativos aos direitos fundamentais devem ser interpretados e integrados de harmonia com a Declaração Universal dos Direitos do Homem."

85 "Art. 17.º **Regime dos direitos, liberdades e garantias.** O regime dos direitos, liberdades e garantias aplica-se aos enunciados no título II e aos direitos fundamentais de natureza análoga."

historicamente, uma conexão necessária entre direitos fundamentais e dignidade da pessoa humana. Inclusive porque, aliás, as concepções doutrinais de dignidade da pessoa humana, de matriz religiosa ou filosófica, não foram acompanhadas de catálogos de direitos fundamentais até o final do século XVIII, ademais do que a ligação jurídico-positiva entre direitos fundamentais e dignidade da pessoa humana só começaria, não por acaso, com os grandes textos internacionais e constitucionais subsequentes a 1945. Aqui, de novo, na sua encruzilhada própria, avulta o "*paradoxo da autonomia e da vulnerabilidade*" de Paul Ricoeur (*Le Juste II*, Paris, 2001, p. 85 e ss.)[86].

Embora o caráter não silogístico do princípio da dignidade humana sob comento, JORGE MIRANDA leciona que é possível dele retirar inferências reflexas, operantes como princípio axiológico fundamental e limite transcedente do poder constituinte — quiçá, mesmo, um metaprincípio —, a partir do que, como resultante da consciência jurídica da sociedade politicamente instituída sob o lastro civilizacional europeu e tendo em vista, ainda, os diferentes princípios e regras constitucionais em Portugal, podem ser enunciados, em apressada síntese, os seguintes pontos:

(a) A dignidade é *pessoal* e, *ipso facto*, universal, pois todas as pessoas merecem ser tratadas com igual dignidade, o que confere ao princípio em tela uma caráter essencialmente *contrafactual*: o princípio da dignidade da pessoa humana dirige-se àqueles cuja dignidade é mais suscetível de ser posta em causa, sendo o correlato normativo do "*paradoxo da autonomia e da vulnerabilidade*", que exige respeito pela *autonomia* (enquanto sujeito titular de igual liberdade), mas também preocupação em face da *vulnerabilidade* (ou das diferenças dela resultantes).

(b) A dignidade é de todos e de cada um, enquanto ser em relação com os demais, avultando, muito em especial, a dignidade daqueles que poderão tê-la colocada em xeque mais facilmente.

86 No ponto percutido, a remissão pode problematizar, antiteticamente, a ética liberal centrada no conceito de autonomia do sujeito em face da defesa de uma ética de condição e procedimento que privilegiam o conceito de vulnerabilidade. Em contraste com essas abordagens, Ricoeur propõe que os conceitos de vulnerabilidade e autonomia não se excluem mutuamente, sendo parte integrante do mesmo paradoxo da condição humana.

(c) A dignidade da pessoa humana independe de gênero, porque em cada homem e em cada mulher estão presentes todas as faculdades da humanidade.

(d) A dignidade da pessoa é, por essência e definição, de todas as pessoas, independendo de nacionalidade, em razão do que é inerente a nacionais e estrangeiros, indistintamente.

(e) A dignidade da pessoa permanece, independentemente do comportamento do indivíduo, mesmo quando ilícito e sancionado pela ordem jurídica, em razão do que nenhuma pena envolve, como efeito necessário, a perda de quaisquer direitos civis, profissionais ou políticos, sendo vedadas as penas infamantes (cfr. AcTC n.º 16/84) e de morte, âmbito em que os condenados aos quais aplicadas penas ou medidas de segurança privativas da liberdade mantêm a titularidade dos direitos fundamentais, à exceção das limitações inerentes ao sentido da condenação e às exigências próprias da respectiva execução.

(f) A dignidade da pessoa coloca-a acima de qualquer preço, pois sendo ela um fim em si mesmo, não tem mensuração econômica, mas, sim, dignidade.

(g) A dignidade da pessoa implica a dignidade dos seus bens de personalidade, razão pela qual ela merece proteção jurídica mesmo após a morte (p.ex.: profanação de cadáver, ofensa à memória de pessoa falecida).

Nesta toada, JORGE MIRANDA consigna que a dignidade determina o respeito pela liberdade da pessoa, por sua autonomia, cuja força patenteia-se, sobretudo, no direito ao desenvolvimento da personalidade e no direito à intimidade da vida privada, dentre diversos outros direitos tutelados na Constituição Portuguesa, âmbito em que a dignidade humana também assume projeções nos planos econômico e social, uma vez que, localizando-se a propriedade privada entre os direitos econômicos, sociais e culturais, e não entre direitos, liberdades e garantias do Título II, a Lei Fundamental de 1976 salienta que estes últimos respeitam, primeiro que tudo, ao *ser* da pessoa, e não ao *ter*; que a *liberdade* prima sobre a *propriedade*; que a proteção que a pessoa, como titular de bens, possa merecer na vida econômica, apresenta-se secundária em face da proteção do seu *ser*; e que a proteção do *ser* de todas as pessoas pode exigir a diminuição do *ter* de algumas pessoas.

LUÍS ROBERTO BARROSO[87], constitucionalista e Ministro do Supremo Tribunal Federal, ilustra o princípio da dignidade da pessoa humana à luz de julgados de Tribunais pátrios. Neste sentido, leciona que a dignidade da pessoa humana é um dos fundamentos republicanos do Estado Democrático de Direito brasileiro e que, nesta condição, deve iluminar a interpretação da lei ordinária[88], tendo servido de fundamento para decisões de alcance diverso, como o fornecimento de medicamentos pelo Poder Público[89], a nulidade de cláusula contratual limitadora do tempo de internação hospitalar[90], a rejeição da prisão por dívida motivada pelo não pagamento de juros absurdos[91], dentre muitas outras. Já quanto à sujeição do réu, em ação de investigação de paternidade, ao exame compulsório de DNA, há decisões que invocam o princípio no sentido da preservação da dignidade da pessoa humana[92], ora no sentido da sua inaplicação ao caso vertente[93].

Por sua vez, INGO WOLFGANG SARLET[94], constitucionalista, professor e magistrado aposentado gaúcho, leciona que a Constituição de 1988, em

87 BARROSO, Luís Roberto - **Curso de Direito Constitucional Contemporâneo - Os conceitos fundamentais e a construção de um novo modelo.** 2.ª ed. São Paulo: Saraiva, 2010, p. 32-324.

88 STJ, HC 9.892/RJ, Rel. originário Min. Hamilton Carvalhido, Redator para o acórdão Min. Fontes de Alencar, DJU de 26/03/2001.

89 STJ, ROMS 11.183/PR, Rel. Min. José Delgado, DJU de 04/09/2000.

90 TJSP, ACív 110.772-4/4-00, ADV 40-01/636, n.º 98859, Rel. Des. O. Breviglieri.

91 STJ, HC 12.547/DF, Rel. Min. Ruy Rosado de Aguiar, DJU de 12/02/2001.

92 STF, HC 71.373/RS, Rel. Min. Marco Aurélio, DJU de 10/11/1994, *verbis*: "Discrepa, a mais não poder, de garantias constitucionais implícitas e explícitas - preservação da dignidade humana, da intimidade, da intangibilidade do corpo humano, do império da lei e da inexecução específica e direta de obrigação de fazer - provimento judicial que, em ação civil de investigação de paternidade, implique determinação no sentido de o réu ser conduzido ao laboratório *debaixo de vara* para coleta de material indispensável à feitura do exame de DNA. A recusa resolve-se no plano jurídico-instrumental, consideradas a dogmática, a doutrina e a jurisprudência, no que voltadas ao deslinde das questões ligadas à prova do fato."

93 TJSP, ACív 191.290-4/7-0, ADV 37-01/587, n.º 98580, Rel. Des. A. Germano, *verbis*: "Caracterizar-se uma simples picada de agulha e retirada de uma pequena porção de sangue como ato invasivo, vexatório e humilhante constitui exagero tão manifesto que insinua as verdadeiras razões da recusa: o temor ou a certeza de que essa prova com certeza científica absoluta quase certamente confirmará a paternidade em questão."

94 SARLET, Ingo Wolfgang - **Dignidade da Pessoa Humana e Direitos Fundamentais.** 9.ª ed. rev. e atual. 2.ª tiragem. Porto Alegre: Livraria do Advogado, 2012, p. 29-31 e 75-81.

manifesta reação ao período autoritário que a precedeu, trilhou caminho similar ao percorrido, entre outras ordens constitucionais, pela Lei Fundamental da Alemanha e, depois, pelas Cartas Magnas de Portugal e da Espanha, tendo sido a primeira na história do constitucionalismo brasileiro a prever um título próprio que, destinado aos *princípios fundamentais* e em evidente homenagem ao especial significado e função deles, está situado na parte inaugural do texto, logo após o preâmbulo e antes dos direitos fundamentais. Nesta moldura, o Constituinte brasileiro deixou transparecer, inequivocamente, a sua intenção de outorgar aos *princípios fundamentais* a qualidade e magnitude de normas embasadoras e informativas de toda a ordem constitucional, inclusive e muito especialmente das *normas definidoras* de *direitos e garantias fundamentais*, que também integram, em conjunto com os *princípios fundamentais*, o denominado *núcleo essencial* da Constituição *formal e material* de 1988. Por igual, não há precedente de reconhecimento, na trajetória constitucional pátria e no âmbito do seu direito constitucional positivo, da *dignidade da pessoa humana* como fundamento do Estado Democrático de Direito (CRFB, art. 1.º, III), que se faz presente, também, em outros Capítulos da Carta, conforme já mencionado. O certo é que, ainda antes da passagem para o terceiro milênio, a dignidade da pessoa e, nela, a própria pessoa humana, receberam a devida atenção do ordenamento jurídico, sendo positivada com o *status* de *princípio jurídico-constitucional fundamental*[95] e afinando-se, nesta condição de *princípio* e *valor*, com a tradição dominante no pensamento jurídico-constitucional brasileiro, lusitano e espanhol, ao lado e em permanente diálogo com o paradigma germânico, em face da sua influência sobre a ordem jurídica pátria. De outra parte, ao destacar o reconhecimento da dignidade da pessoa pela ordem jurídico-positiva, SARLET anota que não está a afirmar que este princípio, na condição de valor ou atributo, exista apenas onde e à medida do seu reconhe-

---

95 Neste passo, SARLET registra haver quem questione este enquadramento, sustentando que não se trata de um princípio constitucional fundamental, por considerar esta categoria mais limitada que a dos princípios constitucionais gerais, uma vez que estes dizem respeito a toda a ordem jurídica. Neste sentido, o entendimento de José Afonso da Silva ("A Dignidade da Pessoa Humana", p. 91-92) advoga que a dignidade da pessoa constitui bem mais do que princípio jurídico, cuidando-se de valor supremo e fundante de toda a ordem jurídica, social e política, base de toda a vida nacional. De qualquer modo, SARLET não vislumbra a ocorrência da incompatibilidade sugerida por José Afonso, não existindo razão, s.m.j., para que não se reconheça que o princípio da dignidade da pessoa humana é, modo simultâneo, *princípio constitucional fundamental* e *princípio geral de direito*, não se cuidando de conceitos que se excluam.

cimento pelo Direito. Todavia, o grau de reconhecimento e proteção outorgado à dignidade da pessoa em cada ordem jurídico-constitucional e pelo Direito Internacional dependerá da sua efetiva realização e promoção, de modo que se impõe uma análise da dimensão jurídica da dignidade no contexto da arquitetura constitucional brasileira, designadamente quanto à força jurídica que lhe foi outorgada na condição de norma fundamental. Nesta perspectiva, SARLET averba estar partindo de uma noção consagrada, embora não de todo assimilada por parte dos doutrinadores e operadores jurídicos, no sentido de que o *dispositivo* (o texto) não se confunde com a *norma* (ou normas) nele contida, nem com as *posições jurídicas* (direitos) por esta outorgadas, pois cada direito fundamental pressupõe, necessariamente, na lição de Alexy, uma norma jusfundamental que o reconheça. Assim, verifica-se que o *dispositivo constitucional* (texto) no qual está enunciada a dignidade da pessoa humana (no ponto: CRFB, art. 1.º, III), contém não apenas mais de uma norma, mas que esta(s), para além de seu enquadramento na condição de *princípio* e *regra* (e *valor*) *fundamental*, é/são também fundamento de posições jurídico-subjetivas, isto é, norma(s) definidora(s) de direitos e garantias, mas também de deveres fundamentais, em contexto que referencia a dupla função - defensiva e prestacional - da dignidade, de modo que o *dispositivo* (texto) que reconhece a *dignidade* como *princípio fundamental* encerra *normas* que outorgam *direitos subjetivos de cunho negativos* (*não violação da dignidade*), mas que também impõe *condutas positivas* no sentido de *proteger* e *promover* a dignidade, tudo a demonstrar a *multiplicidade de normas* contidas num mesmo *dispositivo*.

Ainda no ponto, mas em seara diversa, INGO SARLET anota que, embora a previsão do princípio da dignidade da pessoa humana no texto constitucional seja imprescindível para dimensioná-lo, por si só ele não tem o condão de assegurar o devido respeito e proteção à dignidade, no que recebe o apoio doutrinário de GILMAR MENDES[96]. Assim, diante do compromisso formalmente assumido pelo Constituinte, nas hipóteses de violação dos deveres e direitos decorrentes da dignidade da pessoa, pelo menos restará uma perspectiva concreta da sua efetivação, ainda que mínima, por meio dos órgãos jurisdicionais, enquanto e na medida em que se lhes assegurar as condições básicas para o cumprimento do seu desiderato. Por outro lado, embora incontroversa

96 MENDES, Gilmar Ferreira; COELHO, Inocêncio Mártires; BRANCO, Paulo Gustavo Gonet - **Curso de Direito Constitucional.** São Paulo: Saraiva, 2007, p. 140-145.

a existência de um liame entre a dignidade da pessoa e os direitos fundamentais, o consenso formado limita-se, na prática, ao reconhecimento da existência e da importância desta vinculação. Quanto ao mais, inclusive no plano da própria compreensão do conteúdo e significado da dignidade da pessoa humana na ordem jurídica, o tema é polêmico e enseja tormentosa discussão doutrinário-jurisprudencial, pois o acordo a respeito das palavras "dignidade da pessoa humana" não afasta a acesa controvérsia em torno das suas substâncias, ainda que ponderável corrente hermenêutica a considere qualidade intrínseca e indissociável — irrenunciável, irredutível, insubstituível e irrepetível, como visto em Jorge Miranda, bem assim em José Afonso da Silva — de todo e qualquer ser humano. Nesta moldura controvertida, no entanto, averba SARLET, é certo que a destruição de um implicará a destruição do outro[97].

No ponto, ANDRÉ RAMOS TAVARES[98] vai ao encontro das dificuldades de Ingo Sarlet quanto à necessidade de precisar, conceitualmente, o que seja o princípio da dignidade da pessoa humana, cujos obstáculos localizam-se nos planos da sua realização concreta e da sua exigibilidade. Neste sentido, leciona que, amiúde, os termos jurídicos são imprecisos e, nesta ordem, suscetíveis de variadas acepções, ensejando problemática que se agrava nos casos que envolvem categorias jurídicas consideradas principiológicas, cuja característica imanente e natural reside no alto grau de abstração, viabilizando a proliferação das mais variadas definições e conceitos, âmbito em que os princípios, por serem vagos e indeterminados, carecem de mediações concretizadoras não só do legislador, mas também do juiz, para que se possa parametrizá-los e, na sequência, aplicá-los com adequação.

O problema posto identifica-se com a questão da *efetividade* dos *princípios* e *direitos fundamentais* e, nesta toada, desata-se no estudo dos seus *limites* e *limitações*, *harmonização* e *restrição*, constituindo uma tópica jurídico-constitucional específica que, em larga medida, refoge aos escopos desta

97 No ponto, embora plausível o diagnóstico tormentoso, a relativização da questão que indiretamente é posta em mesa — de um lado, "a inexistência de princípios absolutos, sujeitos que estão, na sua totalidade, a juízos de ponderação, em cada situação hermenêutica, com outros bens ou valores dotados de igual hierarquia", e, de outra banda, a ausência de critérios definidos para a aplicação do princípio da reserva do possível — desloca-se, à partida, para a reflexão de quem poderá sucumbir em primeiro lugar — o criador ou a criatura? -, o que remete a controvérsia, por sua vez, para o plano da justificação histórica - os porquês - da Declaração Universal dos Direitos do Homem.

98 TAVARES, André Ramos - **Curso de Direito Constitucional.** 6.ª ed. rev. e atual. São Paulo: Saraiva, 2008, p. 538-539.

investigação, mais ainda quando essa *problematização de efetividade* envolve *princípios fundamentais* e, neles, nomeadamente, o postulado da dignidade da pessoa humana.

Ao discorrer sobre a força jurídica dos preceitos relativos aos direitos, liberdades e garantias e lecionar sobre o *paradoxo substancial* dos *direitos fundamentais*, JOSÉ CARLOS VIEIRA DE ANDRADE[99] anota que a problematização proposta insere-se na *questão mais geral* da *parte material* da Constituição da República Portuguesa (CRP) de 1976, cuja respectiva pauta investigatória subsume, em primeiro lugar, um problema da própria *juridicidade* desse tipo de normas perante o prestígio incontrolável da *lei* (*ordinária*), que, entendida originariamente como manifestação da *vontade nacional* ou, até, como expressão da *razão humana*, passou a identificar-se com o Direito. Depois, assente o caráter jurídico-positivo dos preceitos constitucionais, subsume um problema de *efetividade*, ou seja, uma *questão do grau ou intensidade* da sua *real força normativa*, medida pela capacidade do ordenamento jurídico-constitucional assegurar a sua realização na vida comunitária. Em qualquer destes planos e, em especial, no plano da *efetividade*, impõe-se observar a *determinação constitucional* de que os *preceitos* relativos aos *direitos*, *liberdades* e *garantias* são "diretamente aplicáveis e vinculam as entidades públicas e privadas" (CRP, art. 18.º, n.º 1). No entanto, esta afirmação não basta para resolver o problema da aplicação dos preceitos constitucionais, antes suscita uma série de questões normativas, revelando o *caráter paradoxal* do *sistema de direitos fundamentais*. Na realidade e em geral — prossegue o *Magister* conimbricense —, verifica-se que, embora a *ideia* dos direitos fundamentais tenha surgido para a *defesa dos cidadãos* contra o Estado, ela *pressupõe* a existência de um *poder estatal* que os assegure. Assim, modo concreto, a ideia *constitucional* dos direitos fundamentais afirmou-se para a proteção dos cidadãos, não só contra o Executivo monárquico (para tanto bastaria a legalidade administrativa), mas também contra as próprias *maiorias parlamentares*, que deveriam respeitar valores tão importantes como o estatuto fundamental dos indivíduos na sociedade política. No ponto, VIEIRA DE ANDRADE observa que "a Constituição portuguesa, como as outras, continua a conferir ao Parlamento o poder de concretizar, de regular, de harmonizar e de restringir os direitos fundamentais (e não nos referimos aos

99 ANDRADE, José Carlos Vieira de - **Os Direitos Fundamentais na Constituição Portuguesa de 1976.** 5.ª ed. Coimbra: Almedina, 2016, p.191-193.

direitos sociais a prestações, em que lhe dá, e ao Governo, a própria possibilidade de conformação do conteúdo) e impõe-lhe mesmo deveres de proteção contra outros particulares, em termos de interferir restritivamente na liberdade destes (isto é, na liberdade de todos)."[100] Por outro lado, a construção *normativa* dos preceitos jurídicos pertinentes aos direitos, liberdades e garantias, apesar da determinação do seu caráter *diretamente aplicável*, recorre a *cláusulas gerais* e a *conceitos vagos ou fortemente indeterminados*, raramente formulando-os com a precisão suficiente para dispensarem a mediação legislativa, menos ainda em termos de serem imediatamente exequíveis, de tal modo que, tirante casos excepcionais, dependem quase sempre do legislador para a *concretização* do seu sentido e, muitas vezes, da Administração, para a garantia da sua *realização efetiva*. Acresce, ainda, que o *sistema* de direitos fundamentais forma uma *unidade de sentido* que visa a defesa e a promoção da *dignidade das pessoas humanas* livres. No entanto, ele é *intrinsecamente conflitual* e a afirmação plena dos direitos fundamentais de uns não pode fazer-se, as mais das vezes, sem prejuízo dos direitos dos outros, ou de valores comunitários essenciais, o que, somado à inevitável *indeterminação* normativa dos respectivos preceitos, justifica ou impõe a intervenção dos diversos poderes públicos para a solução desses conflitos. Destarte, estes paradoxos não são verdadeiras contradições, nem entregam os direitos fundamentais nas mãos do inimigo potencial, num sistema em que exista uma *fiscalização judicial* independente da constitucionalidade das leis e, em geral, do cumprimento da Constituição pelas diversas autoridades públicas. Mas eles colocam problemas complicados de interpretação e de aplicação do Direito, mormente quanto às relações entre as normas constitucionais e as normas legislativas, além de outros, não menos difíceis, de divisão e de equilíbrio entre os poderes públicos, em especial entre os órgãos de soberania.[101]

O conceito de dignidade humana condensa, no sentir doutrinário de HELENA REGINA LOBO DA COSTA[102], uma vasta e complexa riqueza de conteúdo, e para que a sua aplicação sistemática seja possível, é preciso investigar a sua natureza jurídica. Nesta perspectiva, a *dignidade humana*, no sentido de *atributo da pessoa* referente à sua *singularidade*, é o fundamento jurídico de inúmeras normas, além de conferir legitimidade ao Estado, por

100 ANDRADE, José Carlos Vieira de - ***Op. cit.***, p.191.

101 ANDRADE, José Carlos Vieira de - ***Op. cit.***, p.191-192.

102 COSTA, Helena Regina Lobo da - ***Op. cit.***, p. 33-42.

meio da limitação dos seus poderes em face da pessoa, porque ela é, na lição de Miguel Reale, "o valor-fonte, ou seja, aquele do qual emergem todos os valores, os quais somente não perdem sua força imperativa e sua eficácia enquanto não se desligam da raiz de que promanam"[103]. Acresce que, além desta carga de *fundamentação* e de *legitimação*, a dignidade humana é *norma jurídica*, impondo-se ressaltar que ela não se restringe a uma declaração ou postulado filosófico, tendo *força normativa concreta*. Assim, se na doutrina desenvolvida no pós-guerra houve quem defendesse[104] que a dignidade humana possuía força meramente declaratória, na atualidade não há mais espaço para esta interpretação. Neste passo, a dignidade humana tem carga deontólogica e, segundo Hesse, está distante de uma fórmula abstrata ou mera declaração, à qual falta significado jurídico. Tratando-se, pois, de *norma jurídica*, impende verificar a sua *natureza*, se *princípio* ou *regra*, para o que diversos autores propuseram critérios distintivos. Assim é que, para Karl Larenz, os *princípios* instituem *fundamentos* para a *aplicação do direito*, âmbito em que a dignidade humana configura um dos *princípios mais gerais e abstratos* do pensamento jurídico, ao lado dos princípios do Estado de Direito e do Estado Social, servindo como um *fio orientador da concretização* das demais normas jurídicas e orientando a justificação de decisões judiciais. No entanto, por lhe faltar uma *hipótese de incidência* e uma *consequência jurídica*, Larenz entende que os *princípios* não determinam comportamentos específicos, mas somente a direção para a aplicação das regras. De outra parte, Alexy conceitua os *princípios jurídicos* como *normas* que contêm *mandados de otimização* que devem ser realizados na medida das *possibilidades fáticas e jurídicas*. As *regras*, por sua vez, são *prescrições imperativas* de conduta aplicáveis segundo a lógica do *tudo ou nada*: ou são cumpridas, ou não o são. No pertinente à

103 REALE, Miguel - O Estado Democrático de Direito e o conflito de ideologia. 2.ª ed. São Paulo: Saraiva, 1999, p. 18, *apud* COSTA, Helena Regina Lobo da - ***Op. cit.***, p. 33.

104 No ponto, LOBO DA COSTA refere-se à doutrina de Günther Dürig, para quem a dignidade da pessoa humana estrutura todo o sistema de valores contido na Constituição, porém não gera qualquer direito, possuindo caráter declaratório, âmbito em que estes valores têm caráter objetivo e, independentemente de serem observados, são imutáveis. Assim, o sistema de valores estruturado com base na dignidade humana gera direitos subjetivos, podendo se concretizar (DÜRIG, Günther - ***Op. cit.***, p. 117-157, *passim*). Conforme já assentado, há controvérsia entre Nuno Manuel Pinto Oliveira (***Op. cit.***, p. 150-152) e Helena Regina Lobo da Costa sobre o pensamento de Günther Dürig nos lindes da natureza jurídica e das eficácias do princípio da dignidade da pessoa humana.

dignidade humana, Alexy[105] afirma tratar-se de *norma de dupla estrutura*: é *norma* e *princípio*. Neste âmbito, o *conteúdo* da *regra da dignidade* é *definido* a partir da *ponderação* do *princípio da dignidade*, sendo a *regra absoluta e intangível*, nos termos da Lei Fundamental alemã. Por sua vez, ainda segundo Alexy, o *princípio da dignidade* não é absoluto, até porque o inverso contrariaria a sua definição de princípio. Canotilho[106], por sua vez, entende tratar-se de *princípio jurídico fundamental*, sendo um dos "princípios historicamente objectivados e progressivamente introduzidos na consciência jurídica e que encontram uma recepção expressa ou implícita no texto constitucional". A partir da crítica das concepções tradicionais e objetivando superar a rigidez da *dicotomia* entre regra e princípio, Humberto Ávila[107] concebe uma *divisão tripartida* entre as *categorias de normas jurídicas*, que podem ser *regras*, *princípios* e *postulados normativos*. Assim, segundo Ávila — prossegue a jurista em epígrafe —, as *regras* são *normas imediatamente descritivas*, pois *prescrevem ou proíbem* comportamentos *determinados*, nelas *descritos*. Além disso, referem-se precipuamente a *comportamentos já conhecidos* pelo legislador e, na sua *aplicação*, deve ser verificada a *correspondência* entre a *construção normativa* e a *construção dos fatos*. Os *princípios*, por sua vez, são *normas imediatamente finalísticas*, que estabelecem um *estado ideal de coisas*, um *fim a ser atingido* que impõe a *realização de certos comportamentos*, que, no entanto, *não são especificamente descritos* pelo legislador, mas são *prescritos em razão do seu fim*, em cuja *aplicação* será necessário verificar a *correspondência* entre o *estado de coisas a ser atingido* e a *conduta reputada necessária para a sua promoção*. Neste norte, os *postulados normativos* são *metanormas*, pois *estruturam* o *modo* pelo qual *outras normas* devem ser *aplicadas*, situando-se em um *plano diverso* daqueles que correspondem, respectivamente, às *regras* e aos *princípios*. Assim, considerando que as *normas* são *produtos* de um trabalho feito pelo *intérprete* a partir do *dispositivo legal*, com ele não se confundindo, Ávila destaca que um mesmo *dispositivo* pode gerar, ao mesmo tempo, mais

105 ALEXY, Robert - *Teoria de los derechos fundamentales*. Madrid: Centro de Estudios Constitucionales, 1997, p. 81 e ss., e 108-109, *apud* COSTA, Helena Regina Lobo da - ***Op. cit.***, p. 35.

106 CANOTILHO, J. J. GOMES - Direito Constitucional. 6.ª ed. Coimbra: Almedina, 1996, p. 170, *apud* COSTA, Helena Regina Lobo da - ***Op. cit.***, p. 35.

107 ÁVILA, Humberto - Teoria dos princípios: da definição à aplicação dos princípios jurídicos. São Paulo: Malheiros, 2003, p. 61-63, 67, 70, 80 e 119, *apud* COSTA, Helena Regina Lobo da - ***Op. cit.***, p. 35-36.

de uma espécie normativa, pois "O que não pode ser olvidado é o fato de que os dispositivos que servem de ponto de partida para a construção normativa podem germinar tanto uma regra, se o caráter comportamental for privilegiado pelo aplicador em detrimento da finalidade que lhe dá suporte, como também podem proporcionar a fundamentação de um princípio, se o aspecto valorativo for *autonomizado* para alcançar também comportamentos inseridos noutros contextos"[108].

Assim, na classificação de Humberto Ávila e no entendimento de HELENA REGINA LOBO DA COSTA, o *postulado* da dignidade humana é uma *metanorma*, gerando não apenas *normas principiológicas*, mas também *postulados normativos*. Com efeito, pois, por via do art. 1.º, inc. III, da Constituição da República, a dignidade humana tem uma forte carga de fundamentação jurídica, mormente quanto à limitação do poder do Estado, de um lado, e o dimensionamento dos direitos fundamentais, de outro, traduzindo uma escolha política elementar: a de que o Estado e a sociedade estão nuclearizados na pessoa e têm por escopo não só o seu respeito, mas também a promoção de uma vida em dignidade, legitimando a asserção de que o Estado constitui a sua causa primeira e última na pessoa, que, perante ele, é um fim, e não um meio. Isto porque, na atualidade, não mais se concebe o Estado de Direito como uma construção formal, sendo necessário que o Estado respeite a dignidade humana e os direitos fundamentais, sob pena de não ser considerado um Estado de Direito em sentido material, que se legitima não somente pela subordinação à lei, mas, também, modo simultâneo, pela adstrição a determinados valores fundamentais substanciados na dignidade humana. E a dignidade humana como fundamento não se resume, tão somente, a traduzir e expressar escolhas políticas, desempenhando, também, importante função no plano estruturante dos direitos fundamentais, pois deles é fundamento filosófico e jurídico, no mesmo passo que, resultante de construção histórica gradual, deve ser interpretada de modo objetivista, pois, como leciona Jorge Miranda, os *princípios fundamentais* são "Princípios directivos, elementos de uma decisão constituinte consciente e autónoma, efectivas traves-mestras de um edifício erguido pedra a pedra e que carecem de ser historicamente localizados — mesmo se não podem deixar

108 ÁVILA, Humberto - *Op. cit.*, p. 61-62, *apud* COSTA, Helena Regina Lobo da - ***Op. cit.***, p. 36.

de ser submetidos a uma rigorosa interpretação objectivista, única capaz de fornecer resultados harmoniosos e consequentes"[109].

Neste passo, LOBO DA COSTA reitera que o *postulado normativo da dignidade humana* opera como *metanorma* e indica como devem ser interpretadas e aplicadas outra normas, cujo principal âmbito de aplicação ocorre no plano dos direitos fundamentais, não ficando excluídas, todavia, as demais normas constitucionais e infraconstitucionais. No entanto, esta função não deve ser confundida com as *funções* desempenhadas pela dignidade humana como *princípio*, pois o *princípio da dignidade humana* contém grande *densidade semântica* (*sobreprincípio*), constituindo *princípios de menor densidade* cujo sentido conforma e aos quais confere unidade. Modo diferenciado ocorre com o *postulado normativo da dignidade humana*, que *estrutura* a *interpretação* e *aplicação* de outras *normas*, especialmente dos *direitos fundamentais*[110], de três formas: aumentando o seu âmbito de aplicação, reduzindo-o ou auxiliando na resolução de conflitos entre direitos fundamentais. Nesta toada, a *Magister* da Faculdade de Direito do Largo de São Francisco traz à colação da sua doutrina os ensinamentos de Gomes Canotilho e Vital Moreira[111], no sentido de que, "Concebida como referência constitucional unificadora de todos os direitos fundamentais, o conceito de dignidade da pessoa humana obriga a uma densificação valorativa que tenha em conta o seu amplo sentido normativo-constitucional e não uma qualquer idéia apriorística do homem, não podendo reduzir-se o sentido da dignidade humana à defesa dos direitos pessoais tradicionais, esquecendo-a nos casos de direitos sociais, ou invocá-la para construir uma 'teoria do núcleo da personalidade' individual, ignorando-a quando se trate de direitos econômicos, sociais e culturais". Averba,

---

109 MIRANDA, Jorge - A Constituição de 1976 - Formação, estrutura, princípios fundamentais. Lisboa: Petrony, 1978, p. 259, *apud* COSTA, Helena Regina Lobo da - ***Op. cit.***, p. 37.

110 LOBO DA COSTA averba que, sobre essa distinção, Humberto Ávila adverte que os *postulados normativos* não "funcionam como qualquer norma que fundamenta a aplicação de outras normas, a exemplo do que ocorre no caso de *sobreprincípios*, como o princípio do Estado de Direito e do devido processo legal. Isso porque esses *sobreprincípios* situam-se no próprio nível das normas que estruturam a aplicação de outras. Além disso, os *sobreprincípios* funcionam como fundamento, formal e material, para a instituição e atribuição de sentido às normas hierarquicamente inferiores, ao passo que os *postulados normativos* funcionam como estrutura para aplicação de outras normas" (ÁVILA, Humberto - *Op. cit.*, *apud* COSTA, Helena Regina Lobo da - ***Op. cit.***, p. 39).

111 CANOTILHO, J. J. Gomes; MOREIRA, Vital - Constituição da República Portuguesa Anotada - Vol. I. 2.ª ed. Coimbra: Coimbra, 1984, p. 70, *apud* COSTA, Helena Regina Lobo da - ***Op. cit.***, p. 40.

ademais, que Canotilho[112] delimita a dignidade na definição dos seus elementos, a saber: (a) integridade física e intelectual; *(b) livre desenvolvimento da personalidade;* socialidade (condições mínimas de existência); *(c) autonomia individual;* e, por fim, *(d) igualdade formal,* dentre os quais pelo menos três deles mantêm uma conexão etiológica direta com os temas principais investigados neste trabalho. Dentre exaustiva indexação de processos objetivos sediados na via de fiscalização concentrada do sistema judicial de controle de constitucionalidade, LOBO DA COSTA resgata paradigmas jurisprudenciais da Corte Constitucional alemã, dando a conhecer que "em diversos acórdãos se afirmou que a imagem do homem na Lei Fundamental não é a daquele homem isolado, do indivíduo soberano, centrado em si, mas sim a da pessoa comprometida com a comunidade, que, por sua vez, não a instrumentaliza. A sociedade constituiria, assim, mais do que um agregado de indivíduos isolados motivados pelo interesse próprio e o desejo de manipular um ao outro por motivos puramente pessoais. A dignidade humana reside não apenas na individualidade, mas também na sociabilidade, determinando a proteção da personalidade e da liberdade individual, assim como dos bens da relação entre as pessoas, da família, da participação, da comunicação e da civilidade".[113]

Neste norte, concluindo a primeira etapa da investigação, impende retornar ao magistério de PABLO STOLZE GAGLIANO e RODOLFO PAMPLONA FILHO[114], para reafirmar que, no estudo da denominada *principiologia dos contratos,* "pairando sobre todos os princípios supramencionados[115], dando-lhes dimensão constitucional, está o *princípio da dignidade da pessoa humana,* que jamais poderá ser esquecido, pois, indiscutivelmente, servirá de medida para toda a investigação que fizermos a respeito de cada um dos princípios contratuais acima elencados".

---

112 CANOTILHO, J. J. GOMES - Direito Constitucional. *Op.cit.*, p. 363, *apud* COSTA, Helena Regina Lobo da - ***Op. cit.***, p. 56.

113 COSTA, Helena Regina Lobo da - ***Op. cit.***, p. 41.

114 GAGLIANO, Pablo Stolze; PAMPLONA FILHO, Rodolfo - **Manual de Direito Civil - Volume Único.** São Paulo: Saraiva, 2017, p. 396.

115 GAGLIANO e PAMPLONA FILHO aludem, no ponto, aos princípios da autonomia da vontade ou consensualismo, da força obrigatória do contrato, da relatividade subjetiva dos efeitos do contrato, da função social do contrato, da boa-fé objetiva e da equivalência.

Capítulo II
Princípios da Função Social e da Boa-Fé Objetiva nos Contratos de Direito Privado

2.1 Princípio da função social dos contratos: dimensões constitucionais e juscivilistas

Com especial ênfase na área de concentração dos negócios jurídicos contratuais, o direito das obrigações disciplina os processos de circulação de riquezas entre as pessoas físicas e jurídicas, naturais ou coletivas, em razão do que também regulamenta as situações de transmissão de bens e direitos entre os patrimônios dos sujeitos envolvidos nas relações jurídicas estabelecidas. Isto não significa dizer, naturalmente, que a finalidade das obrigações consiste na formação de patrimônio ou na obtenção de vantagens que a ele se incorporem ou venham a servi-lo, inclusive porque pode ocorrer, nas diversas relações obrigacionais de direito privado, a realização de deveres de conteúdo econômico, vantagens e desvantagens patrimoniais, atendendo a diferentes fins pretendidos por credor e devedor. No magistério de BRUNO MIRAGEM[116], estas características exigem que se vincule a compreensão do direito das obrigações, bem assim a interpretação e a aplicação das suas normas, a certos e determinados valores expressos no ordenamento jurídico, a partir da Constituição. Neste norte, para o direito obrigacional, releva a *disciplina* da *propriedade privada* e da *livre iniciativa* segundo os seus marcos constitucionais, âmbito em que o art. 1.º da Constituição da República Federativa Brasileira (CRFB) prescreve, como *fundamentos* do Estado, a *dignidade da pessoa humana* (inciso III) e os *valores sociais do trabalho e da livre-iniciativa* (inciso IV), ademais de garantir, no seu art. 5.º, incisos XXII e XXIII, o *direito de propriedade*, todavia vinculando o seu exercício ao atendimento da sua *função social*. De outra parte, mas no mesmo sentido, o art. 170 da CRFB, ao definir os *princípios gerais da atividade econômica*, estabelece que a *ordem econômica* funda-se na *valorização do trabalho*

116 MIRAGEM, Bruno - **Direito Civil: Direito das Obrigações.** São Paulo: Saraiva, 2017, p. 41-42.

humano e na livre iniciativa, tem por fim assegurar a todos uma *existência digna* e conforme os ditames da *justiça social*, observados os *princípios* de *soberania nacional* (inciso I), *propriedade privada* (inciso II), *função social da propriedade* (inciso III), *livre concorrência* (inciso IV), *defesa do consumidor* (inciso V), *defesa do meio ambiente* (inciso VI), *redução das desigualdades regionais e sociais* (inciso VII), *busca do pleno emprego* (inciso VIII) e *tratamento favorecido para as empresas de pequeno porte constituídas sob as leis brasileiras e que tenham sua sede e administração no País* (inciso IX), sendo *assegurado a todos o livre exercício de qualquer atividade econômica, independentemente de autorização de órgãos públicos, salvo nos casos previstos em lei* (parágrafo único). Para mais disto, todas essas normas e mais outras, a exemplo do direito fundamental de *defesa do consumidor* (CRFB, art. 5.º, XXXII), e dos *direitos sociais* (CRFB, art. 6.º), repercutem com diferentes intensidades no direito das obrigações e na sua conformação infraconstitucional, daí resultando a *delimitação da autonomia privada* como uma das principais expressões na *formação* e nos *efeitos* das relações jurídico-obrigacionais, âmbito em que a legitimidade dos interesses econômicos de que são titulares os sujeitos dessas relações subordinam-se a este conjunto de normas, sob o signo principal da *liberdade de iniciativa econômica*. Neste sentido, o exercício da liberdade deve harmonizar-se com esse rol de direitos e garantias expressos na Constituição da República e desenvolvidos no plano infraconstitucional em diferentes estatutos legislativos, como é o caso da Lei de Defesa da Concorrência e do Código de Defesa do Consumidor (CDC). Da mesma forma, o direito das obrigações — e a sua conformação no direito privado, a partir do Código Civil de 2002 — serve de base conceitual para as relações jurídico-obrigacionais estabelecidas segundo os preceitos das mais variadas disiciplinas jurídicas. Assim, por ilustração, em relação obrigacional que envolve o Estado, no âmbito do direito público — *v.g.*: a obrigação tributária e uma série de situações que vinculam Estado e cidadão nos lindes do direito administrativo —, em que a base conceitual será do direito das obrigações desenvolvido historicamente nos marcos do Direito Privado.

Apresentar um conceito subsume tarefa das mais complexas e intrincadas na doutrina. Com esta observação preliminar, PABLO STOLZE GAGLIANO e RODOLFO PAMPLONA FILHO[117] lecionam que o contrato é uma espécie de

117 GAGLIANO, Pablo Stolze; PAMPLONA FILHO, Rodolfo - **Manual de Direito Civil - Volume Único.** São Paulo: Saraiva, 2017, p. 391-395. Dos mesmos autores, mas em *obra condensada*, vide

negócio jurídico por meio do qual as partes declarantes, *limitadas pelos princípios da função social e da boa-fé objetiva*, autodisciplinam os efeitos patrimoniais que pretendem atingir, conforme a autonomia das suas próprias vontades. Daí que não há falar em contrato sem que haja *manifestação de vontade*, pois sem um *querer humano* não há negócio jurídico e, não existindo negócio, não há contrato. Ocorre que essa manifestação de vontade deverá fazer-se acompanhar pela consectária *responsabilidade* na atuação do contratante, derivada do respeito e observância a normas superiores de *convivência* com assento, inclusive e muito especialmente, na própria Constituição Federal. Em perspectiva civil-constitucional, o contrato caracteriza a espécie mais importante de negócio jurídico e afirma-se socialmente como um instrumento de conciliação de interesses contrapostos, manejado com o objetivo de produzir pacificação social e desenvolvimento econômico, em razão do que deve ser considerado um instrumento de *realização*, não de *opressão*, ainda que não seja raro um dos contraentes pretender usá-lo como um açoite, a fim de subjugar a parte economicamente mais fraca, hipossuficiente, em franca violação à sua *função social* constitucionalmente definida, consoante retro assentado.

Neste sentido, pois — prosseguem os doutrinadores em epígrafe —, o raciocínio é silogístico: se esta espécie de negócio jurídico serve de veículo de manifestação do direito de propriedade *socializado* na Carta Magna de 1988, não há dúvida de que o contrato acabaria por trilhar, em consequência, idêntico caminho, vindo a calhar, no ponto, a preleção de JOÃO DA HORA NETO[118], segundo a qual, "Em verdade, se é certo que a Carta Magna de 1988, de forma explícita, condiciona que a livre-iniciativa deve ser exercida em consonância com o princípio da função social da propriedade (art. 170, III), e, uma vez entendida que a propriedade representa o segmento *estático* da atividade econômica, não é desarrazoado entender que o contrato, enquanto segmento *dinâmico*, implicitamente está afetado pela cláusula da função social da propriedade, pois o contrato é um instrumento poderoso da circulação da riqueza, ou melhor, da própria propriedade". O fenômeno de *socialização*

---

texto semelhante em: **Novo Curso de Direito Civil - Vol. 4, Tomo I - Contratos: Teoria Geral.** 13.ª ed. rev. e atual. - de acordo com o novo CPC. São Paulo: Saraiva, 2017, p. 53-54.

118 HORA NETO, João - O Princípio da Função Social do Contrato no Código Civil de 2002. *In:* Revista de Direito Privado. São Paulo: Ed. RT, 2002, *apud* GAGLIANO, Pablo Stolze; PAMPLONA FILHO, Rodolfo - **Manual**, *op. cit.*, p. 392.

de institutos jurídicos de Direito Privado não é novo no Brasil, vindo à colação inferencial do *thema*, sob enfoque de cunho historicista, a doutrina de CLÓVIS BEVILÁQUA[119], no sentido de que "Pode-se, portanto, considerar o contracto como um conciliador de interesses collidentes, como um pacificador dos egoísmos em lucta. É certamente esta a primeira e mais elevada *funcção social do contracto*. E para avaliar a sua importância, basta dizer que, debaixo deste ponto de vista, o contracto corresponde ao direito, substitue a lei no campo restricto do negócio por elle regulado. Ninguém dirá que seja o contracto o único factor da pacificação dos interesses, sendo o direito mesmo o principal delles, o mais geral e o mais forte, mas impossível será desconhecer que também lhe cabe essa nobre *função socializadora*".

Nesta toada, os ilustres doutrinadores baianos[120] lecionam que a *dimensão da socialização do contrato* não se limita à ideia de *harmonização de interesses contrapostos*, pois a sua denominada *função social* não se centra exclusivamente nisto, uma vez que o processo de constitucionalização do Direito Civil conduziu os operadores do Direito a repensar a *função social da propriedade* e, nesta esteira, toda a ideologia assentada em torno do contrato passou a ser revisitada com fundamento no *princípio da dignidade da pessoa humana*. Destarte, num Estado Democrático de Direito autêntico, o contrato somente atenderá à sua função social quando, *sem prejuízo ao livre exercício da autonomia privada*:

(a) respeitar a *dignidade da pessoa humana*: traduzida esta, sobretudo, nos direitos e garantias fundamentais;

(b) admitir a *relativização* do *princípio da igualdade das partes contratantes*: ínsita e somente aplicável aos contratos *autenticamente paritários*, que na atualidade são minoria;

(c) consagrar uma *cláusula implícita de boa-fé objetiva*: ínsita em todo contrato bilateral e impositiva dos *deveres anexos* de *lealdade*, *confiança*, *assistência*, *confidencialidade* e *informação*;

---

119 BEVILÁQUA, Clóvis - Direito das Obrigações. Rio de Janeiro: Freitas Bastos, 1940, p. 211, *apud* GAGLIANO, Pablo Stolze; PAMPLONA FILHO, Rodolfo - **Manual, op.** ***cit.***, p. 392.

120 GAGLIANO, Pablo Stolze; PAMPLONA FILHO, Rodolfo - **Manual de Direito Civil - Volume Único.** ***Op. cit.***, p. 393-394. Dos mesmos autores, mas em *obra condensada*, vide *texto semelhante* em: **Novo Curso de Direito Civil - Vol. 4, Tomo I - Contratos: Teoria Geral.** ***Op. cit.***, p. 55-56.

(d) respeitar o *meio ambiente*;

(e) respeitar o *valor social do trabalho.*

Por conseguinte, a reunião de todas estas circunstâncias, *cumulativamente*, resultará na modelagem e formatação do *princípio da função social dos contratos*, tal como assentado no art. 421 do Código Civil de 2002, cujo preceito desenha os contornos mandatórios de exercício da autonomia privada e da livre-iniciativa, consoante leciona NELSON NERY JR.[121], pois "A função social do contrato não se contrapõe à autonomia privada, mas com ela se coaduna e se compatibiliza. À conclusão semelhante se chegou na *'Jornada de Direito Civil'*, como se pode verificar: *Jornada 23: 'A função social do contrato, prevista no art. 421 do Código Civil vigente, não elimina o princípio da autonomia contratual, mas atenua ou reduz o alcance desse princípio, quando presentes interesses metaindividuais ou interesse individual relativo à dignidade da pessoa humana'*". Portanto, sob uma perspectiva mais estrutural, o contrato pode ser reconceituado, genericamente, como um negócio jurídico bilateral, por meio do qual as partes, visando a atingir determinados interesses patrimoniais, convergem as suas vontades, criando um *dever jurídico principal* (de dar, fazer ou não fazer) e *deveres jurídicos anexos*, decorrentes da *boa-fé objetiva* e do superior *princípio da função social*[122].

Neste contexto, GAGLIANO e PAMPLONA FILHO[123] anotam as naturais dificuldades de definir a *função social do contrato*, o que não impede, no entanto, que ela seja *delimitada* no espaço jurídico de atuação em que se projeta. Nesta toada, em primeiro lugar, a socialização da ideia de contrato na sua *perspectiva intrínseca*[124] propugna por um tratamento idôneo das partes,

---

121 NERY JR., Nelson. Contratos no Código Civil - *In:* FRANCIULLI NETTO, Domingos; MENDES, Gilmar Ferreira (Coord.) - O Novo Código Civil: estudos em homenagem ao Prof. Miguel Reale. São Paulo: LTr, 2003, p. 421, *apud* GAGLIANO, Pablo Stolze; PAMPLONA FILHO, Rodolfo - **Manual, op. cit.**, p. 393.

122 GAGLIANO, Pablo Stolze; PAMPLONA FILHO, Rodolfo - **Manual de Direito Civil - Volume Único. *Op. cit.***, p. 393-394. Dos mesmos autores, mas em *obra condensada*, vide *texto semelhante* em: **Novo Curso de Direito Civil - Vol. 4, Tomo I - Contratos: Teoria Geral. *Op. cit.***, p. 56-57.

123 GAGLIANO, Pablo Stolze; PAMPLONA FILHO, Rodolfo - **Manual de Direito Civil - Volume Único. *Op. cit.***, p. 403-405. Dos mesmos autores, mas em *obra condensada*, vide *texto semelhante* em: **Novo Curso de Direito Civil - Vol. 4, Tomo I - Contratos: Teoria Geral. *Op. cit.***, p. 83-88.

124 HUMBERTO THEODORO JR., remitindo-se à doutrina de PAULO NALIN sobre a delimitação das bases de intelecção do contrato, anota que a sua função social manifesta-se em dois níveis: (a)

considerando, inclusive, a eventual desigualdade real de poderes contratuais entre elas, âmbito em que o trato ético e leal deve ser por elas observado, em respeito à cláusula de boa-fé objetiva.

Assim, a relação contratual deverá compreender os *deveres jurídicos gerais* e de cunho patrimonial (dar, fazer ou não fazer), ainda levando em consideração os *deveres anexos ou colaterais* que derivam dessa *função social*. Com isso, ressurgem na sua plenitude obrigações esquecidas pelo individualismo cego da concepção clássica de contrato, a exemplo dos *deveres de informação, confidencialidade, assistência, lealdade*, dentre outros, em decorrência do *princípio magno* de *proteção da dignidade da pessoa humana*. Em segundo lugar, o contrato é considerado não só um instrumento de circulação de riquezas, mas, também, de desenvolvimento social, alavancando a economia e a sociedade[125], todavia sempre devendo estar vinculado ao desenvolvimento sustentável, racional e equilibrado, de par com os seus compromissos extrínsecos com a conjuntura social que lhe dá ambiência e que repele, naturalmente, por exemplo, a pretexto de uma livre-iniciativa predatória, violações à livre concorrência, às leis de mercado, aos postulados de defesa do consumidor, às leis ambientais e às leis trabalhistas, dentre outras. Ainda nesse contexto, resulta claro que o *princípio da função social do contrato* mantém um diálogo permanente com os *princípios da autonomia da vontade* (ou *autonomia privada*) e do *pacta sunt servanda*, apenas que temperando-os e vocacionando-os ao bem-estar comum, sem prejuízo do progresso patrimonial colimado pelas partes contratantes. Por isto mesmo, o *princípio da função social do contrato* é, antes de tudo, um *princípio jurídico cumulativo e de conteúdo indeterminado*, compromissado com a ideia de *impor limites à liberdade de contratar* com a *finalidade de preservar o bem comum*, na exata dicção do preceito ensartado no art. 421 do Código Civil

---

intrínseco: o contrato visto como relação jurídica entre as partes negociais, impondo-se o respeito à lealdade negocial e à boa-fé objetiva, buscando uma equivalência material entre os contratantes; (b) extrínseco: o contrato em face da coletividade, visto sob o aspecto do seu impacto eficacial na sociedade em que celebrado (THEODORO JR., Theodoro - O Contrato e a sua função social. São Paulo: Forense, 2003, p. 43, *apud* GAGLIANO, Pablo Stolze; PAMPLONA FILHO, Rodolfo - **Manual, *op. cit.***, p. 404).

125 GAGLIANO, Pablo Stolze; PAMPLONA FILHO, Rodolfo - **Manual de Direito Civil - Volume Único. *Op. cit.***, p. 405-406. Dos mesmos autores, mas em *obra condensada*, vide *texto semelhante* em: **Novo Curso de Direito Civil - Vol. 4, Tomo I - Contratos: Teoria Geral. *Op. cit.***, p. 87-88.

de 2002, ao normatizar (princípio e regra) que "A liberdade de contratar será exercida em razão e nos limites da função social do contrato"[126].

Bem por isto, introduzindo o *thema* que será investigado nas seções subsequentes deste estudo, vem a calhar a abordagem da jurista KARINA NUNES FRITZ[127] sobre a correlação do princípio da boa-fé objetiva com os direitos fundamentais e a influência que a Constituição exerce nos lindes do Direito Privado.

Nesta toada — leciona a autora —, a boa-fé objetiva, enquanto mandamento de atuação leal, reta e honesta na vida jurídica, considerando o outro como pessoa e respeitando os seus interesses legítimos, é uma decorrência lógica do reconhecimento da *dignidade* e da *personalidade humana* como *núcleo fundamental de toda a ordem jurídica*, pois na própria ideia de boa-fé está ínsita a necessidade de respeitar a dignidade e a personalidade do parceiro, não se podendo pensar em total respeito à pessoa e sua dignidade sem que haja uma atuação honesta e leal para com ela. Destarte, a *dignidade da pessoa humana*, *valor* e *princípio* supremo do *ordenamento jurídico*, não se realiza somente no *plano constitucional*, através da proteção do indivíduo frente ao Estado, mas também no *plano infraconstitucional*, especialmente no campo jusprivatista, onde a pessoa humana atua com preponderância, em função da liberdade de ação pessoal e da autonomia privada, relacionando-se com os demais membros da sociedade e os seus grupos sociais. Portanto, também no campo privado, e não apenas no público, ocorrem violações à dignidade e à personalidade humanas. Vale dizer: não somente o Estado, mas também o particular — aí incluídos, também, os grupos privados de poder econômico —, podem violar os direitos fundamentais do indivíduo. Nesta ordem de coisas, não apenas o direito público, mas também o direito privado, precisam proteger o indivíduo contra ataques realizados por particulares a bens constitucionalmente assegurados, âmbito em que uma das substantivas questões colocadas ao Direito Privado do século XXI reside em saber e definir de que modo é possível concretizar, no Direito Civil, os

---

126 GAGLIANO, Pablo Stolze; PAMPLONA FILHO, Rodolfo - **Manual de Direito Civil - Volume Único.** ***Op. cit.***, p. 405-409. Dos mesmos autores, mas em *obra condensada*, vide *texto semelhante* em: **Novo Curso de Direito Civil - Vol. 4, Tomo I - Contratos: Teoria Geral.** ***Op. cit.***, p. 86-89.

127 FRITZ, Karina Nunes - **Boa-fé objetiva na fase pré-contratual - A responsabilidade pré-contratual por ruptura das negociações.** Curitiba: Juruá, 2008, p. 118-120.

valores constitucionais contidos nos direitos fundamentais, trasladando-os do plano constitucional para o infraconstitucional.

No Brasil — prossegue a jurista em epígrafe —, esta problemática tem despertado iterativa atenção de parte significativa da Academia Jurídica, conduzindo doutrinadores de nomeada à demonstração da necessidade de se interpretar o Direito Civil à luz da Constituição, a exemplo da vasta produção intelectual produzida por Ingo Wolfgang Sarlet, Gustavo Tepedino, Renan Lotufo e Judith Martins-Costa, dentre outros não menos importantes.

Neste passo, portanto, KARINA NUNES FRITZ anota terem surgido substanciais estudos demonstrativos de que o Direito Civil não mais pode ser interpretado somente a partir dos parâmetros do Código Civil, que sempre foi considerado o *centro* de todo o sistema jurídico de Direito Privado, pois a Constituição Federal de 1988 disciplina matérias de natureza civil nas normas de direitos fundamentais constantes no art. 5.º, dentre outros, do texto constitucional, sendo impostergável interpretar o Direito Privado em estreita e harmonizada consonância com os fundamentos, princípios e regras da Carta Magna. Assim, o Direito Privado constitui um setor de excelência no bojo do qual se processam as relações intersubjetivas, por isto mesmo sendo um campo fértil para a incidência dos valores expressos nos direitos fundamentais que se irradiam por todos os ramos da árvore jurídica, em que se inclui, por óbvio, o direito das obrigações. Nesta toada, a influência da Constituição sobre o Direito Civil é uma realidade jurídica inegável, justificada, inclusive, em perspectiva histórica, pelo abandono da sua clássica concepção representativa de mera norma de organização estatal ou técnica de organização de poder característica do Estado Liberal, sendo catapultada, na abalizada dicção do saudoso jurista Paulo Bonavides, à contemporânea compreensão de *norma jurídica fundamental de uma Nação*, dotada de eficácia normativa, disciplinadora da estrutura do Estado e garantizadora dos direitos mais elementares dos cidadãos. Sob prisma histórico — prossegue a autora —, a doutrina da supremacia da Constituição foi deflagrada com a promulgação da Declaração Universal dos Direitos do Homem da ONU, sob cujo impulso vários países incluíram no seu texto constitucional um *rol de direitos fundamentais* com o escopo de *proteger o cidadão frente ao Estado*, dando ensejo à afirmação de que a primeira e mais importante *função dos direitos fundamentais* reside na sua *função defensiva*, servindo como direitos e garantias de defesa do cidadão frente ao poder público.

Nesta ordem de abordagens sobre a natureza jurídica, fundamentos, conceitos e características orgânico-funcionais que consorciam os direitos da personalidade e o postulado da dignidade da pessoa com o princípio da função social dos contratos de direito privado, o estudo de convergências, aproximações e reciprocidades prossegue com a investigação do princípio da boa-fé objetiva neste sistema obrigacional no Brasil e em Portugal.

2.2 Precedentes históricos do princípio da boa-fé objetiva

Consoante leciona DANIEL USTARRÓZ[128], a tutela da boa-fé não é uma criação da modernidade ou da era contemporânea, pois a sua proteção está presente desde os usos e sistemas mais antigos, a exemplo do Código de Hamurábi, elaborado na Mesopotâmia em época ao redor de 1750 a.C., em território próximo onde se situa o Iraque na atualidade. No entanto, embora impossível catalogar todas as manifestações do princípio da boa-fé nas legislações históricas, uma mirada nos seus antecedentes ajuda a compreender o seu papel no Código Civil atual e oferece horizontes interpretativos, pois se trata de um princípio que, ao lado da autonomia privada, é considerado fundamental no direito obrigacional, sendo partilhado no ordenamento jurídico da maioria dos países. Assim, o Código Napoleônico de 1804 alude à boa-fé e ao dever de prestar de boa-fé em diversos dos seus dispositivos, todavia sendo uma e outro valorizadas pelo seu valor subjetivo, como contraponto à má-fé do agente, querendo isto significar que o direito deve estimular a convivência tranquila e sincera das pessoas, reprovando as condutas que se afastem desse ideal de comportamento, refletindo as estruturas econômicas da sociedade francesa do final do século XVIII, ainda agrária e artesanal, portanto indutora de litígios entre sujeitos identificáveis. Nesse contexto, o fundamento central da responsabilidade residia na culpa, de sorte que a interpretação do conceito de boa-fé seguia a linha do sistema, em que a boa-fé subjetiva ligava-se intimamente com a animosidade do sujeito, portanto sem qualquer condição para viabilizar uma teoria objetiva da boa-fé, que se desligasse do elemento vontade e focasse a sua atenção na comparação entre a atitude tomada e aquela que se poderia esperar de um homem razoável, médio, não reticente, bom pai de

128 USTARRÓZ, Daniel - **Direito dos Contratos: Temas Atuais.** 2.ª ed. rev. e ampl. Porto Alegre: Livraria do Advogado, 2012, p. 17-23.

família, ou outro *standard* aplicável à espécie na época. Nessa toada, portanto, o quesito incidia sobre a intenção de prejudicar (*animus nocendi, l'intention de nuire*), orientando-se para o campo do abuso de direito.

USTARRÓZ prossegue lecionando que não é possível olvidar, ainda no ponto, o novo modelo de juiz criado pela Revolução Francesa, de combate à corrupção endêmica da magistratura do *Ancien Régime*, motivo a mais para que o conteúdo particular dos contratos não fosse invadido. Na Alemanha, quase um século depois, o Código Civil (*BGB*/1900) consagrou o princípio da boa-fé objetiva em dois parágrafos, ordenando que credor e devedor estavam obrigados a agir de acordo com os bons costumes e os ditames da boa-fé objetiva, a fim de resguardar os legítimos interesses do *alter* no negócio (§ 242), bem assim regulando a interpretação dos negócios e prescrevendo que "os contratos devem ser interpretados de acordo com a confiança e a boa-fé" (§ 157).

Portanto, já na esfera de influência da revolução industrial, o sistema do *BGB* era bem interessante, pois, *de um lado*, ao cuidar da responsabilidade civil delitual, caracterizava um ordenamento legal fechado, prevendo e dispondo, de antemão, sobre as hipóteses do dever de indenizar, e, *de outra banda*, no âmbito do direito contratual, instituia um *sistema aberto*, mediante a utilização de *normas jurídicas indeterminadas*, *princípios* e *cláusulas gerais*, abrindo amplo espaço para que a doutrina e a jurisprudência criassem o Direito e concretizassem as *cláusulas gerais* contempladas no ordenamento jurídico-legal. O certo é que, a partir dessas *cláusulas gerais* dispositivadas, que regulavam uma inédita figura batizada de *Leistung nach Treu und Glauben* (§ 242 do BGB: em sentido livre, "prestação segundo a boa-fé")[129], os juristas tedescos começaram a identificar *obrigações anexas*, não expressas nos contratos, todavia decorrentes da própria natureza do vínculo assumido, prescindindo, assim, da vontade dos contratantes, não obstante os vinculasse. Na precisa expressão de Clóvis do Couto e Silva, o *princípio da boa-fé objetiva* começava a ser *reconhecido* como uma *fonte autônoma de direitos e obrigações*. Assim,

129 Bem a propósito, JUDITH MARTINS-COSTA leciona que "A fórmula *Treu und Glauben* demarca o universo da boa-fé obrigacional proveniente da cultura germânica, traduzindo conotações totalmente diversas daquelas que a marcaram no direito romano: ao invés de denotar a *ideia de fidelidade* ao pactuado, como numa das acepções da *fides* romana, a cultura germânica inseriu, na fórmula, as *ideias de lealdade* (*Treu* ou *Treue*) e *crença* (*Glauben* ou *Glaube*), as quais se reportam a *qualidades ou estados humanos objetivados*" (MARTINS-COSTA, Judith - **A Boa-fé no Direito Privado.** São Paulo: RT, 2000, p. 124 - as ênfases são nossas, excepcionadas as palavras em língua alemã).

na Alemanha, a doutrina da boa-fé objetiva serviu para fundamentar indenizações devidas a partir da *celebração de contratos posteriormente declarados nulos*, da *divulgação de informações sigilosas*, de *danos ocasionados a clientes de estabelecimentos comerciais*. Bem a propósito, DANIEL USTARRÓZ traz à colação excerto doutrinário de Judith Martins-Costa, no sentido de que "a dicção ousada, inovadora, criativa [da jurisprudência tedesca], conduziu ao tratamento das questões atinentes ao desequilíbrio contratual, à revisão equitativa do negócio ou à sua resolução quando, modificadas as circunstâncias originais, restava destruído o sinalagma da troca, a proibição das cláusulas abusivas e ao desenvolvimento da teoria da culpa *in contrahendo* formulada no século XIX por von Jhering, entre outros avanços. Por via judicial, assim, uma série de máximas jurídicas, exprimindo juízos de valor que os códigos oitocentistas não previram expressamente, ingressaram nos ordenamentos enucleadas no dever de correção assentados como ponto cardeal da relação obrigacional"[130]. Enfim, na esteira dos ensinamentos da *jurisprudência concretizadora alemã* e das *cláusulas gerais* introduzidas na codificação desse país, os principais ordenamentos europeus foram assimilando, paulatinamente, a necessidade de elaborar *cláusulas e princípios gerais* próprios de *sistemas normativos abertos*, pois dessa forma a *amplitude da realidade* poderia ser melhor percebida pelo sistema jurídico. Embora fruto de um momento histórico conturbado, o Código Civil italiano de 1942 recepcionou a boa-fé, prescrevendo que as partes envolvidas em relações obrigacionais deveriam comportar-se *segundo as regras de correção*, com o que os contratantes assumiriam *obrigações laterais*, exigíveis *antes*, *durante* e mesmo *após* a execução do contrato, ainda anotando-se que o seu art. 1.337 dispõe, modo expresso, sobre a responsabilidade surgida na *fase pré-contratual*, ainda no *período de tratativas*.

Mais recentemente — prossegue DANIEL USTARRÓZ —, no Código Civil português de 1966[131], concentram-se valiosas tentativas de positivação definitiva do princípio da boa-fé objetiva, de fundamental importância integrativa

---

130 MARTINS-COSTA, Judith - A incidência do princípio da boa-fé no período pré-negocial: reflexões em torno de uma notícia jornalística. p. 149, *apud* USTARRÓZ, Daniel - **Op. cit.**, p. 20.

131 A respeito, CLÓVIS DO COUTO E SILVA averba, *verbis*: "O Código Civil português é uma obra admirável, de uma plêiade excepcional de juristas que Portugal possui e que, num trabalho de mais de vinte anos, produziu um excelente código, cuja excelência se mede também pelo alto nível das obras que, com base nele, foram escritas" (SILVA, Clóvis do Couto e - O princípio da boa-fé no Direito brasileiro e português. *In:* FRADERA, Vera Maria Jacob de [Org.] - **Op. cit.**, p. 45-46).

perante o princípio da autonomia da vontade nas relações obrigacionais. Assim, o seu foco na tutela da confiança pode ser observado em vários dispositivos, a exemplo do art. 227.º/1[132], que regula a culpa na formação dos contratos, do art. 239.º[133], que trata da interpretação dos contratos, e do art. 762.º/2[134], cujo preceito funciona como corolário das normas retro mencionadas.

Não se olvide, no ponto, ademais, o Decreto-Lei n.º 446/85, de 25 de Outubro, que instituiu o *regime das cláusulas contratuais gerais* em Portugal, tampouco a Directiva n.º 93/13/CEE, de 5 de Abril de 1993, do Conselho das Comunidades Europeias, reguladora das *cláusulas abusivas* nos contratos celebrados com os consumidores. Nesta toada, Mário Júlio de Almeida Costa sublinha dois momentos para a *concreção da boa-fé*, lecionando que ela implica "uma espécie de valoração jurisprudencial ético-jurídica para a solução do caso concreto. Quer dizer, o acento tónico ético-valorativo coloca-se, respectivamente, no momento da feitura da lei e no momento judicial da decisão."[135]

Na América Latina, não é raro encontrar menção legislativa ao princípio e cláusula geral da boa-fé objetiva, a teor dos ordenamentos da Argentina e do Brasil, dentre outros países. Na Ásia e na Europa Oriental, este princípio também está presente, o que se verifica, ademais, nos atuais projetos de unificação de sistemas jurídico-legais, nomeadamente na Europa continental, em que os *princípios de direito europeu dos contratos*, na vertente elaborativa da denominada *"Comissão Ole Lando"* — que teve por missão proceder à análise comparada da legislação dos Estados-membros da União Europeia, tendo por finalidade desenvolver os *princípios fundamentais do Direito contratual eu-*

132 "Artigo 227.º - **Culpa na formação dos contratos** - **1.** Quem negoceia com outrem para conclusão de um contrato deve, tanto nos preliminares como na formação dele, proceder segundo as regras da boa fé, sob pena de responder pelos danos que culposamente causar à outra parte. [...]."

133 "Artigo 239.º - **Integração** - Na falta de disposição especial, a declaração negocial deve ser integrada de harmonia com a vontade que as partes teriam tido se houvessem previsto o ponto omisso, ou de acordo com os ditames da boa fé, quando outra seja a solução por eles imposta."

134 "Artigo 762.º - **Princípio geral** - **1.** O devedor cumpre a obrigação quando realiza a prestação a que está vinculado. **2.** No cumprimento da obrigação, assim como no exercício do direito correspondente, devem as partes proceder de boa fé."

135 COSTA, Mário Júlio de Almeida - Direito das Obrigações. 8.ª ed. Coimbra: Almedina, 2000, p. 97, *apud* USTARRÓZ, Daniel - **Op. cit.**, p. 23. Nossa edição de consulta à referida obra de Almeida Costa, ***op. cit.*** (12.ª ed. rev. e actual., 4.ª reimpr. Coimbra: Almedina, 2016, p. 114).

ropeu na parte referente à parte geral dos contratos[136] —, estabelecem que *"as partes devem agir no respeito à boa-fé e à correção"*, âmbito em que *"as partes não podem excluir ou limitar esse dever"* (art. 1:201, 1 e 2), ainda impondo a *colaboração alheia*, a fim de que cada parte consiga cumprir a sua obrigação (art. 1:202). Da mesma forma, os princípios do UNIDROIT preconizam a atuação conforme à boa-fé e os melhores usos do comércio internacional, salientando que as partes *não podem* excluir ou reduzir a abrangência dessa norma (art. 1.7, 1 e 2). Na ordem jurídica interna da França, o projeto *"Pierre Catala"* — de reforma do direito obrigacional francês — contempla a proposição do art. 1.134, para reconhecer que as convenções legalmente formadas têm valor de lei em relação àqueles que a elaboram, não podendo ser modificadas ou revogadas, salvo previsão legal ou consentimento mútuo, merecendo execução de boa-fé (*elles doivent être exécutées de bonne foi*)[137].

Em termos de precedente histórico com paradigma singular, o direito obrigacional francês apresenta uma vertente legislativa e doutrinária com contornos bem diferenciados em relação à maior parte dos ordenamentos juspositivos dos países europeus continentais filiados à família do *civil law*, de cariz romano-germânico. Bem por esta singularidade, é conveniente trazer à colação da investigação o testemunho doutrinário de JEAN CALAIS-AULOY e FRANK STEINMETZ[138], *verbis*:

> *"Il n'existe, en droit français, aucun principe général assurant directement l'équilibre du contrat. Du moment qu'elle resulte d'un convention de volontés, la convention fait la loi des parties, quelque avantage ou désavantage qu'elle présente pour les contractants. Chacun est censé être*

---

136 GLITZ, Frederico E. Z. - **Contrato, Globalização e Lex Mercatoria - Convenção de Viena 1980 (CISG), Princípios Contratuais UNIDROIT (2010) e INCOTERMS (2010).** Rio de Janeiro: Clássica, 2012, p. 176-181. [Em linha]. [Consult. 5 Jan 2018]. Disponível na Internet: <https://books.google.com.br/books?id=16IiBAAAQBAJ&pg=PA177&lpg=PA177&dq=comiss%C3%A3o+Lando+na+europa&source=bl&ots=ICc2Yx_OFm&sig=x0sPDIogTy-2uULCU5e2F1i2JCg&hl=pt-BR&sa=X&ved=0ahUKEwiy7OX5zMnYAhWEIpAKHd6VDBIQ6AEIJzAA#v=onepage&q=comiss%C3%A3o%20Lando%20na%20europa&f=false>

137 Para aprofundamento do tema sobre direito europeu e normas comunitárias das obrigações de direito privado, vide António Menezes Cordeiro (CORDEIRO, António Menezes - **Tratado de Direito Civil - Direito das Obrigações - Vol. VI.** 2.ª ed. rev. Coimbra: Almedina, 2012, p. 149-240, e, nomeadamente, no ponto em tela, p. 241-261).

138 CALAIS-AULOY, Jean; STEINMETZ, Frank - ***Droit de la Consommation.*** 6.ª éd. Paris: Dalloz, 2003, p. 193-194.

le meilleur juge de ses intérêts. D'ou l'axiome classique: "Qui dit contractuelle, dit juste".

Diverses théorie auraient pourtant permis, si elles avaient été poussées plus loin, de lutter contre les déséquilibres contractuels.

La théorie de la lésion est la première d'entre elles. En certains droits étrangers, tout contrat peut être annulé ou révisé si la prestation de l'une des parties est disproportionnée par rapport à la prestation de l'autre[139]*.*

En France, la lésion joue un rôle beaucoup plus reduit puis-qu'elle ne vicie les conventions que dans certains cas particuliers (c. civ., art. 1118). Nous les retrouverons dans le chapitre sur le prix. Il a été jugé que la containte économique se rattache à la violence et non à la lésion.

Le principe de bonne foi aurait pu, aussi, conduire à sanctionner de façon générale le déséquilibre contractuel. Dans la formation du contrat, les parties doivent être de bonne foi[140]*,ce qui signifie qu'elles doivent se conformer à une certaine morale. Les tribunaux allemands utilisent directement ce principe pour éliminer les déséquilibres contractuels le plus choquants. Les tribunaux français hésitent à adpter la même attitude: la notion de bonne foi inspire sans doute certains règles ou certains décisions, mais elle ne constitue pas, en France, une technique juridique autonome.*

Une autre théorie peut être rapprochée de la précédente: celle de l'abus de droit. Toute personne a le droit de proposer au public de conclure des contrats sur la base de conditions prérédigées. Mais n'est-ce pas abuser de ce droit que de propposer des contrats gravement déséquilibrés, en jouant sur l'ignorance ou l'inexpérience des contractants éventuels? La question semble-t-il, n'a jamais été posée aux tribunaux, qui éprouvent d'ailleurs la plus grande répugnance à admettre l'abus de droit en matiére contractuelle.

Reste la théorie de la cause. L'article 1131 du code civil énonce qui l'obligation sans cause ne peut avoir aucun effet. Un contrat à titre onéreux est donc nul si l'obligation d'un contractant n'a aucune contrepartie. Entendue en ce sens, l'absence de cause est presque une hyphotèse d'école. Mais une jurisprudence qui s'est formée dans les années 1990 se fonde sur l'article 1131 pour annuler les clauses qui contreviennent à un engagement essentiel, notamment celles visant à écarter ou limiter la responsabilité de l'un des contractants. Ce genre de clause se trouve

139 *Ainsi en Allemagne (§ 138, BGB), en Suisse (art. 21 CO), au Québec (loi sur la protection des consommateurs, art. 8).*

140 *Le code civil ne vise la bonne foi que dans l'exécution (art. 1134, al. 3). Mais il est admis que le principe est plus général (GHESTIN, La formation du contrat, LGDJ 1993, nºs. 255 et s.). V. JALUZOT, La bonne foi dans les contrats, étude comparative du droit français, allemand et japonais, Dalloz, bibl. des thèses, 2001.*

> *souvant dans les conditions générales. Il ne faut cependent pas exagérer la portée de la jurisprudence qui se fonde sur la théorie de la cause: elle peut conduire à l'annulation de certaines clauses, mais non à l'elimination de tous les déséquilibres contractuels.*
> *L'échec, au moins partiel, des théories précédents, montre que le droit français classique préfére la sécurité des transactions à l'équilibre contractuel. Personne, dit-on, n'oserait contracter si le contrat pouvait toujours être remis en question par l'une des parties. Cette idée n'est pas fausse, mais elle risque, si elle est pousssée trop loin, de mettre les contractants les plus faibles à la merci des plus puissants. C'est pourquoi, à defaut de principe général, trop dangereux par son imprécision, le droit positif récent accumule les règles particulières, dans le but de lutter contre tel ou tel déséquilibre."*

Essa moldura refratária conduz, na avaliação de António Menezes Cordeiro, à modesta aplicação judicial da boa-fé objetiva em França, ainda que o instituto contenha previsão, como *cláusula geral*, no art. 1.134, al. 3, do *Code Napoléon*, e muito embora tenham sido "apontadas, mais recentemente, concretizações crescentes da boa fé, nela referida. Encontramos aplicações significativas da boa-fé, no tocante à resolução unilateral dos contratos e a um esquema encontrado para contornar a preferência do editor. Fora disso, a boa fé não surge, especificamente, invocada, em abono de decisões"[141].

Na órbita do ordenamento jurídico-obrigacional brasileiro, dando sequência ao exauriente resgate histórico de DANIEL USTARRÓZ, não é correto afirmar que o Código Civil de 2002 inovou ao adotar o princípio da boa-fé objetiva, ainda que se admita ter havido sensível avanço institucional a partir de algumas das normas que o contemplam, a exemplo daquelas contidas nos seus artigos 113[142], 187[143] e 422[144], pois a jurisprudência turbinada

141 CORDEIRO, António Menezes - A boa fé nos finais do século XX. *In:* Separata da Revista da Ordem dos Advogados. ano 56. III. Lisboa: [*s.n.*], 1996, p. 891, *apud* ZANELLATO, Marco Antonio - Boa-fé objetiva: formas de expressão e aplicações. *In:* **Revista do Direito do Consumidor.** vol. 100, ano 24. São Paulo: RT, jul.-ago. 2015, p. 141-194.

142 "Art. 113. Os negócios jurídicos devem ser interpretados conforme a boa-fé e os usos do lugar de sua celebração."

143 "Art. 187. Também comete ato ilícito o titular de um direito que, ao exercê-lo, excede manifestamente os limites impostos pelo seu fim econômico ou social, pela boa-fé ou pelos bons costumes."

144 "Art. 422. Os contratantes são obrigados a guardar, assim na conclusão do contrato, como em sua execução, os princípios de probidade e boa-fé."

na doutrina e legitimada na ordem jurídico-legal lhe é muito anterior, o que também se deve ao advento do Código de Defesa do Consumidor (Lei n.º 8.078, de 1990), na esteira principiológica das normas da Constituição Federal de 1988. Se é verdade que o art. 131 do Código Comercial (CCOM) brasileiro de 1850 já contemplava, em termos, o princípio da boa-fé objetiva, e que os artigos 221 e 516 do Código Civil de 1916 dispunham sobre o instituto tutelar da boa-fé subjetiva, não é menos verdade que essa conjuntura normativa não impediu que doutrinadores brasileiros da envergadura de CLÓVIS DO COUTO E SILVA[145] assinalassem, ainda em meados do século XX, que a boa-fé objetiva fortalece "o conteúdo da obrigação de modo que a prestação não deve apenas satisfazer os deveres expressos, mas também é necessário verificar a utilidade que resulta para o credor da sua efetivação, quando por mais de um modo puder ser cumprida. Houve, no caso, um aumento de deveres na relação obrigacional. O princípio da boa-fé atua *defensivamente* e *ativamente*; *defensivamente*, impedindo o exercício das pretensões, o que é a espécie mais antiga; ou *ativamente*, criando deveres, podendo inclusive restringir o princípio de o cumprimento ser completo ou integral, permitindo outra solução. É a doutrina do adimplemento substancial, estabelecida por Lord Mansfield em 1779, no caso Boone v. Eyre, isto é, em certos casos, se o contrato já foi adimplido substancialmente, não se permite a resolução, com a perda do que foi realizado pelo devedor, mas atribui-se um direito de indenização do credor". Mas foi na década de 90 do século XX, por meio do já referido Código de Defesa do Consumidor (CDC), que a *cláusula-princípio geral* da *boa-fé objetiva* recebeu a sua consagração, primeiro através do art. 4.º, inc. III[146], que a instituiu, ao formular os princípios fundamentais da po-

---

145 SILVA, Clóvis do Couto e - O princípio da boa-fé no Direito brasileiro e português. *In:* FRADERA, Vera Maria Jacob de (Org.) - **Op. cit.**, p. 55.

146 "Art. 4º A Política Nacional das Relações de Consumo tem por objetivo o atendimento das necessidades dos consumidores, o respeito à sua dignidade, saúde e segurança, a proteção de seus interesses econômicos, a melhoria da sua qualidade de vida, bem como a transparência e harmonia das relações de consumo, atendidos os seguintes princípios: (Redação dada pela Lei nº 9.008, de 21.3.1995)

I - reconhecimento da vulnerabilidade do consumidor no mercado de consumo;

II - ação governamental no sentido de proteger efetivamente o consumidor:

a) por iniciativa direta;

b) por incentivos à criação e desenvolvimento de associações representativas;

c) pela presença do Estado no mercado de consumo;

d) pela garantia dos produtos e serviços com padrões adequados de qualidade, segurança, durabilidade e desempenho.

lítica nacional das relações de consumo, depois por via do art. 51, inc. IV[147], que a entronizou definitivamente no plano sancitivo, averbando a nulidade absoluta das cláusulas contratuais incompatíveis com a boa-fé objetiva e a equidade. Longe de representar uma vantagem desproporcional em favor dos consumidores e contra os fornecedores, o princípio da boa-fé objetiva constitui vetor de harmonização de interesses, conforme bem pondera PAULO DE TARSO SANSEVERINO[148], uma vez que o princípio funciona como uma estrada de duas mãos no vínculo que une o fornecedor e o consumidor, também evitando que a proteção tutelar concedida pelo sistema do CDC sirva de escudo para consumidores que, agindo contrariamente ao princípio da boa-fé objetiva, busquem a reparação de prejuízos para cuja *produção* tiveram *decisiva participação*[149]. Não se perca de vista, no ponto em testilha, que o princípio da boa-fé objetiva atua em favor de ambos os sujeitos da relação obrigacional, embora se admita, na sociedade consumerista de massa, que em noventa e nove por cento dos casos judicializados a razão assista ao consumidor, conforme indicam as estatísticas abrasivas de Tribunais de Justiça de Estados brasileiros[150].

III - harmonização dos interesses dos participantes das relações de consumo e compatibilização da proteção do consumidor com a necessidade de desenvolvimento econômico e tecnológico, de modo a viabilizar os princípios nos quais se funda a ordem econômica (art. 170, da Constituição Federal), sempre com base na boa-fé e equilíbrio nas relações entre consumidores e fornecedores; (...)."

147 "Art. 51. São nulas de pleno direito, entre outras, as cláusulas contratuais relativas ao fornecimento de produtos e serviços que:

I - impossibilitem, exonerem ou atenuem a responsabilidade do fornecedor por vícios de qualquer natureza dos produtos e serviços ou impliquem renúncia ou disposição de direitos. Nas relações de consumo entre o fornecedor e o consumidor pessoa jurídica, a indenização poderá ser limitada, em situações justificáveis;

II - subtraiam ao consumidor a opção de reembolso da quantia já paga, nos casos previstos neste código;

III - transfiram responsabilidades a terceiros;

IV - estabeleçam obrigações consideradas iníquas, abusivas, que coloquem o consumidor em desvantagem exagerada, ou sejam incompatíveis com a boa-fé ou a eqüidade; (...)".

148 SANSEVERINO, Paulo de Tarso - **Responsabilidade Civil no Código de Defesa do Consumidor e a Defesa do Fornecedor.** São Paulo: Saraiva, 2002, p. 277.

149 No campo jurisprudencial, vide, no ponto específico: TJRJ, AC n.º 2009.001.59048, 7.ª Câmara Cível, Relª. Desª. MARIA HENRIQUETA LOBO, j. 23/11/2009.

150 Vide, no ponto paradigmático: TJSP, AC n.º 5269914100, 9.ª Câmara Criminal, Relª. Desª. VIVIANI NICOLAU, j. 17/11/2009.

FLÁVIO TARTUCE[151] leciona que o Código Civil de 2002 adotou a dimensão concreta do princípio da boa-fé objetiva, passando a consonar com o CDC de 1990, conforme já referido. No plano de confrontação entre o CC/2002 e o CDC/1990, o Enunciado n.º 27 do CJF/STJ prescreve que, "Na interpretação da cláusula geral da boa-fé objetiva, deve-se levar em conta o sistema do CC e as conexões sistemáticas com outros estatutos normativos e fatores metajurídicos". Por consequência, nas questões que militem em qualquer dessas searas estatutárias, deve ser preservado o tratamento conferido à boa-fé objetiva pelo CDC. Ademais disso, o princípio da boa-fé objetiva está exponencializado no novo CPC de 2015[152], que consolidou a *boa-fé objetiva processual* e, nos termos dos seus artigos 5.º e 6.º[153], determinou que todos aqueles que participam do processo devem se comportar de acordo com a boa-fé, tendo o dever de cooperação entre si para que se obtenha, em tempo razoável, a decisão justa e efetiva, assim consagrando, também, o princípio do dever de colaboração processual. Merece destaque, ainda, a vedação das *decisões-surpresa* aos juízes, consoante preconizado no art. 10[154] do novo CPC/2015. Ademais de tudo, enfatizando a natureza circular do princípio *processual* em tela, o art. 489, § 3º[155], do novo CPC, prescreve que as decisões judiciais devem ser interpretadas em conformidade com o princípio da boa-fé. Por fim, *a laetere*, para não deixar dúvida de que a boa-fé reside no *plano da conduta*, e não no *plano intencional* matriciado no dolo ou na culpa, na *I Jornada de Direito Processual Civil*, promovida pelo CJF/STJ, ocorrida em agosto de 2017, foi aprovado o Enunciado n.º 1, estabelecendo que *"a verificação da violação da boa-fé objetiva dispensa a comprovação do animus do sujeito processual"*.

---

151 TARTUCE, Flávio - **Op. cit.**, p. 668-669.

152 Lei Federal n.º 13.105, de 15/03/2015, publicada no DOU de 17/03/2015, com início de vigência previsto para um ano após a sua publicação, conforme dispõe o seu art. 1.045.

153 "Art. 5º Aquele que de qualquer forma participa do processo deve comportar-se de acordo com a boa-fé." "Art. 6º Todos os sujeitos do processo devem cooperar entre si para que se obtenha, em tempo razoável, decisão de mérito justa e efetiva."

154 "Art. 10. O juiz não pode decidir, em grau algum de jurisdição, com base em fundamento a respeito do qual não se tenha dado às partes oportunidade de se manifestar, ainda que se trate de matéria sobre a qual deva decidir de ofício."

155 "Art. 489. São elementos essenciais da sentença: [...] § 3º A decisão judicial deve ser interpretada a partir da conjugação de todos os seus elementos e em conformidade com o princípio da boa-fé."

2.3 Estrutura da obrigação como processo e deveres decorrentes da relação obrigacional contratual

No ponto em testilha, é *fundamental* trazer à *correlação* dos estudos, de novo, a abalizada doutrina de DIOGO LEITE DE CAMPOS[156], desta feita na seara das *relações de associação* e do *direito sem direitos*, em que a ordem jurídica aparece, em geral, na perspectiva igualitária dos sujeitos da relação obrigacional à partida, à chegada e até à extinção dos vínculos negociais, reduzindo-se as coisas a meros objetos de uma relação intersubjetiva. Neste passo, o contrato continua a sua ascensão como principal manifestação da pessoa sujeito de direito e dos seus interesses, mas descortina-se, cada vez mais, o interesse do *outro*, ou seja, a *compaixão* pelo outro. No ponto, em acurada observação, LEITE DE CAMPOS salienta que, depois da recusa inicial, deu-se a *aceitação do contrato em favor de terceiro*, em que as partes atribuem um benefício — tutelado por direito próprio — a um terceiro que *não é parte do contrato*, a partir do que se abre uma nova dimensão e passa a ser admissível que o *interesse* em contratar a favor de um *terceiro é idêntico* ao interesse de contratar em benefício *próprio*, sendo igualmente digno de *proteção*. Surge, então, a *boa-fé* objetiva, o dever juridicamente tutelado e sancionado de os sujeitos pautarem as suas relações negociais em conformidade com os valores inerentes ao ordenamento jurídico, comportando-se como pessoas honestas, como cidadãos de bem, equilibrando os seus interesses de modo harmônico e com base na justiça. O contrato é transformado, então, em *instrumento de solidariedade*: se o *trust* é a principal criação dos Direitos anglo-saxônicos, a *boa-fé* reflete o novo modo de ser do Direito continental, um e outro aproximando-se na *confiança* colocada no próximo e nas exigências que se fazem a si mesmos, daí resultando uma íntima colaboração, justaposição de interesses e harmonização de vontades.

Mais adiante, ao lecionar sobre as transformações do Direito dos contratos, LEITE DE CAMPOS assinala que desde muito se fala, desde o século XIX, na crise dos contratos, no bojo da qual compreende-se a grande diversidade de avenças e avultam, sobretudo, os contratos novos merecedores de regulamentações muito diversas e algumas vezes opostas, bem como a *superação* das *von-*

156 CAMPOS, Diogo Leite de - **As Relações de Associação - O Direito sem Direitos.** Coimbra: Almedina, 2011, p. 50-51 e 73-75.

tades individuais pela *vontade do legislador*, a fim de *criar igualdades, eliminar disparidades* e *perseguir o interesse público*, toda essa conjuntura operando *em prejuízo* do sacrossanto *princípio da liberdade contratual*. No ponto em tela, ao discorrer sobre o *princípio da boa-fé* e a *autonomia de vontade*, CLÓVIS DO COUTO E SILVA leciona que "A história da importância do princípio da boa-fé relaciona-se com a da *autonomia da vontade*. Pode-se mencionar que no século XIX o princípio da autonomia foi o mais importante, e o conceito do *pacta sunt servanda*, o seu corolário necessário. A essa amplitude de aplicação correspondeu uma profunda restrição no princípio da boa-fé, resultante do predomínio absoluto do voluntarismo jurídico, da obediência ao direito estrito, da metodologia da Escola da Exegese. Essa situação não é, entretanto, peculiar, apenas, ao direito continental, porquanto abrange, também, os países de *common law*, nos quais verificou-se um esvaziamento na aplicação do princípio da boa-fé. Como se sabe, a *liberdade contratual* é também princípio importante no direito anglo-americano, entendido, porém, como liberdade para vincular-se juridicamente (*freedon of contract*), mas não como acordo real de vontades, razão pela qual, em muitos casos, não se valoriza o erro unilateral e se constroem os denominados contratos implícitos (*implied contracts*). No que respeita ao direito continental, parece necessário mencionar haver ficado o princípio da boa-fé, ainda no século XIX, no Direito das Obrigações, sujeito à restrita aplicação. [...] Discutiu-se, se, no Direito Romano, o conceito da boa-fé era unívoco, ou se, pelo contrário, comportava mais de um significado. Questionou-se se o conceito de boa-fé era, no Direito Obrigacional, *objetivo*, e no Direito das Coisas, *subjetivo*, como queria Wächter, ou se representava exteriorizações de um só conceito, como afirmava Bruns." [157]

Destarte, sobretudo no século XX — leciona DIOGO LEITE DE CAMPOS[158] —, as *limitações* à *autonomia privada* e à *liberdade contratual* foram paulatinamente se multiplicando, abrangendo, em primeiro plano, *a obrigação de contratar*, e inaugurando, deste modo, uma casuística na qual a *lei* obriga — cada vez mais — certas pessoas a contratar, de que é exemplo o seguro

157 SILVA, Clóvis do Couto e - O princípio da boa-fé no Direito brasileiro e português. *In:* FRADERA, Vera Maria Jacob de [Org.]. **O Direito Privado brasileiro na visão de Clóvis do Couto e Silva.** Porto Alegre: Livraria do Advogado, 1997, p. 34-35.

158 CAMPOS, Diogo Leite de - **As Relações de Associação - O Direito sem Direitos.** Coimbra: Almedina, 2011, p. 73-75.

obrigatório dos veículos automotores. Mas não só isto, porque depois adveio a *perda da liberdade* de escolher a sua contraparte, tomando-se como paradigma ilustrativo a obrigação de a empregadora retomar o emprego dos trabalhadores, na hipótese de uma licença de maternidade ou paternidade (que, no Brasil, mantém a integridade permanente do vínculo, somente suspendendo, por períodos determinados, a contrapartida execucional do trabalho). Nesta esteira fenomênica — e o que importa, na lição do jurista —, multiplicam-se os casos em que a *recusa de contratar* é *ilícita*, sobretudo no campo dos direitos e garantias dos consumidores. Nesta sequência evolutiva, sobrevém a *cláusula geral* com assento *constitucional*, segundo a qual *constitui* uma discriminação *ilícita* diferenciar as pessoas, *v.g.*, em razão de sexo, religião, raça, opiniões políticas e orientação sexual. Por fim, mais para agora, mas ainda no século XX, o Legislador introduz, em diversos tipos de *contratos*, *cláusulas vinculativas das partes*, sobretudo naqueles que afetam o grande público das sociedades de massa, ou que abranjam contratação obrigatória, o que é frequente, *v.g.*, no direito do trabalho e no direito de locação. Neste norte, a política financeira e monetária, e a necessidade de criar impostos, proteger a saúde pública, salvaguardar a concorrência, organizar as profissões, passaram a limitar cada vez mais o papel da *vontade livre* de constrangimentos de ambas as partes na *celebração* e na *fixação* do conteúdo dos contratos. E ressalta: esta *diminuição da liberdade* é contemporânea das críticas dirigidas a uma vontade pura e desvinculada, *essencialmente egoísta e antissocial*, às *desigualdades existentes entre as pessoas, à exploração de muitos por poucos*, aos *desequilíbrios nas trocas* e por aí vai, em cujo âmbito é reclamada a intervenção da sociedade para *eliminar as desigualdades*, *criar igualdades* e *proteger os mais fracos*. Neste passo, nos explicitados ensinamentos de DIOGO LEITE DE CAMPOS, está-se a falar de uma *longa manus* que, em regime de aproximações e reciprocidades, começa nos *direitos da personalidade* e no *postulado da dignidade da pessoa humana*, repercute no *princípio da função social dos contratos* e inflete sobre o vasto campo empírico dos negócios jurídicos privados arrancados do seu *estado de natureza* e catapultados a patamares civilizatórios mínimos na sociedade de massas e de consumo.

Ao discorrer sobre a *obrigação como processo* e resgatar a doutrina desenvolvida por Orlando Gomes e Clóvis do Couto e Silva no Brasil, BRUNO

MIRAGEM[159] leciona que a orientação clássica sobre a *estrutura da relação obrigacional* implicava reconhecer, como momentos decisivos, a *celebração* e a *extinção* da *obrigação*, concentrando-se o exame da sua *eficácia* no *dever de prestação* ao qual as partes se vincularam originalmente. No entanto, na atualidade, a partir da influência do direito comparado e, nele, em especial do direito alemão, tanto a *formação* quanto a *estrutura* da relação obrigacional passaram a ser reconhecidas como espécie de fenômenos dinâmicos marcados por uma *sucessão de fases*, daí a consagrada expressão de *obrigação como processo*.

Na obra "Introdução ao pensamento e à obra jurídica de Karl Larenz", ao discorrer sobre o tema da *obrigação como processo*, CARLOS EDUARDO LÓPEZ RODRÍGUEZ[160] leciona que, neste particular, o traço mais notório que diferencia a noção de Larenz da doutrina tradicional reside na *temporalidade da relação jurídica*, na sua existência no tempo, em razão do que pode nascer e desaparecer (extinguir-se, anular-se), modificar-se e evoluir para um fim determinado[161]. Assim, a relação jurídica subsiste como tal, embora alguns dos deveres que ela contém tenham sido extintos pelo cumprimento, ou algum dos direitos de formação tenha desaparecido, por ter sido executado ou tenha prescrito por não ter sido exercitado a tempo. LÓPEZ RODRÍGUEZ ressalva, porém, que o permissivo para essa subsistência reside na existência de uma conexão consonante com o sentido dos diferentes elementos do todo, ou seja, o conjunto (*Gefüge*) possui uma *diretriz unitária* que é a sua finalidade teleológica: toda relação de obrigação persegue a mais completa e adequada satisfação do credor. Larenz conclui que, pelo fato mesmo de que em toda relação de obrigação a finalidade buscada reside na satisfação do interesse na prestação do credor, essa relação obrigacional pode e deve ser considerada como *um processo*, pois desde o princípio ela procura alcançar um fim determinado e extinguir-se com a satisfação desse fim. Clóvis do Couto e Silva também considera a *relação obrigacional* como "um conjunto de atividades que se encadeiam e desdobram em direção ao

---

159 MIRAGEM, Bruno - ***Op. cit.***, p. 42-46.

160 RODRÍGUEZ, Carlos Eduardo López - **Introdução ao pensamento e à obra jurídica de Karl Larenz.** Porto Alegre: Livraria do Advogado, 1994, p. 76-77.

161 LARENZ, Karl - *Derecho de las Obligaciones - Vol. 1.* Tradução por Jaime Santos Briz. Madrid: Revista de Derecho Privado, 1958, p. 38 e ss., *apud* RODRÍGUEZ, Carlos Eduardo López - ***Op. cit.***, p. 76.

cumprimento, à satisfação dos interesses do credor"[162], daí evidenciando-se que essas atividades se desenvolvem em planos distintos. Mas, ao considerar que a dívida cumprida, e com isso extinta, constitui o *fundamento jurídico* da prestação, põe-se em relevo, para Larenz, a relação entre o Direito das Obrigações e o Direito das Coisas: a aquisição real da propriedade. A dogmática distingue, com efeito, entre a obrigação e o cumprimento, âmbito em que essa distinção pode ser muitas vezes absoluta, de tal sorte que o cumprimento surge totalmente desligado dos atos que o precederam, localizando-se no Direito das Coisas — e não no das Obrigações — quando o *processo obrigacional* dirigir-se para a transmissão da propriedade.

Assim, em relação à *formação da obrigação* e, em especial, quanto às obrigações causalizadas em negócios jurídicos de natureza contratual, releva reconhecer, para a formação do vínculo obrigacional, não apenas o momento da sua *constituição formal*, com a *celebração*, mas também a *fase prévia* de negociações e tratativas, ou seja, a *fase pré-negocial*. Não bastasse isto, avança-se no reconhecimento de *efeitos* da relação obrigacional que poderão *ultrapassar* o momento da sua *extinção*, por meio do cumprimento, ou não, do *dever de prestação*, ou seja, a *fase pós-negocial* ou *pós-contratual*. Ademais, quanto à *estrutura da relação obrigacional*, a noção de obrigação como processo *também* permite reconhecer, de par com o dever principal de prestação a que se comprometem os sujeitos da relação obrigacional, *deveres secundários* e *deveres laterais ou anexos* exsurgentes *ou* de disposição legal específica materializada no título, *ou* diretamente da *incidência* da *boa-fé objetiva*, todos eles assumindo uma *unidade funcional sistêmica* que direciona o curso do *comportamento* esperado das *partes* em relação ao *adimplemento*. Nesta moldura, a satisfação do interesse útil do credor é o fim esperado do comportamento das partes.

Na sequência, ao analisar a estrutura da obrigação como processo e discorrer sobre os *deveres decorrentes da relação obrigacional*, o jurista sob epígrafe classifica-os em três espécies, quais sejam (a) os *deveres principais de prestação*, (b) os *deveres secundários* ou *laterais* e (c) os *deveres anexos*, oriundos da *boa-fé*.

---

162 SILVA, Clóvis Veríssimo do Couto e - A obrigação como processo. São Paulo: Bushatsky, 1976, p. 5, *apud* RODRÍGUEZ, Carlos Eduardo López - **Op. cit.**, p. 77.

Neste passo, inspirando-se nas lições de Mário Júlio de Almeida Costa[163], BRUNO MIRAGEM assinala que os *deveres principais de prestação* são aqueles que integram o *núcleo da relação obrigacional* e que a caracterizam quanto ao seu *tipo*, na hipótese de obrigações *típicas* derivadas de contratos *típicos*, ou seja, com disciplina especificada *em lei*, todavia aplicando-se, também, aos contratos *atípicos*[164], cuja estrutura obrigacional definida entre as partes pode provir tanto da vontade regulamentar das partes, quanto da própria lei. Neste primeiro vetor classificatório, portanto, de entender-se evidenciado que, em face do princípio da boa-fé objetiva, o núcleo da relação obrigacional não constitui prerrogativa exclusiva dos contratos típicos. Em exemplo de contrato típico: na compra e venda de bem imóvel, móvel ou semovente, o núcleo da avença recai sobre a obrigação do vendedor entregar a *res* e do comprador pagar o preço convencionado.

Os *deveres secundários*, a seu turno, poderão materializar-se em *deveres acessórios* ou de *prestação autônoma* e, entre estes, em *deveres coexistentes* ou *sucedâneos* da prestação obrigacional principal. Os *deveres secundários* meramente *acessórios* têm o objetivo de preparar o cumprimento ou assegurar a sua realização. Exemplo: na compra e venda, o dever de conservar a coisa ou de transportá-la. Já os *deveres secundários* de *prestação autônoma* não têm a sua execução necessariamente associada ao dever principal de prestação, podendo ser *deveres sucedâneos* da obrigação principal (*v.g.*: dever de indenizar decorrente do inadimplemento culposo da obrigação) ou *deveres coexistentes* com o dever principal de prestação (*v.g.*: deveres que emergem da mora, como o pagamento de juros, perdas e danos ou cláusula penal), que deverão ser adimplidos em conjunto com o dever principal de prestação originalmente avençado.

De outra banda, os *deveres laterais ou anexos* podem decorrer de *cláusula contratual*, *disposição legal* ou da *incidência direta* do *princípio da boa-fé*, sendo assim designados porque não se relacionam, modo direto, com o dever principal de prestação, mas auxiliam e promovem a satisfação dos interesses legítimos das partes da relação obrigacional. A *sistematização* dos *deveres laterais ou anexos* recebe tratamento doutrinário diferenciado e, consonante

---

163 Nossa obra de consulta: COSTA, Mário Júlio de Almeida - **Direito das Obrigações.** 12.ª ed. rev. e actual., 4.ª reimpr. Coimbra: Almedina, 2016, p. 201 e ss., *passim*.

164 No ponto, vide substancial estudo monográfico de VASCONCELOS, Pedro Pais de - **Contratos Atípicos.** 2.ª ed. Coimbra: Almedina, 2009, p. 396-477, também objeto de análises neste estudo.

com a evolução da legislação no plano da positivação normativa de deveres oriundos da boa-fé, poderá ter fontes diferenciadas, conforme sejam as características do sistema jurídico nacional em que involucrados.

Segundo sistematização alemã de larga difusão, os *deveres laterais ou anexos* podem substanciar-se em *deveres de cuidado, cooperação* e *respeito* às *expectativas legítimas* da outra *parte*, ou aos *deveres de advertência*, ou, ainda, aos *deveres de proteção e cuidado* com a *pessoa* e o *patrimônio* da *contraparte*, ou, mesmo, aos *deveres de abstenção*. Os *deveres* de *informação e advertência* podem resultar da lei (*v.g.*: obrigação do segurado dar imediata ciência, ao segurador, sobre o agravamento do risco, *ut* art. 771 do CC, ou, na compra e venda de consumo, sobre os riscos do produto, *ut* artigos 8.º a 10 do CDC). Mas também podem ser *deveres* decorrentes de *estipulação clausular expressa*, a exemplo de contratos empresariais nos quais estabelecida detalhada programação e/ou cronogramação de notificações entre as partes sobre eventos relevantes no curso executivo da avença. Ademais, podem ser *deveres* decorrentes, modo exclusivo, da *boa-fé*, que se impõe por si mesma, por princípio, a exemplo da imposição de um *dever de lealdade* consistente em advertir a contraparte sobre certos riscos que envolvem a execução do contrato de certa forma, ou o modo pelo qual deve ser promovida a fruição da prestação.

No plano exemplificativo dos *deveres de cuidado* com a *pessoa* e o *patrimônio* da *outra parte*: quem toma posse de coisa alheia para a realização da sua prestação, deve comprometer-se com a sua conservação e uso de modo adequado; no exercício do direito de crédito, o credor não pode se utilizar de qualquer modo para satisfazê-lo ou cobrar do inadimplente, não podendo expor o devedor para além do limite necessário aos meios ordinários de promover a satisfação do crédito.

No ponto em testilha, invocando preleções doutrinárias de Claus-Wilhelm Canaris e Manuel António Carneiro da Frada, BRUNO MIRAGEM assinala que os *deveres de cuidado* se identificam com os denominados *deveres de proteção*, pertinentes à *pessoa* ou ao *patrimônio* de um dos sujeitos da obrigação, observando-se, todavia, que esses deveres não têm a sua origem *na* relação obrigacional, sendo *antecedentes* a ela, porque decorrem da *boa-fé* e por isso mesmo têm *eficácia independente* do conteúdo da relação obrigacional, subsumindo um dever de não afetar a pessoa ou o patrimônio da contraparte, de modo que a sua ofensa não gera uma responsabilidade decorrente do *conteúdo da obrigação*, mas, sim, da regra de vedação de exercício abusivo de direito encartada no art. 187 do CC, segundo a qual "Também comete ato ilícito o titular de um direito que, ao exercê-lo, excede manifestamente os limites impostos pelo seu fim econômico ou social, pela boa-fé ou pelos costumes".

Por fim, os *deveres laterais de abstenção* podem provir tanto de disposição contratual, quanto de previsão legal ou incidência direta do princípio da boa-fé objetiva, tomando-se como exemplo o sigilo exigível em série de obrigações entre as partes, pelas quais resulta limitada a possibilidade de divulgar até mesmo a própria existência da relação obrigacional, ou, ainda, informações reservadas sob proteção da privacidade ou do sigilo empresarial, das quais uma das partes conheceu-as em razão da execução da obrigação.

Mais adiante, quando da abordagem sobre a estrutura orgânico-funcional do princípio da boa-fé objetiva, o estudo retornará aos *deveres laterais ou anexos* nos contratos de direito privado. Agora, no entanto, é preciso evoluir para o estudo da natureza jurídico-instrumental da boa-fé objetiva.

2.4 Natureza jurídico-instrumental da boa-fé objetiva nos contratos: conceitos indeterminados, princípios, cláusulas gerais, *standards* de comportamento e precedentes jurisprudenciais

Neste passo, o estudo da natureza jurídico-instrumental da boa-fé objetiva no sistema obrigacional dos contratos de direito privado subsume uma investigação sobre o vasto campo do gênero conceitos abertos, flexíveis, indeterminados, por onde transitam os princípios, cláusulas gerais, *standards* de comportamento e precedentes jurisprudenciais. Enfim, neste caminho do meio, prossegue-se na rota de convergências que teve início com as investigações sobre os modos de tutela em sede de direitos da personalidade e os seus nexos etiológicos, aproximações e reciprocidades com o postulado da dignidade da pessoa humana e com o princípio da função social dos contratos. Sob esta perspectiva, a abordagem começa com depoimentos doutrinários que representam uma simbiose protagonizada por expoentes das Academias de Letras Jurídicas do Brasil e de Portugal.

À partida, com notável poder de pesquisa e síntese, PRISCILA ZENI DE SÁ[165] anota que o sistema normativo aberto não é novo e que a linguagem legislativa das codificações civis, mormente a partir da segunda metade do século XX, passa a adotar modelos mais abertos, vagos ou elásticos que ampliam a capacidade interpretativa do julgador, afastando-se do método subsuntivo de aplicação da lei. Assim, nas leis produzidas a partir da década de 1970, ocorre a abertura do direito à realidade onde ele está inserido e constata-se o surgimento de conceitos indeterminados e cláusulas gerais contendo preceitos abertos que buscam o bem comum e a utilidade social, usando terminologias científicas, econômicas e industriais rentes à realidade contemporânea. Considerados na sua generalidade, os conceitos abertos não indicam tipicamente uma conduta permitida ou proibida, definindo valores e parâmetros hermenêuticos que servem como marcos de referência interpretativos e oferecem ao intérprete os critérios axiológicos e os limites para a aplicação das demais disposições normativas[166]. Assim, pois, não há na hipótese legal uma prefiguração descritiva ou especificativa capaz de engessar a sua aplicação, âmbito em que a grande contribuição dessa técnica legislativa aberta reside em propiciar flexibilidade e segurança[167] ao sistema jurídico, ao mesmo tempo em que autoriza o intérprete a adequar a realidade da norma ao caso concreto, ou seja, ajustar o texto normativo à seara normativa.[168] PRISCILA SÁ também anota que, para Engisch, os conceitos indeterminados são dotados de uma incerteza no seu conteúdo e na sua extensão, tendo a indeterminabilidade como característica, porque mesmo a regra primária que se resolverá pela subsunção dependerá de um preenchimento do seu conteúdo. Nessa medida, reconhece um núcleo conceitual, onde se percebe a clareza conceitual do conteúdo e a extensão do conceito, bem assim um halo conceitual, onde há incerteza e dúvida no seu preenchimento. Vale

165 SÁ, Priscila Zeni de - **Poder Judiciário e as Cláusulas Gerais - Parâmetros para a concretização no direito civil-constitucional.** Florianópolis: Tirant Lo Blanch, 2018, p. 149-164, *passim*.

166 TEPEDINO, Gustavo - Introdução: Crise de fontes normativas e técnica legislativa na parte geral do Código Civil de 2002. *In:* TEPEDINO, Gustavo (coordenador). A parte geral do novo código civil: estudos na perspectiva civil-constitucional. 3.ª ed. Rio de Janeiro: Renovar, 2007, p. XIX, *apud* SÁ, Priscila Zeni de - ***Op. cit.***, p. 155.

167 MARTINS-COSTA, Judith - A Boa-fé no Direito Privado - Critérios para a sua aplicação. 2.ª ed., 2.ª tiragem, São Paulo: Saraiva Educação, 2018, p. 130, *apud* SÁ, Priscila Zeni de - ***Op. cit.***, p. 155.

168 MÜLLER, Friedrich - Teoria estruturante do direito I. Trad. Peter Naumann, Eurides Avance de Souza. 1.ª ed. São Pàulo: Editora Revista dos Tribunais, 2014, (livro eletrônico), *apud* SÁ, Priscila Zeni de - ***Op. cit.***, p. 155.

dizer: a maioria das regras jurídica é composta por verbetes indeterminados, que necessitam de um preenchimento na prática, tal como ocorre, por exemplo, com o conceito de "sossego noturno", "escuridão" ou "perigo".[169]

Nesta toada, anota que Judith Martins-Costa leciona que os processos de criação e desenvolvimento do direito não têm a lei como limite, mas como ponto de partida, e que o preenchimento das cláusulas gerais ocorre a partir de fatos e fundamentos externos à lei, como sucede com a boa-fé e os bons costumes, cuja técnica aproxima o "rígido sistema da *civil law* ao da *common law* em razão dos resultados práticos alcançados, apesar da distância entre as fontes, métodos e estruturas que separam os dois sistemas jurídicos"[170], bem assim que "Essas são as normas abertas, ou vagas, ou, ainda, enunciados elásticos, porosos ou dúcteis, gênero que abrange várias espécies normativas caracterizadas pela ausência, na hipótese legal, de uma pré-figuração descritiva ou especificativa, bem como é singularizada pelo emprego, em seu enunciado, de termos cuja tessitura é semanticamente aberta, e dotados, geralmente, de cunho valorativo."[171] Neste sentido, com respaldo no magistério de Gustavo Tepedino[172], a autora em epígrafe "vislumbra os conceitos abertos como meio de se concretizar o direito do indivíduo, expõe que não basta que o sistema jurídico ofereça inúmeros direitos sem lhes conceder o meio de concretizá-lo, sendo a técnica das cláusulas gerais uma forma de assegurar maior efetividade à concretização do direito no caso concreto"[173], permitindo uma simbiose entre as normativas constitucional e infraconstitucional, sendo uma técnica para manter todo o sistema aberto e oxigenado, consoante leciona Paulo Nalin.[174]

---

169 ENGISCH, Karl - Introdução ao pensamento jurídico. Trad. J. Baptista Machado. Lisboa: Fundação Calouste Gulbenkian, 2014, p. 208, *apud* SÁ, Priscila Zeni de - ***Op. cit.***, p. 155.

170 MARTINS-COSTA, Judith - A Boa-fé no Direito Privado: sistema e tópica no processo obrigacional. São Paulo: RT, 1999, p. 292, *apud* SÁ, Priscila Zeni de - ***Op. cit.***, p. 149.

171 MARTINS-COSTA, Judith - A Boa-fé no Direito Privado - Critérios para a sua aplicação. 2.ª ed., 2.ª tiragem, São Paulo: Saraiva Educação, 2018, p. 119, *apud* SÁ, Priscila Zeni de - ***Op. cit.***, p. 148.

172 TEPEDINO, Gustavo - Introdução: Crise de fontes normativas e técnica legislativa na parte geral do Código Civil de 2002. *In:* TEPEDINO, Gustavo (coordenador). A parte geral do novo código civil: estudos na perspectiva civil-constitucional. 3.ª ed. Rio de Janeiro: Renovar, 2007, p. XXI, *apud* SÁ, Priscila Zeni de - ***Op. cit.***, p. 149.

173 SÁ, Priscila Zeni de. ***Op. cit.***, p. 149.

174 NALIN, Paulo - Cláusula geral e segurança jurídica no código civil. *In:* Revista da Faculdade de Direito UFPR, dez. 2004, *apud* SÁ, Priscila Zeni de - ***Op. cit.***, p. 149.

Com efeito, pois é na seara do direito constitucional e a partir dele que o sistema normativo aberto vai deitar a sua tecnicalidade para os demais campos do direito, âmbito em que as codificações e as leis juscivilistas vão buscar apoio nas técnicas dos conceitos indeterminados, princípios, cláusulas gerais, *standards* de comportamento e precedentes jurisprudenciais.

No campo dos *princípios*, a doutrina constitucionalista de GOMES CANOTILHO[175] leciona que o sistema jurídico do Estado de Direito democrático português é um *sistema normativo aberto de regras e princípios* que pode ser "descodificado" nos seguintes termos:

(1) é um *sistema jurídico* porque contém um sistema dinâmico de normas;

(2) é um *sistema aberto* porque tem uma *estrutura dialógica*, traduzida na disponibilidade e *capacidade de aprendizagem* das normas constitucionais para captarem a mudança da realidade e estarem abertas às concepções cambiantes da *verdade* e da *justiça*;

(3) é um *sistema normativo* porque a estruturação das expectativas referentes a valores, programas, funções e pessoas é feita através de *normas*;

(4) é um *sistema de regras e princípios*[176] porque as *normas* do sistema tanto podem revelar-se sob a forma de *princípios*, como sob a forma de *regras*.

Nesta toada, GOMES CANOTILHO leciona que são vários os *critérios* sugeridos para distinguir entre *princípios* e *regras* no âmbito do superconceito de *normas*, a saber:

(a) *grau de abstração*: os *princípios* são normas com um grau de abstração relativamente elevado, ao passo que as *regras* possuem uma abstração relativamente reduzida;

(b) *grau de determinabilidade* na aplicação do caso concreto: os *princípios*, por serem vagos e indeterminados, carecem de mediações

175 CANOTILHO, J. J. Gomes - **Direito Constitucional.** 6.ª ed. rev. Coimbra: Almedina, 1993, p. 165-174.

176 No ponto, no vetor das normas, regras e princípios, CANOTILHO leciona que a teoria da metodologia tradicional distinguia entre *normas* e *princípios* (*Norm-Prinzip, Principles-rules, Norm und Grundsatz*), mas que esta distinção resulta por ele abandonada, sendo substituída pelas hipóteses de que "(1) as regras e princípios são duas espécies de normas", e que "(2) a distinção entre regras e princípios é uma distinção entre duas espécies de normas" (CANOTILHO, J. J. Gomes - ***Op. cit.***, p. 166).

concretizadoras (do legislador; do juiz), enquanto as *regras* são suscetíveis de aplicação direta;

(c) *caráter de fundamentalidade no sistema* das fontes do direito: os *princípios* são normas de natureza ou com um papel fundamental no ordenamento jurídico, devido à sua posição hierárquica no sistema das fontes (p.ex.: princípios constitucionais) ou à sua importância estruturante dentro do sistema jurídico (ex.: princípio do Estado de Direito; princípio da dignidade da pessoa humana);

(d) *proximidade da ideia de direito*: *princípios* são *standards* juridicamente *vinculantes*, radicados nas exigências de *justiça* (Dworkin) ou na *ideia de direito* (Larenz), ao passo que as *regras* podem ser normas vinculativas com um conteúdo meramente funcional;

(e) *natureza normogenética*: os *princípios* são *fundamento* de *regras*, ou seja, são normas que estão na *base* ou constituem a *ratio* de regras jurídicas, desempenhando, por isso, uma função normogenética fundamentante[177].

Mas o que importa enfatizar, ainda nas lições do jurista conimbricense, é que os *princípios* são *multifuncionais*, podendo desempenhar uma função argumentativa, permitindo, por exemplo, denotar a *ratio legis* de uma disposição ou revelar normas que não são expressas por qualquer enunciado legislativo, possibilitando aos juristas, sobretudo aos juízes, o desenvolvimento, integração e complementação do direito (*Richterrecht, analogia juris*). Ainda neste passo, os *princípios* interessam, aqui, sobretudo na sua qualidade de verdadeiras *normas, qualitativamente distintas* das outras categorias de normas, vale dizer, as *regras jurídicas*, âmbito em que as *diferenças qualitativas* entre aqueles e estas traduzem-se, fundamentalmente, nos seguintes aspectos, a saber:

(a) os *princípios* são normas jurídicas *impositivas* de uma *otimização*, compatíveis com *vários graus de concretização*, consoante os *condicionalismos* fáticos e jurídicos; as *regras* são normas que prescrevem *imperativamente* uma *exigência* — impondo, permitindo ou proibindo — que é ou não é cumprida (nos termos de Dworkin:

177 CANOTILHO, J. J. Gomes - **Direito Constitucional**, *op. cit.*, p. 166-167.

applicable in all-or-nothing fashion); a convivência dos *princípios* é conflitual (Zagrebelsky); a convivência de *regras* é antinômica. Os *princípios coexistem*, as *regras antinômicas* excluem-se;

(b) em consequência, os *princípios*, ao constituírem *exigências de otimização*, permitem o balanceamento, a ponderação de valores e interesses (não obedecem, como as *regras*, à *lógica do tudo ou nada*), consoante o seu *peso* e a *ponderação* de outros *princípios* eventualmente *conflitantes*; as *regras* não deixam espaço para qualquer outra solução, pois se uma regra *vale* — tem *validade* —, deve cumprir-se na exata medida das suas prescrições, nem mais nem menos;

(c) em caso de *conflito* entre *princípios*, estes podem ser objeto de *ponderação*, de *harmonização*, pois eles contêm apenas *exigências* ou *standards* que, em primeira linha (*prima facie*), devem ser *realizados*; as *regras* contêm *fixações normativas definitivas*, sendo insustentável a *validade simultânea* de regras *contraditórias*;

(d) os *princípios* suscitam problemas de *validade* e *peso* (importância, ponderação, valia); as *regras* colocam apenas questões de *validade* (se elas não são corretas devem ser alteradas)[178].

Nesta moldura classificatória — prossegue o jurista em epígrafe —, a existência de *regras* e *princípios* permite a descodificação, em termos de um *constitucionalismo adequado* (Alexy: *gemässigte Konstitutionalismus*), da *estrutura sistêmica*, ou seja, possibilita a compreensão da Constituição como *sistema aberto de regras e princípios*. As razões parecem evidentes. Um modelo ou sistema constituído exclusivamente por *regras* conduziria a um *sistema jurídico* de *limitada racionalidade prática*, exigindo uma *disciplina legislativa* exaustiva e completa — legalismo — do mundo e da vida, fixando, em termos definitivos, as premissas e os resultados das regras jurídicas. Nesta linha, seria obtido um *sistema de segurança*, mas não haveria qualquer espaço livre para a complementação e desenvolvimento de um sistema, a exemplo do constitucional, que é necessariamente um *sistema aberto*. Ademais, um *legalismo estrito* de *regras* não permitiria a introdução dos conflitos, das concordâncias, do balanceamento de valores e interesses, de uma *sociedade pluralista e aberta*,

---

178 CANOTILHO, J. J. Gomes - **Direito Constitucional**, *op. cit.*, p. 167-168.

pois corresponderia a uma *organização política monodimensional* (Zagrebelsky). De outra banda, o modelo ou sistema baseado exclusivamente em *princípios* (Alexy: *Prinzipien-Modell des Rechtssystems*) conduziria a consequências também inaceitáveis, pois a indeterminação, a inexistência de regras precisas, a coexistência de princípios conflitantes, a dependência do *possível* fático e jurídico, só poderiam conduzir a um sistema falho de segurança jurídica e tendencialmente incapaz de reduzir a complexidade do próprio sistema. Diante destes modelos que se opõem, GOMES CANOTILHO propõe um sistema jurídico alternativo, a saber:

(a) um *sistema jurídico* que contenha *regras jurídicas* cuja validade *não dependa* de *exigências de otimização* (*v.g.*: maioridade civil aos 18 anos de idade);

(b) *princípios* (ou valores que eles exprimem), cujas *exigências de otimização* são *abertas* a várias concordâncias, ponderações, compromissos e conflitos (*v.g.*: liberdade, igualdade, dignidade, Estado de Direito);

(c) em razão da sua *referência* a *valores* ou da sua relevância ou proximidade axiológica (da *justiça*, da *ideia de direito*, dos *fins da comunidade*), os princípios têm uma *função normogenética* e uma *função sistêmica*: são o *fundamento* de *regras jurídicas* e têm uma *idoneidade irradiante* que lhes permite *ligar* ou cimentar objetivamente todo o sistema constitucional;

(d) as *regras* e os *princípios*, para serem ativamente operantes, necessitam de *procedimentos* e *processos* que lhes deem *operacionalidade prática* (Alexy: *Regell/Prinzipen/prozedur-Modell des Rechtssistems*): o direito constitucional é um *sistema aberto* de *normas e princípios* que, através de *processos judiciais*, *procedimentos legislativos* e *administrativos*, *iniciativas dos cidadãos*, passa de uma *law in the books* para uma *law in action*, para uma *living constitution*.

No magistério de JOSÉ AFONSO DA SILVA[179], "Os *princípios* são ordenações que se irradiam e imantam os sistemas de normas, são [como observam Gomes Canotilho e Vital Moreira] *núcleos de condensações* nos quais

179 SILVA, José Afonso da - ***Curso de Direito Constitucional Positivo.*** 26.ª ed. rev. e atual. São Paulo: Malheiros, 2005, p. 91-93.

confluem *valores e bens* constitucionais", ademais do que, à luz do Título I da Constituição da República Federativa do Brasil (CRFB), a palavra *princípios*, constante na expressão *princípios fundamentais*, exprime a noção de "*mandamento nuclear de um sistema*", utilizada por CELSO ANTÔNIO BANDEIRA DE MELLO[180] para definir *princípio jurídico* como o "*mandamento nuclear de um sistema, verdadeiro alicerce dele, disposição fundamental que se irradia sobre diferentes normas compondo-lhes o espírito e servindo de critério para sua exata compreensão e inteligência, exatamente por definir a lógica e a racionalidade do sistema normativo, no que lhe confere a tônica e lhe dá sentido harmônico*". Nesta toada, JOSÉ AFONSO leciona que os "*Princípios jurídico-constitucionais* são *princípios constitucionais gerais* informadores da ordem jurídica nacional. Decorrem de certas normas constitucionais e, não raro, constituem desdobramentos ou princípios derivados dos fundamentais, como o princípio da supremacia da constituição e o *consequente* princípio da constitucionalidade, o princípio da legalidade, o princípio da isonomia, o princípio da autonomia individual, *decorrente* da declaração dos direitos, o da proteção social dos trabalhadores, *fluinte* de declaração dos direitos sociais, o da proteção da família, do ensino e da cultura, o da independência da magistratura, o da autonomia municipal, os da organização e representação partidária, e os chamados *princípios-garantias* (o do *nullum crimen sine lege* e da *nulla poena sine lege*, o do devido processo legal, o do juiz natural, o do contraditório, dentre outros que figuram nos incs. XXXVIII a LX do art. 5.º)", alguns dos quais serão adiante abordados.

Como uma reflexão ao cabo deste preâmbulo, traz-se à colação do tema o magistério de JOSÉ CARLOS VIEIRA DE ANDRADE[181] sobre os direitos, liberdades e garantias fundamentais no âmbito das relações privadas de poder[182]. Com efeito, após asserir que, nas *relações entre iguais* (que não justifique, portanto, "uma proteção *mais intensa* aos particulares vulneráveis nas relações com privados poderosos, garantia que corresponde, afinal, às preo-

180 MELLO, Celso Antônio Bandeira de - Curso de Direito Administrativo. 19.ª ed. rev. e atual. São Paulo: Malheiros, 2005, p. 450-451, *apud* SILVA, José Afonso da - ***Op. cit.***, p. 91, nota de rodapé n.º 3.

181 ANDRADE, José Carlos Vieira de - ***Op. cit.***, p. 245-253.

182 Para aprofundamento do tema, vide, também, monografia da lavra de ANA PRATA (PRATA, Ana - **A Tutela Constitucional da Autonomia Privada.** Reimpressão da edição de 1982. Coimbra: Almedina, 2017, *passim*), exauriente da pauta investigatória constitucional ora proposta, com especial ênfase à abordagem histórica universal desenvolvida nos Capítulos I a III (***Op. cit.***, p. 9-55, *passim*).

cupações evidenciadas pelas teorias moderadas do dever de proteção"[183]), os particulares não devem ser considerados *sujeitos passivos* dos direitos fundamentais, enquanto *direitos subjetivos*, com os deveres típicos correspondentes, o professor da Faculdade de Direito da Universidade de Coimbra explicita que isso não significa que os preceitos constitucionais incidentes sobre essa matéria não se apliquem nas relações interprivadas, ou que os particulares — sejam pessoas naturais ou coletivas — possam violar impunemente os direitos fundamentais dos outros, porque os direitos fundamentais incluem faculdades de exigir do Estado a proteção dos bens jurídicos e da liberdade contra a violação por terceiros, proteção essa plasmada, sobretudo, na legislação penal e civil, que é *devida* pelo Estado no que toca ao *núcleo essencial* dos direitos fundamentais, na medida em que exprime o *princípio da dignidade da pessoa humana* — um valor absoluto, que vincula o próprio *titular* dos direitos e, a partir desse *dever* que exprime a *eficácia vertical* das normas (todavia *horizontalizantes* das relações jurídicas ilícitas, injustas, inequitativas ou anti-isonômicas) —, vai projetar-se nas relações entre particulares: ficam por essa via proibidos todos os *atos de pura e simples violação do conteúdo essencial de direitos fundamentais*. Neste sentido, ainda na doutrina do autor epigrafado, não se deve temer a instalação de um *governo dos juízes*, na medida hipotética de estes ficarem com a possibilidade de dominar abusivamente a aplicação das normas de direito privado, substituindo-se ao legislador, com o fundamento da aplicabilidade imediata dos preceitos constitucionais[184]. Para além desse resultado eventual constituir, sem dúvida, um risco inevitável[185], visto que

183 No ponto, VIEIRA DE ANDRADE explicita que só assim se poderia justificar certas *situações-limite*, a exemplo daquela em que o Tribunal Constitucional alemão julgou inválida a fiança prestada por operária de 21 anos de idade que ganhava $1.150 DM/mês, para garantia de uma dívida elevada do seu pai, que ganhava $100.000 DM, porque, sendo desproporcionada, importava uma asfixia econômica para toda a vida e, portanto, a violação do seu livre direito ao livre desenvolvimento da personalidade, sendo certo que tal juízo implica um limite à própria autodeterminação.

184 Na Constituição portuguesa, o art. 18.º, n.º 1, prescreve que "Os preceitos constitucionais respeitantes aos direitos, liberdades e garantias são directamente aplicáveis e vinculam as entidades públicas e privadas", no mesmo passo em que a Constituição brasileira dispõe mandatoriamente, no § 2.º do art. 5.º, que "As normas definidoras de direitos e garantias fundamentais têm aplicação imediata".

185 Para as comunidades forenses brasileiras, em certa medida placitadas pela doutrina e muito especialmente pela jurisprudência dos Tribunais Superiores da Federação, é muito difícil adentrar, sem um estudo muito específico e qualificado, na historicidade e nos signos europeus - continental e anglo-saxão - sobre a doutrina da separação dos Poderes do Estado e os limites republicanos do poder jurisdicional, o que não deixa de ser singular para um país historicamente importador de

inerente, inclusive, aos poderes de fiscalização judicial da (in)constitucionalidade do direito legislado, VIEIRA DE ANDRADE leciona que a extensão da vinculação direta dos direitos, liberdades e garantias aos *privados poderosos* não o agrava. Na realidade, tal vinculação, além de ser limitada às *situações de poder* e, em regra, envolver pessoas coletivas, há de ser entendida como uma vinculação *gradativa*, pelo que o juiz não pode deixar de ponderar os *valores* em jogo, tendo em conta o diferente *peso* dos direitos e da liberdade nas situações concretas. Enfim, na sociedade pós-moderna, as técnicas de ponderação deixaram de ser um aritmético caminho do meio, sendo alçadas ao *status* de via equânime para soluções justas e, como tais, dependentes do grau de heterodoxia das teses que se opõem.

Com este breve e cardeal descortínio luso-brasileiro[186], demarcadas ao nível constitucional as balizas do *thema* proposto, a investigação juscivilística prossegue sobre a natureza jurídico-instrumental do instituto da boa-fé objetiva, a envolver o estudo da categoria multifuncional dos conceitos normativos abertos, flexíveis, indeterminados, que se especializam em princípios, cláusulas gerais, *standards* de comportamento negocial e precedentes jurisprudenciais no âmbito do sistema obrigacional dos contratos de direito privado.

2.4.1 Panorâmica no direito obrigacional civil português

A questão concernente à boa-fé objetiva em face do problema da sua concretização instrumental é objeto de exauriente estudo de NUNO MANUEL PINTO OLIVEIRA[187], cujo magistério assevera que o conceito de boa-fé objetiva cabe na categoria dos *conceitos indeterminados*, assim compreendidos os conceitos *abertos*, *flexíveis*, sem um conteúdo fixado em definitivo, no âmbito dos quais encarta-se a categoria das *cláusulas gerais*, subsumindo *conceitos indeterminados* cujo preenchimento exige *critérios* ou *juízos de valor*. Assim,

---

standards jurídicos. Razão substantiva para que a doutrina de Vieira de Andrade assuma especial relevo no contexto preambular do *thema* que ora se investiga.

186 Para estudo sobre as principais classificações das normas constitucionais quanto à sua eficácia e aplicabilidade doutrinariamente adotadas no Brasil, vide exauriente estudo individuado da lavra de INGO WOLFGANG SARLET (SARLET, Ingo W.; MARINONI, Luiz Guilherme; Mitidiero, Daniel - **Curso de Direito Constitucional.** 6.ª ed. rev. e atual. São Paulo: Saraiva, 2017, p. 168-192).

187 OLIVEIRA, Nuno Manuel Pinto - **Princípios de Direito dos Contratos.** Coimbra: Coimbra, 2011, p. 172-194.

no afã de converter a *concretização* das *cláusulas gerais* em algo racional e racionalizável, a doutrina e a jurisprudência desenvolveram um conjunto de *critérios* de *interpretação* e de *desenvolvimento* do direito. Destarte, o processo de aplicação das *normas jurídicas* ou das *proposições jurídicas* pode surgir sob a forma de um *juízo de subsunção* ou de um *juízo de coordenação a princípios e valores*: se e quando a previsão normativa só contiver conceitos *determinados e fechados* — conceitos casuísticos que se definem através da enunciação de todas as notas, cuja presença não só é necessária, mas suficiente, para que o caso a ela se subsuma —, a aplicação da norma ao caso decorrerá de um juízo de *subsunção*. Se, porém, tal não suceder e a previsão normativa contiver *conceitos abertos e indeterminados* — vale dizer: se a previsão normativa contiver *cláusulas gerais* —, a aplicação da norma ao caso concreto decorrerá sempre de um *juízo de coordenação a princípios ou a valores*. Embora a posição dualista de Karl Larenz comporte controvérsias em território lusitano, PINTO OLIVEIRA busca amparo remissivo na doutrina do prestigiado jurista alemão, averbando que, "Em lugar do juízo que diz que as notas distintivas indicadas na previsão estão aqui presentes, existe o juízo que diz que a situação *sub judice* se equipara ou se aproxima a outra em todos os aspectos decisivos para o julgamento, que deverá ser julgada, sem dúvida alguma, do mesmo modo"[188]. Nesta toada, o *conceito indeterminado* da *boa-fé objetiva* configura uma pauta carente de *preenchimento* e, por isso, exige uma *coordenação valorativa*. Não se pense, porém, que esse *valorar* possa provir de uma conduta que não seja proporcionada por *ponderações racionais*, passo em que o juiz deve resolver os problemas de *coordenação valorativa* recorrendo a *argumentos sistemáticos e teleológicos*, dentre os quais sobressaem os *argumentos relativos a princípios constitucionais*, bem assim a *argumentos relativos a precedentes*. Vale dizer: a *standards* de comportamento e a precedentes jurisprudenciais. Neste sentido, Larenz leciona sobre um *esclarecimento* do *princípio* pelo *caso* e do *caso* pelo *princípio*, pois "o processo de pensamento não se desenvolve em uma só direção, mas num sentido recíproco, a saber: por um lado, das ideias gerais aos casos que hão-de ser julgados em conformidade com eles; por outro lado,

188 LARENZ, Karl - Metodologia da Ciência do Direito. 3.ª ed. Lisboa: Fundação Calouste Gulbenkian, 1997, p. 385-386, *apud* OLIVEIRA, Nuno Manuel Pinto - ***Op. cit.***, p. 173.

a partir destes, através de casos típicos e ideias jurídicas mais especiais, ao princípio geral"[189].

Assim é que, em *primeiro lugar*, em termos de procedimentalidade, o operador do Direito deve preencher as *cláusulas gerais* recorrendo a *argumentos sistemáticos* e a *argumentos teleológicos*, passo em que os *argumentos sistemáticos* concretizam-se em *argumentação conceitual*, *principiológica* e *jurídica especial*, respectivamente, e os *argumentos teleológicos* concretizam-se em *argumentos teleológico-objetivos* e *teleológicos subjetivos*. Por exemplo: nos argumentos *a pari* (analógicos: se, em casos semelhantes, a mesma hipótese vale para todos, também devem valer as mesmas consequências), ou *a fortiori* (com maior razão), seja no modo *a maiori ad minus* (prescrição permissiva: quem pode o mais, pode o menos; o benefício maior subsume o benefício menor), seja no modo *a minori ad maius* (prescrição negativa: se proibido o menos ou o menor, proibido estará o mais ou o maior); no *princípio da interpretação das leis em conformidade com a Constituição* e no *princípio da interpretação das leis em conformidade com o direito comunitário*.

O *princípio da interpretação conforme à Constituição* enuncia-se nos seguintes termos: entre as interpretações possíveis de uma *norma de direito privado*, designadamente uma *norma de direito civil*, deve ser preferida aquela que melhor concorda com os *princípios* e as *regras* de *direito constitucional*. O problema coloca-se, sobretudo, a propósito do *preenchimento* de *cláusulas gerais* de *direito civil*, a exemplo do preenchimento da *cláusula geral da boa-fé*. Entre os casos de *interpretação conforme à Constituição* das *cláusulas gerais de direito civil*, podem ser alinhados os seguintes: o proprietário de uma clínica deve suportar que um dos seus empregados se recuse a participar de um aborto; o proprietário de uma farmácia deve suportar que um dos seus empregados se recuse a participar na distribuição (*v.g.*: na venda) de contraceptivos; o senhorio deve tolerar que um arrendatário (locatário, no Brasil) de origem turca instale uma antena parabólica no prédio, para captar um canal de televisão do seu país de origem.

Avançando no seu magistério, o Professor Catedrático da Universidade do Minho ensina que, em *segundo lugar*, o aplicador do direito deve *preencher* as *cláusulas gerais de direito civil* recorrendo a *argumentos* pertinentes

189 LARENZ, Karl - Metodologia da Ciência do Direito. 3.ª ed. Lisboa: Fundação Calouste Gulbenkian, 1997, p. 385-386, *apud* OLIVEIRA, Nuno Manuel Pinto - ***Op. cit.***, p. 173.

a *precedentes jurisprudenciais*. Assim é que, em *caso concreto* cuja resolução é *controversa* ou *equívoca*, faz-se necessário compará-lo com *casos exemplares* ou *típicos* cuja apreciação é *incontroversa* ou *inequívoca*, pois a análise de *casos paradigmáticos* pode conduzir à descoberta de princípios e valores de alcance mais restrito, "como, p. ex., *venire contra factum proprium*, abuso de confiança, caducidade ou, pensemos nos bons costumes, em pontos de vista como 'contratos leoninos', 'limitação excessiva ao exercício de profissão', 'dano causado dolosamente a terceiros', 'aproveitamento de uma posição de monopólio', entre outros"[190]. Por conseguinte, o *aplicador do direito* só deve recorrer às suas convicções sobre o que seja justo ou injusto somente em *circunstâncias excepcionais*, "para que não existam casos passíveis de comparação", pelo que o aumento do número de casos decididos faz *aumentar a segurança e diminuir a insegurança*, ou seja, reduz "o espaço livre residual dentro do qual a decisão continua a ser insegura"[191]. Sob esta ótica, o problema da *concretização* das *cláusulas gerais de direito civil* cruza-se com o problema da *vinculação do aplicador do direito aos precedentes jurisprudenciais*, que Karl Larenz conceitua como "a resposta dada pelo tribunal, no quadro da fundamentação da sentença, a uma questão jurídica que se põe da mesma maneira no caso a resolver agora"[192]. Neste passo, o art. 8.º, n.º 3, do Código Civil português, acolhe *implicitamente* uma *presunção de correção do precedente*, pois, conforme leciona António Castanheira Neves, o dever de considerar "todos os casos que mereçam tratamento análogo, a fim de assegurar uma interpretação e aplicação uniformes do direito", encerra em si um dever *acrescido de fundamentação das decisões contrárias aos precedentes jurisprudenciais, das decisões contrárias aos casos anteriormente decididos*, explicando por que não merecem *tratamento análogo*[193]. Embora não constituam uma *norma jurídica*

---

190 LARENZ, Karl - Metodologia da Ciência do Direito. 3.ª ed. Lisboa: Fundação Calouste Gulbenkian, 1997, p. 412, *apud* OLIVEIRA, Nuno Manuel Pinto - ***Op. cit.***, p. 175.

191 LARENZ, Karl - Metodologia da Ciência do Direito. 3.ª ed. Lisboa: Fundação Calouste Gulbenkian, 1997, p. 412, *apud* OLIVEIRA, Nuno Manuel Pinto - ***Op. cit.***, p. 175.

192 LARENZ, Karl - Metodologia da Ciência do Direito. 3.ª ed. Lisboa: Fundação Calouste Gulbenkian, 1997, p. 611, *apud* OLIVEIRA, Nuno Manuel Pinto - ***Op. cit.***, p. 175.

193 NEVES, António Castanheira - Fontes do Direito - Contributo para a revisão do seu problema. *In:* Boletim da Faculdade de Direito da Universidade de Coimbra (separata). N.º Especial: Estudos em Homenagem aos Professores Manuel Paulo Merêa e Guilherme Braga da Cruz. Coimbra: FDUC, 1983, p. 103-114, *apud* OLIVEIRA, Nuno Manuel Pinto - ***Op. cit.***, p. 175.

geral e abstrata e não devam ser considerados como *facto constitutivo de normas jurídicas gerais e abstratas*, os *precedentes* têm a seu favor uma *presunção de correção*, em ordem do que o operador do direito só deverá afastar-se de um precedente mediante a explicitação das razões pelas quais considera que a anterior resposta dada por um determinado *tribunal* a uma determinada *questão de direito* é incorreta ou injustificada[194].

Em *terceiro lugar*, ao discorrer sobre os *argumentos comparativos*, PINTO OLIVEIRA leciona que o juiz deverá ter em conta o *direito comparado*, pois os argumentos extraídos da legislação, da doutrina e da jurisprudência dos Estados estrangeiros membros das Comunidades e da União Europeia são especialmente relevantes, por se aceitar um princípio de interpretação *amiga* (*mitgliedstaatsfreundliche Auslegung*): os tribunais de cada Estado-membro devem preencher o espaço de discricionariedade deixado em aberto pelas disposições de direito interno de forma a evitar, sempre que possível, a contradição ou o conflito com o direito interno de outro Estado-membro[195].

Por fim, ao analisar o problema da *concretização* da *cláusula geral da boa-fé*, o jurista em epígrafe explicita que, enquanto o alcance *da cláusula geral da boa-fé* é delimitado através do conceito de *ligação especial* entre *sujeitos determinados* ou *determináveis*, o seu *sentido* é delimitado através dos *(sub) princípios* da *confiança*, da *prioridade da substância sobre a forma* e da *proporcionalidade*. Destarte, os *princípios da confiança* e da *prioridade da substância sobre a forma* relacionam-se com o *controle da conduta*, ou com o *controle do procedimento* de formação ou de conformação do contrato, ao passo que o *princípio da proporcionalidade* relaciona-se com o *controle do conteúdo*, ou com o *controle dos resultados* do procedimento de formação ou de conformação do contrato. Mais adiante, o estudo retornará a estes princípios.

Prosseguindo, vem à colação outra importante fonte doutrinária lusitana, desta feita substanciada nos ensinamentos de PEDRO PAIS DE VASCONCELOS[196] sobre cláusulas gerais, conceitos indeterminados e *standards*

194 LARENZ, Karl - Metodologia da Ciência do Direito. 3.ª ed. Lisboa: Fundação Calouste Gulbenkian, 1997, p. 616, *apud* OLIVEIRA, Nuno Manuel Pinto - ***Op. cit.***, p. 175.

195 Vide, no ponto, para estudo de aprofundamento: RAMIRES, Maurício - **Diálogo Judicial Internacional - O uso da jurisprudência estrangeira pela Justiça Constitucional.** Rio de Janeiro: Lumen Juris, 2016, *passim*.

196 VASCONCELOS, Pedro Pais - ***Op. cit.***, p. 396-400.

de comportamento nos contratos. Nesta toada, o Professor Catedrático da Faculdade de Direito da Universidade de Lisboa reverencia o magistério de José de Oliveira Ascensão, averba que "Há no direito um conflito permanente entre as tendências generalizadora e individualizadora de solução de caso"[197] e, na sequência, preleciona que, no direito dos contratos, tal como no direito legal, o diálogo do geral e do concreto desempenha um papel importante na concretização e solução do caso, âmbito em que, desde a cláusula mais específica até a generalidade dos grandes princípios jurídicos, vai uma enorme distância e abre-se um amplo espaço de regulação *mais concreta* ou *mais geral*. Partindo do pressuposto de que a *lei* é o *domínio típico* do *geral* e o *contrato* o *campo de eleição* do *concreto*, isto não impede, contudo, que existam leis com preceitos muito concretos e contratos com regulações muito gerais. Assim, os contratos celebrados *in concreto* encontram regulações gerais, ou acentuadamente gerais, não somente na lei injuntiva ou dispositiva, mas também nas estipulações das partes, em cujo âmbito avultam, pela sua importância, as denominadas *cláusulas gerais* e as que incluem *conceitos indeterminados*. Nesta conjuntura, as *cláusulas gerais* caracterizam-se pela grande *generalidade* e pela necessidade de serem *concretizadas* por referência a *valores*. De outra parte, mas no mesmo sentido, os denominados *conceitos indeterminados* necessitam de *preenchimento* ou de *valoração*.

Entretanto, as *cláusulas gerais* e os *conceitos indeterminados* distinguem-se pela *estrutura*, pois aquelas têm *estrutura proposicional*, enquanto estes têm *estrutura conceitual*. Constitui uma *cláusula geral*, por exemplo, o preceito do art. 762.º/2 do Código Civil, determinativo de que, no cumprimento de obrigação, assim como no exercício do direito correspondente, as partes devem proceder de boa-fé, ao passo que o conceito de concorrência desleal constitui um conceito indeterminado, sem estrutura proposicional. A distinção e o relacionamento entre as cláusulas gerais e os conceitos indeterminados, todavia, não é clara nem fácil, âmbito em que MENEZES CORDEIRO[198] considera *improdutivo* relacionar as cláusulas gerais com os conceitos indeterminados, pois nem

197 ASCENSÃO, José de Oliveira - **O Direito - Introdução e Teoria Geral.** 7.ª ed. Coimbra: Almedina, 1993, p. 226.

198 CORDEIRO, António Menezes - **Da Boa Fé no Direito Civil.** Lisboa: [*s.n.*], 1984, p. 1183, *apud* VASCONCELOS, Pedro Pais - ***Op. cit.***, p. 397. Na nossa edição de pesquisa: CORDEIRO, António Menezes - **Da Boa Fé no Direito Civil.** 7.ª Reimpressão. Coimbra: Almedina, 2017, p. 1183.

sempre onde há conceitos indeterminados há cláusulas gerais e estas podem ser formuladas sem recorrer aos conceitos indeterminados, também não parecendo ser útil recorrer a critérios materiais para distinguir ambas estas figuras, pois só o *critério estrutural da formulação* permite distingui-las. No entanto, na sua *concretização* — prossegue PAIS DE VASCONCELOS —, as cláusulas gerais e os conceitos indeterminados exigem muito do intérprete no plano do exame da situação concreta do caso vertente, a fim de apreender a *constelação valorativa* de *referência*[199], ponderar a consequência da concretização e formular um juízo em termos suscetíveis de ser sindicado. Assim, a formulação de juízos de prudência operacional, lealdade de procedimentos e razoabilidade de determinado plano negocial vai exigir do intérprete universos valorativos que, em termos de *concretização*, por exemplo, extrapolem conjunturas-padrão, entrem no campo da Ética e verifiquem a adequação (justeza), razoabilidade e justiça da operação. Sem prejuízo, nenhum desses juízos poderá ser arbitrário, porque a arbitrariedade vai contra a ideia de Direito, ademais do que, por sua conformação marcadamente retórica, é imprescindível que eles sejam suscetíveis de controle, o que exige a explicitação dos *argumentos* e das *ponderações* que conduziram à *decisão*. Nesta moldura, as cláusulas gerais e os conceitos indeterminados têm relevância, no conteúdo dos contratos, por *força de lei* (*v.g.*: CC, artigos 762.º/2 e 437.º/1) ou *estipulação das partes* (*v.g.*: clausulação de critérios de equidade, razoabilidade, proporcionalidade, etc).

Na esteira das cláusulas gerais e conceitos indeterminados, seja por *força de lei*, *vontade das partes* ou *princípio de sobredireito*, desta feita PEDRO PAIS DE VASCONCELOS avança a sua investigação em direção ao estudo dos *precedentes judiciais* ou *standards* do sistema jurídico da *common law* norte-americana, utilizados como instrumento metodológico adequado ao tratamento

199 No *juízo sobre a prudência* de uma operação de bolsa, p.ex., é imprescindível ter em conta a personalidade e cultura do agente, bem como a conjuntura do mercado, não se tratando de aferir a prudência de um agente normal numa conjuntura-padrão, mas, sim, de julgar sobre a ação daquela pessoa naquelas circunstâncias concretas. No *juízo sobre a lealdade* da concorrência, p.ex., é preciso intuir todo um universo valorativo cuja formulação em termos genéricos é tarefa árdua, não se tratando de indagar e coligir o que sejam os usos do mercado, aí vigentes e tidos como bons, sendo necessário entrar no domínio da Ética para suprir onde pouco existe de firme para ancorar um julgamento seguro. No *juízo de razoabilidade* de um plano de amortização de dívida não pode deixar de fazer-se a previsão das consequências financeiras concretas para o credor, bem assim para o devedor, em termos de custo dos fundos e de liquidez disponível, porque o resultado prático da concretização, a sua adequação (justeza) e justiça são critérios importantes de decisão.

jurídico e à concretização dos referidos tipos de cláusulas e conceitos. Nesta toada, leciona que o *standard* pode ser descrito como um padrão ou tipo médio de conduta aceitável, caracterizando-se como eminentemente evolutivos e mutantes, além do que o seu conteúdo não pode ser determinado sem uma ligação à realidade social em que vigoram e na qual são utilizados. Assim, no ambiente social a que se referem e no qual existem — bem definido, portanto, o seu âmbito de incidência —, os *standards* correspondem a *padrão de comportamento e de valoração* e, como tais, têm muito dos *tipos reais* e dos *tipos axiológico-normativos*. Por conseguinte, o pensamento por *standards* não se resume à coleta e tratamento do que são, num certo ambiente social e num dado momento, os *padrões de comportamento aceitável*, em termos puramente sociológicos e axiologicamente neutros. O *standard* parte, sem dúvida, da realidade social para a qual o direito faz remissão, mas como *ponto de partida* para a *descoberta* e a *concretização* de uma *juridicidade imanente*. Destarte, na consideração de um *padrão de comportamento* como *aceitável*, está implícito um critério de bondade, de aceitação, enfim, um valor que lhe confere uma *função de guia* e de *orientação* na *concretização* das *cláusulas gerais* e dos *conceitos indeterminados*. É de suma importância realçar, ainda no ponto, a proximidade e o parentesco entre os *standards* e os *tipos*, entre o pensamento por *padrões de comportamento* e o pensamento *tipológico*. No tocante aos contratos *típicos*, muitas vezes também são *típicos* os *conceitos indeterminados* e as *cláusulas gerais* a que as partes recorrem, e a sua *concretização* também é feita, muitas vezes, de modo *típico*. O *tipo social* subjacente aos contratos legalmente *típicos*, bem assim aos legalmente *atípicos*, mas *socialmente típicos*, pode fornecer critérios e medidas de decisão, pode conter padrões *típicos* de comportamento aceitável ou exigível, ou apenas esperável, que se devem concretizar de modo típico, isto é, do modo que é característico desses contratos. Assim, o *tipo social* pode influenciar, e normalmente influencia, de algum modo, a *concretização* das *cláusulas gerais* e dos *conceitos indeterminados* dos contratos a que sejam subjacentes, através dos *standards* neles contidos como *modelos de comportamento e de decisão*. Sempre que o contrato *não seja* puramente atípico, é preciso recorrer ao *tipo legal* e ao *tipo social* subjacente para a *concretização* das cláusulas gerais e dos conceitos indeterminados que eles — os tipos legal e social — contenham.

Prosseguindo na abordagem doutrinária lusitana, importa colacionar a lição de JORGE MORAIS CARVALHO[200], no sentido de que parece relativamente consensual que o reconhecimento da *dignidade da pessoa humana* e dos *direitos de personalidade*, a *autonomia privada*, *a boa-fé*, a *propriedade privada* e a *responsabilidade civil* constituem *princípios fundamentais do direito civil português*. O reconhecimento da *dignidade da pessoa humana* e dos *direitos de personalidade*, talvez o princípio mais fundamental entre os princípios fundamentais do direito civil, constitui pressuposto lógico do direito, que deve ser aceito e compreendido, no seu patamar mínimo, pela necessidade de convivência em sociedade, sendo consagrado no art. 6.º da Declaração Universal dos Direitos do Homem da ONU, de 10/12/1948, e nos artigos 12.º e 13.º, dentre outros, da Constituição da República Portuguesa (CRP), recebendo concretização no Código Civil (*v.g.*: arts. 27.º/1, 66.º/1, 68.º, 70.º/1, dentre outros). As autonomias privada e negocial/contratual, bem assim a liberdade negocial/contratual, também constituem princípios fundamentais do direito civil lusitano, a primeira por sua relevância essencial na esfera de atuação dos particulares, as demais por traduzirem legítimas manifestações da autonomia privada, conferindo às pessoas a possibilidade de celebração de negócios/contratos que bem entenderem, arbitrando a sua conformação nos limites da lei, estando consagradas no art. 405.º do Código Civil. A boa-fé, por sua vez, é um *princípio fundamental* do direito português com aplicação transversal, que constitui uma das suas bases mais substanciais do Direito Civil, por isso que extrapola os seus próprios limites para outros campos do Direito, impondo-se às pessoas e coarctando qualquer atuação que a contrarie, abrangendo o domínio de atuações lícitas ou até resultantes de outros princípios relevantes do ordenamento jurídico, como o da já referida autonomia privada. A dificuldade de prever todas as manifestações concretas de exercício juridicamente censurável da autonomia privada impõe o recurso ao conceito indeterminado de boa-fé, que se concretiza em cada caso com base nos elementos disponíveis pertinentes à situação sob análise. De regra, distingue-se entre boa-fé subjetiva e boa-fé objetiva, a primeira dizendo respeito a um estado da pessoa, nomeadamente o conhecimento ou desconhecimento de um fato ou circunstância, ao passo que a segunda pertine a algo exterior à

200 CARVALHO, Jorge Morais - O Direito Civil como direito privado comum - Os princípios gerais. *In:* ROSÁRIO, Pedro Trovão do (Coord. Geral) [*et al.*]. ***Introdução ao Direito.*** 2.ª reimpr. Coimbra: Almedina, 2017, p. 121-123.

pessoa, mas que a esta se impõe, por exprimir valores fundamentais do sistema jurídico. Nesta perspectiva, o princípio da boa-fé objetiva caracteriza uma norma de conduta que todas as pessoas devem respeitar.

Em outra sede doutrinária, JORGE MORAIS CARVALHO discorre sobre os limites que o princípio da boa-fé objetiva introduz no princípio da liberdade contratual, fazendo remissão aos ensinamentos de António Pinto Monteiro[201], para quem "é sabido que a ordem jurídica vem impondo limites vários à liberdade contratual, constituindo o princípio da boa fé um dos exemplos significativos desta atitude legislativa". Referencia, também, Guilherme Machado Dray[202], segundo o qual "a boa fé surge no Direito Privado como um instituto civil susceptível de operar, sempre que necessário, uma limitação da autonomia privada em nome do ideal de justiça contratual e do equilíbrio negocial". No plano judicial, traz à colação o Ac. do STJ, de 23/03/2006, Proc. n.º 06B722 (Salvador da Costa), onde se pode ler que "é certo que a lei prevê limites ao princípio formal da liberdade de contratar, designadamente por via da exigência de boa fé", orientando-se no mesmo sentido, modo expresso, o Ac. do STJ, de 7/02/2008, Proc. n.º 07B4772 (Salvador Costa)[203].

Ao discorrer sobre o princípio da boa-fé objetiva, MÁRIO JÚLIO DE ALMEIDA COSTA[204] leciona que, antes de tudo, importa focar o instituto no plano dos *princípios normativos*, ou seja, como intenção, orientação ou fundamento de efetivas soluções disciplinadoras, pois aí encontra-se a sua verdadeira sede. Assim, examinando a boa-fé numa perspectiva jurídico-positiva, ela exprime-se através de *cláusulas gerais* (*Generalklauseln*), embora estas, em si mesmas, nada acrescentem ao conteúdo do correspondente princípio normativo, traduzindo somente o apelo direto que o legislador faz ao princípio da boa-fé objetiva na regulação de certos domínios. Em razão da respectiva estrutura, as cláusulas gerais apenas representam a expressão gramatical dos paralelos princípios normativos, não oferecendo ao julgador conceitos aptos à imediata subsunção

201 MONTEIRO, António Pinto - Cláusula Penal e Comportamento Abusivo do Credor. *In: Ars Iudicandi* - Estudos em Homenagem ao Prof. Doutor António Castanheira Neves - Vol. II. Coimbra: Coimbra, 2008, p. 501-521, *apud* CARVALHO, Jorge Morais - ***Artic. et op. cit.***, p. 125.

202 DRAY, Guilherme Machado - Breves Notas sobre o Ideal de Justiça Contratual e a Tutela do Contraente mais débil. *In:* Estudos em Homenagem ao Prof. Doutor Inocêncio Galvão Teles. Vol. II. Coimbra: Almedina, 2008, p. 431-461, *apud* CARVALHO, Jorge Morais - ***Artic. et op. cit.***, p. 125.

203 CARVALHO, Jorge Morais - **Os limites à liberdade contratual.** Coimbra: Almedina, 2016, p. 125.

204 COSTA, Mário Júlio de Almeida Costa - **Direito das Obrigações.** 12.ª ed. rev. e actual. 4.ª reimpr. Coimbra: Almedina, 2016, p. 120-121.

lógico-formal, mas simples critérios valorativos. No direito das obrigações, além da boa-fé, existem outras cláusulas gerais, a exemplo da alusão aos bons costumes (CC, art. 334.º), à causa justificativa (CC, art. 473.º) ou a motivo de equidade (CC, art. 489.º). De outra parte, os *conceitos indeterminados* (*unbestimmte Rechtsbegriffe*) são entendidos como noções do tipo descritivo, cujos contornos de objetivação da realidade a que se referem são definidos em termos genéricos, não exatos ou carecedores de precisão, a exemplo da base do negócio (CC, art. 252.º, n.º 2), conforme o estado e condição (CC, art. 489.º, n.º 2), e demais circunstâncias do caso (CC, art. 494.º). Nessa moldura, as *cláusulas gerais* e os *conceitos indeterminados* destinam-se a conferir ao juiz, na condição de *operador jurídico*, ampla margem de liberdade na apreciação em cada caso concreto. A progressiva simpatia que umas e outros obtiveram modernamente corresponde à superação do positivismo científico e legalista, com os seus ideais de um sistema fechado de normas jurídicas, sucintas e lapidares, e de Códigos dotados de soluções para todas as hipóteses, deste modo fazendo prevalecer, em síntese, os objetivos da certeza e da segurança da vida jurídica e a consequente prevalência de normas de *direito estrito* (*ius strictum*), em detrimento às normas de *direito equitativo* (*ius aequum*). Entretanto, a aceleração do processo tecnológico, as crises econômicas e financeiras dos últimos decênios, o moderno fenômeno da globalização, tudo aliado a mudanças inevitáveis nas esferas dos valores e da cultura, acarretaram maior complexidade de situações e a exigência de enfoque diverso do direito e da sua aplicação, em razão do que as aspirações a certeza e segurança perderam espaço para os interesses que reclamam soluções mais flexíveis, numa intenção jurídica material ajustada às realidades. Daí sobreveio uma nova atitude e instrumentalidade legislativa, em que se verifica o emprego crescente das cláusulas gerais, a exemplo do enorme recurso ao princípio da boa-fé objetiva, como marca desta nova concepção do direito.

2.4.2 Panorâmica no direito obrigacional civil brasileiro

Na seara jurídica brasileira, ainda em meados do século XX, o saudoso e cultuado jurista CLÓVIS DO COUTO E SILVA[205] já antevia o instituto da boa-fé objetiva como o que se entende, na atualidade, por princípio, cláusula

205 SILVA, Clóvis do Couto e - O princípio da boa-fé no Direito brasileiro e português. *In:* FRADERA, Vera Maria Jacob de (Org.). **O Direito Privado brasileiro na visão de Clóvis do Couto e Silva.** Porto Alegre: Livraria do Advogado, 1997, p. 42-43.

geral e/ou *standard* de comportamento negocial, enfim, como uma *fonte autônoma de direitos e obrigações* nas relações obrigacionais juscivilistas, o que só começaria a tomar foro e dimensão, ainda assim paulatinamente, alguns anos após a promulgação da Lei Fundamental de 1988. Nesta perspectiva, o jurisconsulto gaúcho lecionava que o princípio da boa-fé endereça-se sobretudo ao juiz e o instiga a formar instituições para responder aos novos fatos, exercendo um controle corretivo do Direito estrito, ou enriquecedor do conteúdo da relação obrigacional, ou mesmo negativo em face do Direito postulado pela outra parte. A principal função é a individualizadora, em que o juiz exerce atividade similar à do pretor romano, criando o *Direito do caso*. O *aspecto capital* para a *criação judicial* é o fato de a *boa-fé* possuir um *valor autônomo, não relacionado com a vontade*. Por ser *independente da vontade*, a *extensão* do *conteúdo* da *relação obrigacional* já não se mede *exclusivamente* nela, e, sim, pelas circunstâncias ou fatos referentes ao *contrato*, permitindo-se *construir objetivamente* o *regramento* do *negócio jurídico*, com a admissão de um *dinamismo* que escapa, por vezes, *até mesmo ao controle das partes*. Essa *concepção objetiva* da *relação obrigacional* assemelha-se, muito embora a diversidade conceitual, à interpretação objetiva da lei. Também quanto a esta última vigorou, em princípio, a interpretação da *vontade* do legislador e, somente mais tarde, chegou-se à própria *hermenêutica objetiva da lei*, que prevalece contemporaneamente na maioria dos países. No entanto, de modo algum entenda-se semelhante o *preceito* do *negócio jurídico, concreto e particular*, com o *regramento da lei, abstrato e particular*. Todavia, a modificação operada nos cânones hermenêuticos deve ter concorrido para *esmaecer* a importância do *dogma da vontade* e, com isso, permitir um *tratamento objetivo* da *relação obrigacional*. Conformaria um pensamento apressado, porém, pretender que a vontade teria cedido toda a sua importância em favor de uma concepção *absolutamente objetiva* da relação obrigacional. Vigora, no caso, uma *solução de compromisso* ou *transacional* pela *admissão* de um *valor autônomo* no *sistema da relação obrigacional*, valor esse que, aliás, nunca deixou de existir, por vezes estando reduzido e limitado pela vontade, consoante já referido.

A *concepção de sistema aberto* — prossegue COUTO E SILVA — permite que se componham valores opostos, vigorantes em campos próprios e adequados, embora dentro de uma mesma figura jurídica, de molde a chegar-se a uma solução que atenda à diversidade de interesses resultantes de determinada situação. Em certos casos, o exame da vontade será prevalente, em outros não. O exemplo mais importante para esta última solução está nos atos existenciais, na *conduta socialmente típica*. Sustentar sempre a prevalência da vontade, ainda que só a sua manifestação, ou puramente o preceito que decorre do contrato, seria uma solução que não atenderia, no mais das vezes, às situações da vida. Assim, nem a *teoria tradicional*, que resolve todos os problemas sob o raciocínio com base na *manifestação de vontade*, nem as *modernas tendências*, que separam os *efeitos* do *negócio jurídico* dos *elementos* que compõem o seu *conteúdo*, dão uma resposta aceitável em todas as hipóteses. Nesta perspectiva, somente um *sistema aberto*, até *escalonado* segundo *círculos de interesse*, *públicos* e *privados*, pode abranger todas estas situações, admitindo-se que o *ponto de inserção* para o raciocínio jurídico possa ser a manifestação de vontade, ou a simples *função de contrato*, quando se tratar de ato existencial. Por isso mesmo, não constitui tarefa fácil afirmar se o ato existencial é negócio jurídico ou simples ato real, *ato-fato*, uma vez que o direito, nesses casos, não valoriza nem questiona a existência da vontade.

Ao resgatar as concepções de Karl Larenz neste *thema*, CARLOS EDUARDO LÓPEZ RODRÍGUES[206] anota que os princípios jurídicos são *princípios diretivos* mais ou menos concretizados em uma ordem jurídica, através dos quais se coloca em evidência a *unidade valorativa interna do sistema*[207]. Larenz os define como *pautas diretivas* de normatização jurídica que, em decorrência da sua própria força de convicção, podem justificar resoluções jurídicas[208]. Na sua classificação, ele distingue *duas classes* de *princípios jurídicos*, quais sejam os *princípios abertos* e os *princípios jurídicos com forma de proposição jurídica*. Os *princípios abertos* estão em uma *primeira etapa* do *processo de concretização*, não contendo nenhuma *especificação* de *previsão*, nem de *consequência* jurídica, mas, simplesmente, uma *ideia jurídica geral*, a exemplo do *princípio da autodeterminação* ou da *auto-responsabilidade*

---

206 RODRÍGUEZ, Carlos Eduardo López - **Op. cit.**, p. 49-51.

207 LARENZ, Karl - Metodologia da Ciência do Direito. 2.ª ed. Tradução da 5.ª ed., 1983, por J. Lamego. Lisboa: Fund. Calouste Gulbenkian, 1989, p. 533, *apud* RODRÍGUEZ, Carlos Eduardo López - **Op. cit.**, p. 49.

208 LARENZ, Karl - Metodologia da Ciência do Direito. 2.ª ed. Tradução da 5.ª ed., 1983, por J. Lamego. Lisboa: Fund. Calouste Gulbenkian, 1989, p. 584, *apud* RODRÍGUEZ, Carlos Eduardo López - **Op. cit.**, p. 49.

no Direito Privado[209]. Já os *princípios com forma de proposição jurídica* estão condensados em uma *regra* imediatamente aplicável, correspondendo-lhes os *princípios implícitos* da ordem jurídica, aos quais a lei estabelece exceções, a exemplo dos princípios *nulla poena sine lege* ou *non bis in idem*[210]. Larenz serve-se destes princípios para desenvolver a noção de *sistema interno* e leciona ser "característica deste sistema, em primeiro lugar, a existência de uma certa ordem hierárquica interna, mas, em segundo lugar, o jogo ordenado, não totalmente *pré-programado*, dos diferentes princípios de igual peso nos diferentes *graus de concretização*"[211]. Nesta perspectiva, Larenz leciona que o denominado princípio da boa-fé objetiva consiste em uma noção pré-jurídica, de conotações ético-sociais, que impõe a obrigação de comportar-se com lealdade, distinguindo-se da boa-fé pertinente ao estado psicológico de uma pessoa, caracterizada por erro ou ignorância. Assim, "O princípio da boa-fé significa que cada um deve guardar *fidelidade* à palavra dada e não defraudar a *confiança* ou abusar dela, já que esta forma a base indispensável de todas as relações humanas; supõe a conduta que caberia esperar de quantos, com pensamento honrado, intervêm no tráfico como contratantes ou participantes dele em virtude de outros vínculos jurídicos"[212]. Larenz adverte, porém, que o princípio da boa-fé objetiva não pode se limitar às relações obrigatórias, sendo aplicável sempre que exista uma vinculação jurídica especial, como pode suceder no Direito das Coisas, no Direito Processual e no Direito Público, porque, sendo princípio do *Direito Correto*, todas as normas de Direito positivo devem medir-se por ele. Isso significa que o intérprete fará uma avaliação na qual deve levar em conta, além das considerações de equidade correspondentes ao caso concreto, "as exigências geralmente vigentes da justiça", desde que isso não contrarie o conteúdo objetivo das noções de *fidelidade* e de *crédito*

209 LARENZ, Karl - Metodologia da Ciência do Direito. 2.ª ed. Tradução da 5.ª ed., 1983, por J. Lamego. Lisboa: Fund. Calouste Gulbenkian, 1989, p. 578, *apud* RODRÍGUEZ, Carlos Eduardo López - **Op. cit.**, p. 50.

210 LARENZ, Karl - Metodologia da Ciência do Direito. 2.ª ed. Tradução da 5.ª ed., 1983, por J. Lamego. Lisboa: Fund. Calouste Gulbenkian, 1989, p. 584, *apud* RODRÍGUEZ, Carlos Eduardo López - **Op. cit.**, p. 50.

211 LARENZ, Karl - Metodologia da Ciência do Direito. 2.ª ed. Tradução da 5.ª ed., 1983, por J. Lamego. Lisboa: Fund. Calouste Gulbenkian, 1989, p. 579, *apud* RODRÍGUEZ, Carlos Eduardo López - **Op. cit.**, p. 50.

212 LARENZ, Karl - *Derecho de las Obligaciones.* 2.º Vol. Tradução Jaime Santos Briz. Madrid: Revista de Derecho Privado, 1958, p. 142, *apud* RODRÍGUEZ, Carlos Eduardo López - **Op. cit.**, p. 60.

ou *confiança*. Em atenção a esse tipo de valoração, a ciência do Direito tem auxiliado na *concreção* do princípio da boa-fé, através do desenvolvimento das *doutrinas do abuso do direito*, da *caducidade* e do *desaparecimento da base do negócio*, por exemplo[213].

Com os olhos voltados para os tempos contemporâneos, FLÁVIO TARTUCE[214] leciona que os princípios assumem uma função de grande importância na atual codificação privada material brasileira, sendo comum afirmar, na atualidade, que o Código Civil (CC) de 2002 é um *Código de Princípios*, tão grande a sua presença na codificação vigente, o mesmo podendo ser dito em relação ao Código de Defesa do Consumidor (CDC) de 1990 e ao novo Código de Processo Civil (CPC) de 2015, que valorizam *princípios* como a *dignidade da pessoa humana* e a *boa-fé objetiva*, jusmaterialística e processual. Além disso, não se pode esquecer a grande importância assumida pelos *princípios constitucionais* no ordenamento jurídico brasileiro, nos termos apregoados pela Escola de Direito Civil Constitucional, pois eles constituem regramentos básicos aplicáveis a um determinado instituto jurídico, que, no caso, pertine aos contratos de direito privado. Os princípios são abstraídos das normas, dos costumes, da doutrina, da jurisprudência e dos aspectos políticos, econômicos e sociais, podendo estar expressos na norma, mas não necessariamente. Tome-se por exemplo o *princípio da função social dos contratos*, que é expresso no Código Civil (no art. 421[215] e no parágrafo único[216] do art. 2035) e implícito no CDC e na CLT, contendo normas que protegem o vulnerável na relação contratual, muito embora a Lei Federal 13.467, de 2017, tenha suprimido muitos dos direitos que antes eram consagrados aos trabalhadores, a exemplo do *princípio da prevalência do legislado sobre o clausulado*, agora invertido. No caso do CDC (Lei Federal n.º 8.078, de 1990), a *função social dos contratos* pode ser retirada de vários dos seus dispositivos, a exemplo dos artigos 46, 47, 51, 52 e 53, dentre outros. Avulta, no ponto, a importância do CDC, uma vez que, na regra geral, os negócios jurídicos con-

---

213 LARENZ, Karl - *Derecho de las Obligaciones. 2.º Vol.* Tradução Jaime Santos Briz. Madrid: Revista de Derecho Privado, 1958, p. 143, *apud* RODRÍGUEZ, Carlos Eduardo López - **Op. cit.**, p. 61.

214 TARTUCE, Flávio - **Op. cit.**, p. 649/652.

215 Art. 421. A liberdade contratual será exercida nos limites da função social do contrato. (...).

216 Art. 2035. [...] Parágrafo único. Nenhuma convenção prevalecerá se contrariar preceitos de ordem pública, tais como os estabelecidos por este Código para assegurar a função social da propriedade e dos contratos.

tratuais são adesivos de consumo, não paritários, e estão enquadrados nos seus artigos 2.º e 3.º. Neste contexto, agiganta-se o uso da *teoria do diálogo das fontes* entre essas codificações no vasto campo dos contratos de direito privado, pois, por meio desse caminho metodológico e científico, é possível aplicar a determinado contrato, modo simultâneo, tanto o CDC quanto o CC, desde que isso não prejudique o consumidor vulnerável. Nesta toada, toma vulto a apregoada *aproximação principiológica* entre esses dois Estatutos, gerando adesão imediata à *teoria do diálogo das fontes*, que decorre, em substância, dos *princípios sociais contratuais* encampados pela nova codificação, quais sejam a *função social dos contratos* e a *boa-fé objetiva*. Nesta perspectiva, o *Enunciado n.º 167* do CJF/STJ, aprovado na *III Jornada de Direito Civil*, estabelece a cláusula geral de que, "Com o advento do Código Civil de 2002, houve forte aproximação principiológica entre esse Código e o Código de Defesa do Consumidor, no que respeita à regulação contratual, uma vez que ambos são incorporadores de uma nova teoria geral dos contratos". Além dessa interação entre CDC/CC, a *teoria do diálogo das fontes* constrói a interação destas codificações com a Constituição Federal no âmbito dos contratos de direito privado, nomeadamente a partir dos princípios do *Direito Civil Constitucional*, a exemplo da principiológica *cláusula geral de tutela e proteção da personalidade e dignidade da pessoa humana* (CRFB, art. 1.º, III), da *solidariedade social* (CRFB, art. 3.º, I) e da *igualdade* em sentido lato, ou *isonomia* (CRFB, art. 5.º, *caput*), constituindo uma realidade hermenêutica que encontra consolidado respaldo na jurisprudência dos Tribunais de Apelação e nos Tribunais Superiores da Federação (STF e STJ).

Para mais dessa interação entre Código Civil e Código de Defesa do Consumidor, não se pode perder de vista que, no plano dos contratos, é preciso interagir com a Constituição Federal, *locus* de substanciação e valoração dos princípios dos *direitos civis constitucionais*, de que são exemplos os princípios da *dignidade da pessoa humana* (CRFB, art. 1.º, inc. III), da *solidariedade social* (CRFB, art. 1.º, inc. I) e da *igualdade lato sensu ou isonomia* (CRFB, art. 5.º, *caput*), dentre outros. De anotar, ainda no ponto e neste sentido, o respaldo significativo da jurisprudência nacional[217]. Ademais, é preciso destacar que o art. 1.º do CPC/2015 prescreve que o processo civil será ordenado, disciplina-

217 Vide, no ponto, p. ex.: TJMG, Ac. 1.0105.02.051901-9/001, 5.ª Câmara Cível, Relª. Desª. MARIA ELZA DE CAMPOS ZETTEL, j. 05/08/2004, DJMG 24/08/2004; TJBA, Rec. 71398-8/2007-1, 5.ª Turma Recursal, Relª. Juíza SANDRA INÊS MORAES RUSCIOLELLI AZEVEDO, DJBA 28/07/2009.

do e interpretado em consonância com os valores e as normas fundamentais da Constituição da República Federativa do Brasil (CRFB), no mesmo passo em que o seu art. 8.º determina que o juiz, ao aplicar o ordenamento jurídico, atenderá aos fins sociais e às exigências do bem comum, resguardando e promovendo a dignidade da pessoa humana e observando a proporcionalidade, a razoabilidade, a legalidade, a publicidade e a eficiência, deste modo substanciando a visão civil-constitucional do sistema jurídico. Nesta linha de pensamento, FLÁVIO TARTUCE elenca aqueles que, no seu entendimento, conformam os mais importantes princípios do direito contratual contemporâneo no Brasil, a saber:

(a) princípio da autonomia privada;

(b) princípio da função social dos contratos;

(c) princípio da força obrigatória dos contratos (*pacta sunt servanda*);

(d) princípio da boa-fé objetiva; e,

(e) princípio da relatividade dos efeitos contratuais.

Ao investigar os princípios de direito das obrigações no Código Civil de 2002, JORGE CESA FERREIRA DA SILVA[218] historia que, ao referir a matriz ideológica que orientou a Comissão elaboradora do anteprojeto do novo Código, Miguel Reale declarou a opção pelo que chamou de *evolucionismo*, assim entendido o processo destinado a rever o texto de modo a conservá-lo naquilo que se apresentasse conforme aos novos ditames gerais e à inovação com prudência, sempre em consonância com a tradição luso-brasileira. Na avaliação do próprio Miguel Reale, a sua opção contrapôs-se aos *tradicionalistas* (reacionários), aos *reformistas* (preocupados apenas em atualizar o texto do Código) e aos *revolucionários* (que pretendiam um Código totalmente novo). O certo, nessa toada, é que FERREIRA DA SILVA discorre brevemente sobre o que foi mantido e o que foi inovado no CC/2002, todavia optando por desenvolver o seu articulado, metodologicamente, mediante análise da *regulação* das *fontes das obrigações* ou, mais especificamente, dos *princípios reitores*

218 SILVA, Jorge Cesa Ferreira da - Princípios de direito das obrigações no novo Código Civil. *In:* SARLET, Ingo Wolfgang (Org.) [*et al.*] - **O Novo Código Civil e a Constituição**. 2.ª ed., rev. e ampl. Porto Alegre: Livraria do Advogado, 2006, p. 119-122 e 135-142.

emanados dessas *fontes*. Nesse sentido, ao analisar o Código de 1916, observa que a preocupação com as fontes é clara, mas secundária, pois o Código de Bevilaqua dedica-se de início, estruturalmente, à obrigação considerada em si mesma (modalidade, efeitos, circulatividade), para somente depois tratar das fontes de modo individual. O Código de 2002 seguiu o mesmo caminho, a fim de não negar a organização e tradição próprias do direito brasileiro. Com isso, ganhou-se na confirmação da tradição e em certeza jurídica, mas perdeu-se em clareza no tocante à percepção das bases do regime geral das obrigações, emanadas justamente do estudo das fontes. Ocorre que, se é das fontes — contrato, dano, enriquecimento sem causa *et alii* — que as obrigações se originam, também é da regulação delas que se delimitam os *princípios jurídicos* aplicáveis às relações específicas. São elas, portanto, os veículos próprios dos *princípios* aplicáveis a todo o campo obrigacional, além de oferecerem as *regras* mais diretamente incidentes. Importa não esquecer, no ponto, que a regulação das fontes também veicula *princípios particulares* (ou regras gerais) aplicáveis à concreta espécie de relação obrigacional dela decorrente, sendo assim, por exemplo, com a *restitutio in integrum* para a responsabilidade civil (direito de danos), ou a *subsidiariedade*, para o enriquecimento sem causa. Mas, para além desses, é nelas que se revelam os *princípios gerais* que, por oferecerem os nortes valorativos de conteúdo amplo, não se resumiriam às relações decorrentes de uma fonte específica sem quebra de sistematicidade. São exemplos desses *princípios gerais* a *autonomia privada*, a *função social*, a *boa-fé objetiva* e o *equilíbrio* que, muito embora previstos no regramento de específicas fontes, são aplicáveis — por coerência sistemática — a todas as obrigações, independentemente da origem. A compreensão do direito obrigacional a partir do novo Código Civil parte, portanto, da identificação e análise desses *princípios gerais*, dotados de capacidade para não só *regular as relações*, mas também propiciar *aberturas e conexões* a outros domínios normativos, tanto internos ao Código, quanto externos a ele, destacando-se, aí, as pontes com a Constituição.

Em seguida, o jurista em epígrafe classifica esses princípios em consonância com a origem da sua normatividade. Os *princípios de normatividade exógena*, ou *funcionalizantes*, são lineamentos oriundos do ordenamento jurídico e dirigidos às partes no seu relacionamento obrigacional, caracterizando os pontos cardeais abstratamente dados pela ordem jurídica, em razão do que recebem o influxo da visão geral sobre o sistema. Assim, os *princípios exóge-*

nos da *autonomia privada* (e/ou da *liberdade contratual*) e da *função social dos contratos* devem ser entendidos no seu *aspecto funcional* (como em Bobbio, ao invés de saber *como o direito é produzido*, ocupa-se em saber *para que o direito serve*), conferindo uma visão *funcionalizada* da relação obrigacional. De outra parte, os *princípios de normatividade endógena* encontram-se na própria relação obrigacional, cujos vínculos não só se desenvolvem com fins voltados à sociedade, mas também à sua própria lógica e história interna, âmbito em que a finalidade primeira dessa relação — vale dizer: o adimplemento — só será atingido caso a sua economia interna esteja, mais do que dotada de estrutura formal, de um conteúdo material que contemple os *princípios* da *boa-fé objetiva* e do *equilíbrio.*

Ao lecionar sobre a *principiologia do direito contratual*, PABLO STOLZE GAGLIANO e RODOLFO PAMPLONA FILHO[219] ensinam que os *princípios* concentram os ditames superiores, fundantes e simultaneamente informadores do conjunto de *regras* do Direito Positivo, conferindo-lhe *significado legitimador* e *validade jurídica*, estando em nível superior de abstração e sendo hierarquicamente superiores dentro da compreensão do ordenamento jurídico como uma pirâmide normativa, em cujo âmbito incidem por via indireta, quando não permitam uma subsunção direta dos fatos, submetendo à sua égide as *regras* que estejam sob o seu raio de abrangência. O tema tem importância capital, mormente quando do cotejo da doutrina clássica dos contratos com uma abordagem constitucional contemporânea nesta matéria, em que os princípios contratuais recebem substantiva dimensão valorativa. Na medida em que o Direito Civil se desapega de uma tendência patrimonial fechada e egoísta, e passa a reconhecer uma justa prevalência da *pessoa humana* em lugar dos *bens materiais*, é natural que a concepção teórica do sistema de princípios informadores do Direito dos Contratos experimente substantiva mutação, vindo a calhar, no ponto em testilha, o diagnóstico de Luiz Edson Fachin, segundo o qual, "Da eliminação e das fronteiras arquitetadas pelo sistema clássico privado abre-se o Direito Civil contemporâneo. Do estágio de direitos absolutos, individualistas e perpétuos, migra para a sua conformação contemporânea, o modelo de família num reconhecimento plural de entida-

219 GAGLIANO, Pablo Stolze; PAMPLONA FILHO, Rodolfo - **Manual,** ***op. cit.***, p. 395-396. Dos mesmos autores, mas em *obra condensada*, vide *texto semelhante* em: **Novo Curso de Direito Civil - Vol. 4, Tomo I - Contratos: Teoria Geral.** ***Op. cit.***, p. 69-70.

des familiares, do contrato e da propriedade funcionalizados, mudanças que repercutem nos direitos e deveres que os diversos sujeitos apresentam"[220]. Nesta toada, enfatizando a releitura contemporânea de alguns princípios clássicos, os autores sob epígrafe arrolam aqueles que entendem mais importantes no direito obrigacional dos negócios, a saber[221]:

(a) princípio da autonomia da vontade ou do consensualismo;

(b) princípio da força obrigatória do contrato;

(c) princípio da relatividade subjetiva dos efeitos do contrato;

(d) princípio da função social do contrato;

(e) princípio da boa-fé objetiva; e,

(f) princípio da equivalência material.

Nesta perspectiva, lecionam que, pairando sobre todos os princípios em tela e dando-lhes uma *dimensão constitucional*, está o *princípio da dignidade da pessoa humana*, que servirá de medida absoluta para todas as investigações que se desenvolverem sobre cada um e todos os princípios contratuais acima elencados.

No magistério de VÉRA JACOB DE FRADERA[222], como *standard* de comportamento negocial, "a boa fé objetiva pode receber acepções muito variadas, distintas segundo a matéria onde é aplicada, pois o *standard* dá uma medida média de conduta social, suscetível de se adaptar às particularidades de cada hipótese determinada. Desta sorte, a boa fé objetiva é um conceito de *geometria variável*, cuja constância é duvidosa, mas cuja vantagem é a *flexibilidade*. Exemplo dessa acepção é a forma como ela está prevista no *Code Civil* francês e no *Uniform Commercial Code* americano."

---

220 FACHIN, Luiz Edson - **Teoria Crítica do Direito Civil.** Curitiba: Renovar, 2012, p. 328, *apud* GAGLIANO, Pablo Stolze; PAMPLONA FILHO, Rodolfo - **Manual,** ***op. cit.***, p. 396.

221 GAGLIANO, Pablo Stolze; PAMPLONA FILHO, Rodolfo - **Manual de Direito Civil - Volume Único.** ***Op. cit.***, p. 395-396. Dos mesmos autores, mas em *obra condensada*, vide *texto semelhante* em: **Novo Curso de Direito Civil - Vol. 4, Tomo I - Contratos: Teoria Geral.** ***Op. cit.***, p. 69-70.

222 FRADERA, Véra Maria Jacob de - **A boa fé objetiva, uma noção presente no conceito alemão, brasileiro e japonês de contrato.** *In:* **Revista da Faculdade de Direito da UFRGS - Edição Especial.** n.º 22, set/2002, p. 125-140. Porto Alegre: FDUFRGS, 2002, p. 133-134. [Em linha]. [Consult. 27 Mai 2018]. Disponível na Internet: < http://dx.doi.org/10.22456/2317-8558.48655>

Nessa moldura, a relação jurídico-instrumental entre os precedentes jurisprudenciais e a cláusula geral de tutela do princípio da boa-fé objetiva nos contratos de direito privado reveste-se de importância exponencial no circuito dos fatos da vida, pois desvela o ponto interativo mais alto de permeabilidade, dinamismo e flexibilidade entre normas e comportamentos negociais no conjunto uniformizador dos casos concretos, julgados sempre no mesmo sentido sobre uma determinada questão. A *funcionalização* dessa relação instrumental caracteriza, mais do que nunca, nos lindes do princípio da boa-fé objetiva dos contratos de direito privado, a ponte de ligação e o diálogo construtivo que nasce dos fatos e desenvolve-se segundo os cânones ético-jurídicos já referidos.

Nessa perspectiva, a jurisprudência é o resultado de um conjunto de decisões judiciais, aplicações e interpretações das leis no mesmo sentido sobre uma determinada questão julgada pelos tribunais, sendo formada por precedentes vinculantes ou persuasivos, usados reiteradamente como *ratio decidendi* em outros processos. A jurisprudência pode ser compreendida de três formas: (a) como decisão isolada de um tribunal, da qual não caiba mais recurso, (b) como um conjunto de decisões reiteradas dos tribunais e, por fim, (c) como súmulas de jurisprudência, que são as orientações resultantes de um conjunto de decisões proferidas com o mesmo entendimento sobre determinada matéria. Nesta toada, a súmula é representativa da consolidação objetiva da jurisprudência adotada, âmbito em que os tribunais, ao reconhecerem já terem formado e consolidado uma orientação majoritária sobre determinada *quaestio juris*, devem formalizá-la mediante a formulação de um enunciado, articulado ou preceito com eficácia persuasiva ou mandamental impositiva, noticiando-o formalmente à sociedade e às comunidades profissionais operadoras do direito em geral. No Brasil, a jurisprudência instrumentaliza-se por meio de súmulas persuasivas, precedentes jurisprudenciais vinculantes e súmulas vinculantes, as duas primeiras usadas pelos tribunais, no âmbito dos seus respectivos territórios jurisdicionais, em todas as instâncias judiciárias, sendo que o Superior Tribunal de Justiça e o Tribunal Superior do Trabalho são tribunais federativos de abrangência nacional. Neste passo, as súmulas vinculantes constituem prerrogativa exclusiva do Supremo Tribunal Federal e operam no território nacional como uma espécie de lei judiciária de observância obrigatória nas esferas públicas e privadas do país. Em Portugal, com a declaração de inconstitucionalidade dos assentos, a jurisprudência dos tribunais é construída em observância ao princípio da tripartição dos Poderes do Estado, revelando-se de alta densidade jurídica nos campos de aplicação do princípio e cláusula geral da boa-fé objetiva. Enfim, muito mais se poderia investigar sobre a natureza jurídico-instrumental da boa-fé objetiva[223], sendo certo que, a cada nova versão autoral apresentada, o tema continuará a receber cores vivas e aceso dissídio doutrinário.

Nesta moldura caleidoscópica, à luz da *teoria do diálogo das fontes* e das reflexões da *Escola de Direito Civil Constitucional*, bem assim endossando, em Portugal, o diagnóstico doutrinário de MENEZES CORDEIRO[224] e de PEDRO PAIS CARVALHO[225], e, em certa medida, o pragmatismo brasileiro de PABLO GAGLIANO STOLZE e RODOLFO PAMPLONA FILHO[226], sobressai o bom entendimento de que a *boa-fé objetiva* nos contratos de direito privado é, modo simultâneo, um *princípio* e uma *cláusula geral* funcionalmente congruentes entre si.

Ainda no ponto, a orientação ora adotada também pode ser ilustrada na ressalva e no campo residual que JUDITH MARTINS-COSTA[227] leciona ao fazer a *distinção* entre *cláusulas gerais* e *princípios jurídicos*, *verbis:*

> "Desde logo deve ser *advertido que há respeitável doutrina entendendo inexistir distinção entre cláusula geral e princípio.* Proponho, contu-

---

223 O aprofundamento do tema ora examinado, na doutrina portuguesa, necessariamente passa pela doutrina de Menezes Cordeiro (CORDEIRO, António Menezes - ***Op. cit.***, § 46.º, p. 1.176-1.196, *passim*), Manuel António Carneiro da Frada (FRADA, Manuel António De Castro Portugal Carneiro da - ***Op. cit.***, §§ 3.º e 4.º, p. 431-579, *passim*), dentre outros, e, na vertente dos princípios gerais de direito, pelo magistério de Oliveira Ascensão (ASCENSÃO, José de Oliveira - **O Direito - Introdução e Teoria Geral.** 13.ª ed. refundida, 8.ª reimpr. Coimbra: Almedina, 2016, p. 418-421). Na doutrina brasileira, dentre outros: Sílvio Venosa (VENOSA, Sílvio de Salvo - **Direito Civil - Contratos - Vol. 3.** 17.ª ed. São Paulo: Atlas, 2017, p. 15-27, *passim*), Fábio Ulhoa Coelho (COELHO, Fábio Ulhoa - **Curso de Direito Civil - Contratos. Vol. 3.** 8.ª ed., rev., atual. e ampl. São Paulo: RT, 2016, p. 44-48, *passim*) e Marco Antonio Zanellato (ZANELLATO, Marco Antonio - **Boa-fé objetiva: formas de expressão e aplicações.** *In:* **Revista do Direito do Consumidor**. Vol. 100, ano 24. São Paulo: RT, jul.-ago. 2015, p. 141-194).

224 CORDEIRO, António Menezes - ***Op. cit.***, p. 1.183, *verbis:* "A segunda precisão tem a ver, contra um largo espectro de opiniões, com a improdutividade de relacionar, de modo directo, cláusulas gerais e conceitos indeterminados: a presença destes não é, necessariamente, a daquelas, enquanto é possível, a esse tipo de cláusulas, estatuir com recurso a uma conceitologia precisa."

225 CARVALHO, Pedro Pais - ***Op. cit.***, p. 397, nota de rodapé n.º 742.

226 STOLZE, Pablo Gagliano; PAMPLONA FILHO, Rodolfo - **Novo Curso de Direito Civil**, ***op. cit.***, p. 84-85, nota de rodapé n.º 1.

227 MARTINS-COSTA, Judith - **A Boa-Fé no Direito Privado.** 1.ª ed., 2.ª tiragem. São Paulo: RT, 2000, p. 315-316 e 323-324, *passim*.

do, duas diversas angulações, a saber: a equiparação entre princípios jurídicos e cláusulas gerais decorre, fundamentalmente, da extrema polissemia que ataca o termo"*princípios*"; as cláusulas gerais não são princípios, embora na maior parte dos casos os *contenham*, em seu enunciado, ou *permitam a sua formulação.* [...]

Na verdade, a confusão entre princípio e cláusula geral decorre, no mais das vezes, do fato de uma norma que configure cláusula geral *conter* um princípio, *reenviando ao valor que este exprime*, como ocorre com o reiteradamente citado § 242 do BGB. Aí, sim, se poderá dizer que determinada norma é, ao mesmo tempo, princípio e cláusula geral. Para ter clareza neste ponto devemos, todavia, atentar para as seguintes circunstâncias:

a) não se pode pensar em "*cláusula geral inexpressa*". Constituindo uma técnica legislativa, não há o que falar em sua "*implicitude*". Ou estas estão formuladas na lei ou não estão. Portanto, um dos dois setores em que se divide a classificação dos princípios acima aludida, qual seja a que distingue entre princípios inexpressos e os expressos, resta completamente afastado da possibilidade de sinonímia ou equiparação das cláusulas gerais;

b) considerando o setor que resta, vale dizer, o dos princípios expressos, nem aí se justifica a equiparação. É que não se pode pensar em cláusula geral que não promova o reenvio, seja a outros espaços do próprio ordenamento, seja a *standards* - jurídicos ou ainda extrajurídicos -, ou a valores - sistemáticos ou extra-sistemáticos -, podendo-se apontar, contudo, como acima se aludiu, a um considerável quadro de princípios que não contém conceitos dotados de vagueza semântica, nem sequer de vagueza (semântica) socialmente típica, e que, portanto, não promovem o mencionado reenvio;

c) têm-se, então, no campo residual, os princípios expressos que referenciam valores e que se traduzem em linguagem dotada de alto grau de vagueza semântica, tal como "*boa-fé*", "*correção*", "*moralidade pública*", "*razoabilidade*" etc. Mesmo aí é indevida a equiparação. O que se poderá dizer é que aí se trata de uma cláusula geral que contém um princípio, embora possa haver outras que nem de longe contêm princípios, apenas reenviando a outros estatutos, como é o caso do art. 7.º do CDC."[228]

---

228 MARTINS-COSTA ainda leciona que "Boa parte da incerteza acerca dos lindes das cláusulas gerais e dos princípios é devida à confusão entre o *sintagma* cláusula geral e o enunciado, com a correspondente proposição normativa, contido num texto que consubstancia cláusula geral. Aí se fala, indistintamente, no "*princípio da boa-fé*", inscrito no § 242 do BGB, e na "*cláusula geral da*

Para mais disto, conforme já assentado, há os *precedentes jurisprudenciais* formatados na moldura do sistema jurídico-judicial vinculado à família do *civil law* romano-germânico — que, nas medidas típicas de cada país, vigoram em Portugal (no ponto, os assentos foram declarados inconstitucionais pelo Tribunal Constitucional) e no Brasil, respectivamente —, bem assim os *standards* de *comportamento negocial* forjados em todas as fases do contrato, seja no âmbito judicial e/ou extrajudicial, inclusive os provenientes de *paradigmas* de *coletâneas doutrinárias e jurisprudenciais* que, no curso dos tempos, configuram instrumentos indispensáveis para, em regime de *feed-back*, conferir vida ativa e colorido dinâmico, flexível, atualizado e expansivo no bojo orgânico-funcional do princípio e cláusula geral de tutela da boa-fé objetiva, a fim de atender às exigências negociais de *segurança jurídica* e *flexibilidade*, bem assim ao ritmo das sociedades pós-modernas no âmbito dos contratos de direito privado.

boa-fé", desenhada pelo mesmo texto legislativo, como se poderia falar no *conceito juridicamente indeterminado revelado na expressão linguística "boa-fé"*. Essa incerteza mais se acentua em razão da confusão entre as duas funções, matéria que será retomada quando se aludir à estrutura e funções das cláusulas gerais." (MARTINS-COSTA, Judith - ***Op. cit.***, p. 324).

Capítulo III
Estrutura Orgânica e Funcional do Princípio da Boa-Fé Objetiva nos Contratos de Direito Privado

O último Capítulo da investigação volta-se ao estudo da estrutura orgânica e funcional do princípio da boa-fé objetiva no sistema obrigacional dos contratos de direito privado luso-brasileiros. Na sua primeira parte, serão desenvolvidos estudos e pesquisas de natureza doutrinária, e, na sequência, de cunho jurisprudencial, tanto no Brasil quanto em Portugal.

3.1 Estrutura orgânico-funcional do princípio da boa-fé objetiva no sistema obrigacional dos contratos

Trata-se de examinar, neste passo, a estrutura orgânica e funcional do princípio da boa-fé objetiva nos contratos de direito privado no Brasil e em Portugal.

Ao contrário das estruturas mecanicistas, cujos modelos se caracterizam por sua forma definitiva, rígida e permanente, de regra baseadas na hierarquia e em cadeias de comando verticais, as estruturas orgânicas se constituem sobre modelos funcionalizados, flexíveis e adaptáveis, desenvolvendo regime transacional fundado em conhecimentos abertos, horizontais, com alta capacidade de adaptação às mudanças, que se funcionalizam, se intercambiam e se retroalimentam de modo contínuo, permanente, formando um ciclo virtuoso nos ambientes em que atuam.

Neste norte e perspectiva, portanto, o princípio da boa-fé objetiva conforma uma estrutura orgânica funcionalizada nos seus mais diversos campos jurídicos de atuação, que vai buscar nos direitos da personalidade — dimensão qualificada do postulado da dignidade da pessoa humana — e no princípio da função social dos negócios jurídicos os valores éticos e jurídicos que nortearão os atos e os fatos vinculados ao sistema obrigacional dos contratos de direito privado em Portugal e no Brasil.

O estudo abrange, de início, os liames existentes entre os princípios da proteção da confiança e da boa-fé objetiva. Na sequência, serão estudadas as afinidades e diferenças entre o princípio da boa-fé objetiva e o estado de fato da boa-fé subjetiva, e, por fim, as funções estruturais do princípio da boa-fé objetiva.

3.1.1 Proteção da confiança e boa-fé objetiva no direito das obrigações

Ao discorrer sobre a regra de conduta da boa-fé e a responsabilidade pela confiança, MANUEL ANTÓNIO CARNEIRO DA FRADA[229] dispõe-se a averiguar a conexão existente entre o *standard* de conduta segundo a boa-fé e a confiança, e, neste sentido, preleciona ter sido no domínio dos contratos — do cumprimento das obrigações contratuais — que a norma do comportamento de boa-fé germinou e encontrou a sua guarida mais segura, o que se deveu, especialmente, por força do § 242 do BGB/1900[230], tido como o parágrafo-rei da codificação germânica, que adstringe o devedor (e só o devedor) a efetuar a prestação de acordo com aquilo que a boa-fé (*Treu und Glauben*) reclama. Acolhida aí em seu domínio originário, a boa-fé objetiva expandiu-se, depois, por outros âmbitos e mediante diversas formas de interação entre sujeitos, de que a relação pré-contratual é, quiçá, o exemplo mais significativo. Refletindo essa realidade, o Código Civil determina, genericamente, que as partes devem proceder segundo a boa-fé, tanto no cumprimento da obrigação (de dar, fazer e/ou não fazer), como no *exercício* do direito correspondente, e vincula a idêntico procedimento, durante as *preliminares* ou na *formação* do contrato, os sujeitos que negociam a respectiva conclusão, pena de indenização dos danos causados, conforme dispõem os artigos 762.º/2 e 227.º/1 do CC. No ponto, divisa-se a matriz juspositiva da concepção que constrói uma *ligação especial*, particular, entre sujeitos, como referência da regra de conduta da boa fé.

---

229 FRADA, Manuel António de Castro Portugal Carneiro da - **Teoria da confiança e responsabilidade civil.** Coimbra: Almedina, 2004, p. 431-434.

230 O preceito do § 242 do BGB prescreve que "O devedor tem a obrigação de executar a prestação, tal como o exigem a confiança e a fidelidade levando em consideração os usos de tráfico", e deve ser interpretado, no plano dos deveres anexos ou acessórios do princípio da boa-fé objetiva, em consonância com o § 157, determinativo de que "Os negócios jurídicos devem ser interpretados conforme a boa fé e os usos do lugar de sua celebração".

No tocante ao núcleo inicial da regra da boa-fé — prossegue o jurista —, o estudo dos seus pressupostos e implicações conduziu ao reconhecimento, hoje pacífico, de que o contrato *convoca* uma *ordem normativa* que o envolve e se situa num *plano distinto* quanto às estipulações das partes e, em geral, às próprias disposições supletivamente fixadas pelo ordenamento, sujeitando os contraentes aos ditames daquela regra por todo o seu período de vida. *Por isso, ao lado* dos deveres de prestar — sejam eles *principais de prestação* ou *acessórios de prestação principal* —, na relação obrigacional complexa floresce um leque mais ou menos amplo de deveres que disciplinam o desenrolar da relação contratual, que podem ser designados como *deveres laterais* ou *simples deveres de conduta.* Todavia, eles não se apresentam estritamente *funcionalizados* ao adequado cumprimento dos *deveres de prestar.* Neste passo, outros interesses que tenham de ser razoavelmente levados em conta pelos contraentes durante a relação são suscetíveis de ser contemplados através desses *deveres anexos.* Por causa disso, a sua sorte não tem de permanecer idêntica à dos deveres de prestar: o que se manifesta, nomeadamente, na possibilidade de sobreviverem à invalidade ou à ineficácia do contrato, bem assim no fato de serem suscetíveis de surgir *ainda antes* da sua *celebração* e perdurar, também, *para além* da *extinção* dos deveres de prestar. Já no plano da relação desses deveres com a confiança, a conexão é sublinhada em setores importantes da doutrina, que vão encontrar na *tutela da confiança* uma explicação principal da regra de conduta de boa fé, que constitui a origem desses deveres. Mas também são descritos, por vezes, sem qualquer referência específica à necessidade de acautelar as expectativas das partes. Larenz, por exemplo, aponta a necessidade de adoção do *comportamento que se espera de um contraente honesto e leal,* fundamentada no princípio da boa-fé. Na realidade — enfatiza o jurista —, apesar da relativa facilidade com que aparecem retratados, discursivamente, esses deveres, e embora sabendo, por igual, que são abudantemente documentáveis as aplicações da regra da conduta da boa-fé, muito caminho existe ainda a percorrer em ordem a uma racionalização plena da norma da conduta da boa-fé e à explicitação do seu conteúdo, bem como da sua ligação com a confiança.

Seguindo na mesma toada lusitana, BRUNO MIRAGEM[231] leciona que a *proteção da confiança* é um princípio imanente[232] em todo o direito e pode adquirir distintos significados, como aquele balizado por Manuel António Carneiro da Frada[233], de que "aquele que crê firmemente em uma certa realidade, como quem espera por uma convicção mais moderada; como ainda o que chega a adotar determinado comportamento, apesar de uma contingência que não domina, decidido a assumir o correspondente risco na expectativa de que ele não se concretize", ou, ainda, aquele que, na dicção de Menezes Cordeiro[234], "exprime situação em que uma pessoa adere, em termo de atividade ou de crença, a certas representações passadas, presentes ou futuras que tenha por efetiva". Assim, a confiança pode ser tratada como a expectativa que surge, dentro da comunidade, de um comportamento honesto, normal, cooperativo, a partir de normas estabelecidas por esta comunidade mesma, de modo que capitaliza o passado, na medida em que não se exige, da generalidade dos atos humanos, que eles sejam formalmente deliberados e executados, senão que se desenvolvam, muitos deles, naturalmente, em vista da ausência de uma precaução exagerada em relação ao comportamento do outro. Assim, a confiança é uma fonte de coesão social, integrando as bases pelas quais os membros de uma comunidade estabelecem certos padrões para a convivência social, inclusive reduzindo a complexidade da vida e reforçando a tutela das expectativas legítimas dos indivíduos no tocante ao comportamento alheio. No direito das obrigações, a confiança revela-se como condição ou influência decisiva do comportamento dos sujeitos da relação, uma vez que eles vão se comportar de determinado modo porque confiam na reciprocidade da conduta do outro na relação, ou, ainda, porque confiam na tutela do direito que torna exigível certo comportamento e sanciona a violação do dever. Ademais, a confiança avulta em sistema social que privilegia a circulação de bens. Nesta perspectiva, o direito protege as situações de confiança por meio de *disposi-*

231 MIRAGEM, Bruno - **Op. cit.**, p. 125-128.

232 No ponto, NUNO MANOEL PINTO OLIVEIRA classifica a *confiança* como um *subprincípio* do princípio da boa fé como norma sobre a conduta dos contraentes (OLIVEIRA, Nuno Manuel Pinto - **Op. cit.**, p. 176-182).

233 FRADA, Manuel António de Castro Portugal Carneiro da - Teoria da confiança e responsabilidade civil. Coimbra: Almedina, 2004, p. 17-18, *apud* MIRAGEM, Bruno - **Op. cit.**, p. 125.

234 CORDEIRO, António Manuel da Rocha e Menezes - Da Boa fé no Direito Civil. Coimbra: Almedina, 2001, p. 123, *apud* MIRAGEM, Bruno - **Op. cit.**, p. 125.

ções legais específicas ou por *institutos gerais* que, no direito brasileiro, são encontrados em *cláusulas gerais*, como é o caso da *boa-fé* (CC, artigos 113, 187 e 422) e dos *bons costumes* (CC, artigos 122 e 187), que expressam *valores fundamentais do direito privado contemporâneo* e partem do princípio que a *expectativa legítima* seja pertinente à *conduta* dos sujeitos da relação obrigacional. No direito obrigacional português — prossegue MIRAGEM —, Menezes Cordeiro *sistematiza* os *pressupostos* da *proteção da confiança* no *direito* nos seguintes termos, *verbis*[235]:

> "1.º Uma situação de confiança conforme com o sistema e traduzida na boa fé subjetiva e ética, própria da pessoa que, sem violar os deveres de cuidado que ao caso caibam, ignore estar a lesar posições alheias;
> 2.º Uma justificação para essa confiança, expressa na presença de elementos subjetivos capazes de, em abstrato, provocarem uma crença plausível;
> 3.º Um investimento de confiança consistente em, da parte do sujeito, ter havido um assentar efetivo de atividades jurídicas sobre a crença consubstanciada;
> 4.º A imputação da situação de confiança criada à pessoa que vai ser atingida pela proteção dada ao confiante: tal pessoa, por ação ou omissão, terá dado lugar à entrega do confiante em causa ou ao fato objetivo que a tanto conduziu."

Nada obstante, Menezes Cordeiro registra que a *articulação* entre os *pressupostos* para a *tutela da confiança* não são todos indispensáveis, articulando-se de modo que "a falta de alguns deles possa ser compensada pela intensidade especial que assuma alguns, ou algum, dos restantes"[236]. *A situação de confiança tutelada pelo direito resulta de uma crença legitimada pela conduta da outra parte, levando-a a um comportamento determinado, baseada nisso.* Nesse sentido, a proteção da confiança a estabelece como *fonte autônoma de responsabilidade*, na hipótese em que um dos sujeitos da relação obrigacional *viole* os *deveres* que dela são decorrentes. Esta *responsabilidade pela confiança* (*Vertrauenshaftung*) constitui o modelo essencial pelo qual se reconhece a *proteção da crença* gerada a partir do comportamento das partes em dada

235 CORDEIRO, António Manuel da Rocha e Menezes - Da Boa fé no Direito Civil. Coimbra: Almedina, 2001, p. 971, *apud* MIRAGEM, Bruno - **Op. cit.**, p. 126-127.

236 CORDEIRO, António Manuel da Rocha e Menezes - Da Boa fé no Direito Civil. Coimbra: Almedina, 2001, p. 973, *apud* MIRAGEM, Bruno - **Op. cit.**, p. 127.

relação obrigacional, seja em relação à sua *constituição, execução* ou mesmo *após a sua extinção*, preservando-se os *efeitos* decorrentes da *crença estabelecida*. Esta crença surge por meio do comportamento das partes ou de informações prestadas, que, na medida em que despertem a confiança legítima da contraparte, vinculam a uma ação futura, ao prosseguimento de uma dada conduta ou, ainda, à manutenção de determinado estado de fato.

Em exauriente monografia sobre o *princípio da proteção substancial da confiança no Direito Administrativo brasileiro*, RAFAEL MAFFINI[237] procede à delimitação conceitual de *segurança jurídica, proteção da confiança* e *boa--fé*, anotando, de início, com base nos ensinamentos de Clóvis do Couto e Silva, que estas três expressões substanciam ideias que *pertencem à mesma constelação de valores*, mas que no curso do tempo foram se particularizando e ganhando nuances que de modo algum as diferenciam, sem que, no entanto, umas se afastem completamente das outras, âmbito em que a proteção da confiança decorre imediatamente do princípio da segurança jurídica, por representar a face subjetiva dessa. De outra parte, a correta compreensão do princípio da confiança reclama a percepção da sua relação com a boa-fé. Nesta perspectiva, o princípio da boa-fé é noção que deitou raízes e se desenvolveu no Direito Privado, tendo alcançado um alto grau de evolução teórica especialmente voltada ao estudo dos negócios jurídicos e das obrigações. Em termos gerais, a boa-fé dicotomiza-se em dois sentidos básicos, um *subjetivo* e outro *objetivo*. No *subjetivo*, significa um autêntico estado anímico, residente no campo das intenções, qualificado pelo sentimento pessoal (daí a qualificação de *subjetivo*) de atuação conforme a ordem jurídica. No sentido *objetivo*, a boa-fé enseja imposições de natureza comportamental, sem agressão nem frustração às expectativas legitimamente criadas, qualificando, pois, uma *norma de comportamento leal*, da qual decorrem *consequências hermenêuticas*, bem como a *imposição* de *deveres jurídicos* ou *limites à fruição de direitos subjetivos*. Nesta toada, no sentido *objetivo* ou *comportamental*, indutor de consequências jurídicas igualmente objetivas, o *princípio da boa-fé* aproxima--se — quase ao ponto de identidade — do *princípio da proteção da confiança*, âmbito em que a *confiança* representa um *subprincípio* da *boa-fé objetiva*. Em alguns países, a exemplo da Espanha, não é exagero afirmar que o princípio

---

237 MAFFINI, Rafael - **Princípio da proteção substancial da confiança no Direito Administrativo brasileiro.** Porto Alegre: Verbo Jurídico, 2006, p. 56-63.

da proteção da confiança surgiu e tomou forma — ora pela identificação, ora dotado de sentido próprio — pelas mãos do princípio da boa-fé objetiva[238].

Entretanto, a identidade entre os princípios da proteção da confiança e da boa-fé objetiva não se afigura como a solução mais adequada, embora sejam reconhecidas as suas óbvias conexões. Com efeito, tomando-se a noção de boa-fé objetiva como imposição de conduta leal, é inegável a sua proximidade com o princípio da proteção da confiança, que objetiva estabelecer, em *ultima ratio*, um estado de tutela jurídica — direta ou indireta, positiva ou negativa — das expectativas legitimamente depositadas pelos administrados em relação às condutas, procedimentos, promessas e demais atos realizados pelo Estado em sua atividade administrativa. Nesse sentido, tendo-se por foco a necessidade de lealdade de conduta garantidora (*ex post*) da estabilidade das relações jurídicas, os conceitos dos princípios em tela muito se aproximam, inclusive porque a boa-fé objetiva torna-se operativa com vistas à produção de um estado de confiança mútua, configurando, consoante já referido, valores de uma mesma constelação. Para MAFFINI, contudo, há empecilhos ao reconhecimento da identidade de tais princípios. Sendo a boa-fé objetiva um princípio que almeja um estado de coisas qualificado pela busca a condutas leais e, em relações bilaterais, pela busca de comportamentos reciprocamente leais, tal imposição se apresenta no Direito Administrativo numa via de duas mãos, tanto impondo um comportamento franco da Administração Pública para com o administrado, como impondo a reciprocidade de tal dever de lealdade, ou seja, uma conduta reta do administrado em relação à Administração Pública. A proteção da confiança, por seu turno, afigura-se uma feição mais ampla, deduzida, *imediatamente*, da imposição de segurança jurídica e, *mediatamente*, do Estado de Direito, que visa à obtenção de um estado de estabilidade, previsibilidade e calculabilidade dos atos, procedimentos ou simples

238 No ponto, CASTILLO BLANCO leciona que, *"En fin, nuestros tribunales de justicia proclamam con igual celo, según venimos exponiendo, el principio de la protección de confianza legítima y el de buena fé. Conjunta o separadamente, ambos son recogidos para, al fin y a la postre, proteger situaciones jurídicas legítimas en que la actuación de la Administración no ha respondido a lo que de ella se esperaria, donde ésta se ha contradicho en su relación con los cuidadanos o infringido la confianza que en ella se había depositado. Sin embargo, hay que reiterar que dicha aplicación se ha realizado, en la mayioría de las ocasiones, con sumo desconcierto, con una aplicación simultánea de ambos conceptos a situaciones fácticas idénticas y sin deslindar suficientemente el campo de acción de cada uno de ellos"* (CASTILHO BLANCO, Federico A. - *La protección de confianza en el derecho administrativo*. Madrid: Marcial Pons, 1998, p. 255-276, *apud* MAFFINI, Rafael - **Op. cit.**, p. 58).

comportamentos das atividades estatais. Ocorre que nem sempre tal proteção estará diretamente condicionada à boa-fé do administrado, não se tratando, portanto, de uma relação necessária.

Ao tratar da questão nos lindes do Direito Privado, GERSON LUIZ CARLOS BRANCO[239] leciona que "O âmbito de atuação do princípio da confiança é maior que o da boa-fé, mas a boa-fé objetiva atua para tornar concreta a proteção da confiança e, portanto, para proteger o bem confiança. Quem age conforme os deveres que nascem pela incidência do princípio da boa-fé, também age conforme os deveres que derivam do princípio da confiança. Os limites exatos entre o âmbito de atuação de ambos é nebuloso". Enfim, em termos de conclusão, RAFAEL MAFFINI afirma que "o princípio da proteção da confiança e o princípio da boa-fé imbricam-se, numa necessária confluência para um estado de lealdade a se exigir tanto da Administração Pública quanto daqueles que são os destinatários de sua função. Entretanto, tais princípios não são portadores de um sentido absolutamente idêntico. A relação havida entre eles consiste no fato de que a proteção da confiança, sobretudo em relação a atos administrativos concretos, individuais e pessoais, terá a boa-fé do administrado como pressuposto, não como *fonte* (*sobreprincípio*) ou como *resultado* (*subprincípio*). Nesse sentido, lembra-se da passagem de Judith Martins-Costa, pela qual 'a confiança (*cum fides*) adjetiva-se na boa-fé (*bona fides*). Essa, ao que parece, é a relação havida entre a boa-fé objetiva e a proteção da confiança legítima"[240].

ROBERTO SENISE LISBOA[241] leciona que o *princípio geral da confiança negocial* não está expresso no sistema civil brasileiro, mas que a ausência da sua previsão legal expressa não impediu que o direito alemão, italiano e, mais recentemente, também o francês, o reconhecesse, pois ele incide sobre a conduta pessoal de quem atua no tráfico jurídico, relacionando-se estreitamente com a ideia de responsabilidade pessoal, como decorrência da necessidade de segurança da atividade negocial. Destarte, este princípio tem por função efetuar a proteção de toda expectativa negocial, dinamizando as suas atividades,

---

239 BRANCO, Gerson Luiz Carlos - A proteção das expectativas legítimas derivadas das situações de confiança: elementos formadores do princípio e seus efeitos. *In:* Revista de Direito Privado. São Paulo, v. 12, out./dez., 2002, p. 185, *apud* MAFFINI, Rafael - **Op. cit.**, p. 61.

240 MAFFINI, Rafael - **Op. cit.**, p. 63.

241 LISBOA, Roberto Senise - **Confiança contratual.** São Paulo: Atlas, 2012, p. 34-40.

estimulando o credor, contribuindo para a rápida produção dos efeitos desejados pelos interessados e fomentando o denominado *valor de cumprimento.* Isso não reduz a importância da boa-fé objetiva e nem há uma superposição indesejada de princípios que possa justificar a sua não adoção. Ao contrário, admitir a confiança como *princípio geral do negócio jurídico* importa em revalorização do princípio da boa-fé, que é recolocado na sua vocação original de regra de ouro de conduta por meio da qual uma das partes atua *vendo o outro*, na expressão de Cláudia Lima Marques, a fim de que possa obter a satisfação do seu interesse sem prejudicar a contraparte. A confiança negocial pode ser geral ou individual, âmbito em que, na primeira, a repercussão da sensação de estabilidade ou instabilidade do tráfico não é particularizada, restrita à análise refletida de uma ou de poucas pessoas. Além destas categorias, há a *confiança relacional*, que se trata de um valor instrumental. Portanto, a confiança, num sentido de complementariedade com a boa-fé objetiva, com a segurança e os demais princípios aplicáveis, exerce notável função de alcance, no caso concreto, da justiça negocial, pois o contrato justo é, afinal, o objetivo contínuo tanto de quem negocia, como da sociedade em geral. Assim, pois, em que pese uma certa superposição, para SENISE LISBOA a noção de confiança relacional é indispensável para a consolidação e estabilidade dos regimes democráticos voltados para o livre mercado, sendo considerada um valor consecutivo da segurança negocial.

3.1.2 Princípio da boa-fé objetiva e estado de fato da boa-fé subjetiva

No magistério de PINTO MONTEIRO e MOTA PINTO[242], a *boa-fé* é um *princípio fundamental* contemporâneo da ordem jurídica, de particular relevância no campo das relações civis, mas abrangendo todo o direito privado. Nesta esteira, é um princípio fundamental que exprime a preocupação da ordem jurídica pelos *valores ético-jurídicos da comunidade*, pelas *particularidades* da *situação concreta* a regular e por uma *juridicidade social e materialmente fundada*. Assim, pois, a consagração da boa-fé corresponde à *superação* de uma perspectiva *positivista* do direito, pela *abertura* a *princípios* e *valores*

242 PINTO, Carlos Alberto da Mota; MONTEIRO, António Pinto; PINTO, Paulo Mota - ***Op. cit.***, p. 124-127.

extralegais, bem assim pela *dimensão social concreta e material* do jurídico que representa, deste modo ajustando-se e contribuindo para uma visão do direito em conformidade com o *Estado de Direito Social* da atualidade, intervencionista e voltado para a correção dos desequilíbrios e injustiças. Embora a sua larga abrangência jurídica, é no campo dos contratos que o princípio da boa-fé adquire uma grande importância, operando em permanente *diálogo e contraponto* com o *princípio fundamental da autonomia privada*. Nesta linha de afirmações, os autores em epígrafe enquadram o princípio da boa-fé como *critério normativo* no sentido *objetivo*. Vale distinguir, assim, a boa-fé objetiva da sua consorte em sentido *subjetivo*, que se reporta a um *estado subjetivo* e tem em vista a situação de quem *julga atuar em conformidade com o direito*, por desconhecer ou ignorar, designadamente, qualquer vício ou circunstância anterior, a exemplo, no CC, dentre outros, do art. 243.º, n.º 2, ao preceituar que "a boa fé consiste na *ignorância* da situação", e do art. 291.º, n.º 3, ao considerar de boa-fé o terceiro que "desconhecia, sem culpa, o vício do negócio nulo ou anulável". Em muitos outros casos, porém, a lei recorre à boa-fé objetiva, cujo princípio revela, na atualidade, todo o seu imenso potencial *jurisgênico* e traduz a dimensão de *justiça social materialmente fundada* já referida. Neste sentido, pois, a boa-fé objetiva é um *princípio normativo* transpositivo e extralegal ao qual o *julgador* é remetido a partir de *cláusulas gerais*, pois ele não contém a solução do caso, antes consagra o *critério* da sua solução, carecendo para o efeito de realizar a *mediação concretizadora* do aplicador, mormente o juiz, mas também os árbitros nos métodos alternativos de autocomposição de conflitos, além de outros operadores do direito.

Assim é que, aplicado aos contratos, o princípio da boa-fé objetiva constitui uma *regra de conduta* segundo a qual os contraentes devem agir de *modo honesto, correto e leal*, não só *impedindo* comportamentos desleais, como *impondo* deveres de *colaboração* entre eles. É neste sentido que o CC, no art. 227.º, n.º 1, menciona as "regras da boa fé", que o art. 239.º convoca os "ditames da boa fé" na integração do negócio jurídico, que o art. 334.º menciona os "limites impostos pela boa fé" como critério do abuso do direito, e que o art. 762.º, n.º 2, manda os contraentes proceder "de boa fé" no cumprimento da obrigação e no exercício do direito correspondente. Nesta perspectiva, pode-se dizer que o princípio da boa-fé objetiva acompanha a relação contratual desde o seu início, permanece toda a sua vida e subsiste mesmo após ela ter se extinguido. Assim, em certa medida, o princípio da boa-fé objetiva conforma a relação contratual, sendo um dos critérios a que se pode recorrer para determinar o âmbito da vinculação negocial. Isto quer significar que, para o magistério de CARLOS ALBERTO MOTA PINTO, do contrato fazem parte não só as obrigações que expressa ou tacitamente decorrem *do acordo das partes*, mas também, designadamente, *todos os deveres que se fundam no princípio da boa-fé* e mostram-se necessários para integrar a lacuna contratual, desta forma sublinhando o seu papel decisivo no enriquecimento do conteúdo do contrato, mormente por constituir a *matriz* dos denominados *deveres laterais*, a exemplo dos deveres de cuidado para com a pessoa e o patrimônio da contraparte, e os deveres de informação e esclarecimento, dentre outros. Ademais — asserem os juristas em epígrafe —, do prisma da responsabilidade nas quais as partes podem incorrer, a violação da boa-fé objetiva é suscetível de geral responsabilidade *pré-contratual*, responsabilidade *contratual* ou, mesmo, responsabilidade *pós-contratual*, consoante seja o momento em que ocorra a violação. Por fim, uma manifestação especialmente relevante do princípio da boa-fé objetiva que vem adquirindo, na atualidade, uma particular *densidade e identificação*, é o *princípio da confiança*, inclusive porque várias das soluções legislativas que apelam ao princípio da boa-fé objetiva são inspiradas, em grande medida, pela necessidade de *tutela da confiança*. Trata-se, no fundo, de acolher a ideia de que, em certos casos, deve *relevar juridicamente* a confiança *justificada* de alguém no comportamento de outrem, quando este tiver *contribuído* para fundar essa confiança e ela se justifique, igualmente, em face das *circunstâncias* do caso concreto. Essa relevância jurídica pode levar a *atribuir efeitos jurídicos* a uma situação somente aparente, ou, então, como sucederá normalmente, criar a *obrigação de indenização* pela frustração das legítimas expectativas.

Na banda brasileira, independentemente da *boa-fé objetiva* ser denominada de *princípio* e/ou *cláusula geral de tutela*, em qualquer dessas fórmulas a sua *antítese categorial* recai sobre o que a doutrina denomina de *estado de fato da boa-fé subjetiva*.

Com efeito. Ao dissertar sobre o *critério* das *espécies de boa-fé*, JUDITH MARTINS-COSTA[243] leciona que *distinguir* entre *boa-fé subjetiva* e *objetiva*

243 MARTINS-COSTA, Judith - **Critérios para aplicação do princípio da boa-fé objetiva.** *In:* MARTINS-COSTA, Judith; FRADERA, Véra Jacob de (Orgs.) [*et al.*] - **Estudos de Direito Privado e Processual Civil em homenagem a Clóvis do Couto e Silva.** São Paulo: RT, 2014, p. 194-196.

é o primeiro passo — básico e elementar — para compreender o *princípio*, conquanto seja frequente a confusão feita em doutrina, na jurisprudência e em projetos legislativos (a exemplo do Projeto de Código Comercial ora em tramitação no Congresso Nacional). Por um lado, a *boa-fé subjetiva*, ou o *agir de boa-fé*, expressa um *estado de fato*, que é constatado ou presumido, ou não. Se constatada ou confirmada a presunção, decorrem consequências, que a lei arrola: *v.g.*, a posse de boa-fé, mais o decurso do tempo, tem como eficácia a aquisição da propriedade, por usucapião. Por outro lado, a conduta *segundo a boa-fé* é um *standard* jurídico, ou seja, um *standard* direcionador de *conduta, modelo de comportamento* a ser seguido pelos que pactuam atos jurídicos, em especial os contratantes. Neste norte, *assegurar expectativas* e *direcionar condutas*, conforme averbou Niklas Luhmann, são as *funções primárias* do Direito, âmbito em que a função primeira da boa-fé como *standard* jurídico consiste em propiciar o *direcionamento de comportamentos no tráfego negocial*, não se perdendo de vista, ainda no ponto, que os *princípios* da *confiança* e da *boa-fé objetiva* superpõem-se em parte, inclusive em face da sua vinculação etimológica, embora a doutrina lhes trace distinção sob o prisma funcional. Como *standard* de *comportamento contratual*, e não como *estado de fato*, os valores íntrinsecos à boa-fé são a *probidade*, a *lealdade* e as *considerações às legítimas expectativas* do parceiro contratual. Direcionada a valores, a boa-fé objetiva configura, normativamente, um *princípio jurídico* que, em consonância com todo *princípio normativo* (prescritivo), conduz o agente ao que Humberto Ávila denomina de *estado ideal de coisas*[244], no caso uma ação leal, proba (CC, art. 422), em vista do adimplemento satisfativo, fim que polariza toda e qualquer relação contratual. Constituindo *princípio normativo* (prescritivo), a boa-fé objetiva tem potencial *jurisgênico*, pois é *princípio produtor* de normas jurídicas dotadas de prescritividade, como todas as normas (os contraentes *devem* agir coerentemente ao pactuado no contrato; o credor *deve* evitar aumentar os seus próprios prejuízos). Assim, desenvolve atuação primacial ao *modular a interpretação* dos contratos, ao *criar deveres* que atuam *lateralmente* aos deveres de prestação (*deveres laterais* de conduta) e ao *balizar limites da licitude* ao *exercício* de direitos subjetivos e faculdades jurídicas. Por

244 ÁVILA, Humberto Bergmann - Teoria dos Princípios - da definição à aplicação dos princípios jurídicos. 12.ª ed. São Paulo: Malheiros, 2011, p. 73, *apud* MARTINS-COSTA, Judith - Critérios para aplicação do princípio da boa-fé objetiva. ***Op. cit.***, p. 195.

esta breve síntese, é possível perceber que boa-fé objetiva e boa-fé subjetiva não apenas se revestem de *significados diversos*, mas *têm diferentes âmbitos e diversas funções.*

Nesta moldura, MARTINS-COSTA encaminha, no tópico, a conclusão de que, de um lado, (a) a *boa-fé subjetiva* é *elemento* do *suporte fático* de incidência de norma legal, e, de outro, (b) que a *boa-fé objetiva* atua, pelo menos, como (i) *cânone hermenêutico integrativo*, coligadamente a usos (CC, art. 113), (ii) confere baliza ao *exercício jurídico*, para determinar quando se estará frente a uma hipótese de *ilicitude* no exercício de um direito subjetivo ou posição jurídica negocial (CC, art. 187), e (iii) é *fonte de deveres de conduta* no contrato (CC, art. 422). Considerando que a boa-fé objetiva é um princípio jurídico do Direito das Obrigações que se espraia por vários campos da experiência jurídica, haverá de atuar moduladamente junto aos demais princípios e regras incidentes no setor específico, abrangendo, nomeadamente, os campos das *relações obrigacionais "puramente civis"*, as *relações obrigacionais de consumo*, as *relações obrigacionais de Direito Administrativo* e as *relações obrigacionais de Direito Comercial.*

Na banda lusitana, ao discorrer sobre a *cláusula geral da boa-fé*, PEDRO PAIS DE VASCONCELOS[245] leciona que os modelos contratuais — típicos ou atípicos — suscitam a necessidade de recorrer à boa-fé para determinar, em concreto, o conteúdo dos comportamentos devidos e exigíveis. Mas a sua determinação no âmbito das relações contratuais não resulta, sem mais, do teor das estipulações e dos preceitos de lei aplicáveis, sendo necessária a mediação de critérios normativos suscetíveis de permitir, em cada caso concreto, uma solução que não seja meramente formal, pois o Direito exige que as decisões sejam justas e adequadas às circunstâncias. Nesta perspectiva, o retro transcrito art. 762.º/2 do Código Civil adota a boa-fé como critério para a concretização dos procedimentos devidos. A boa-fé teve um desenvolvimento sistemático em Portugal há pouco tempo, com a obra de MENEZES CORDEIRO[246], caracterizando-se como um princípio do Direito Justo, que vale seja por força da sua justiça própria, quer por efeito da sua positivação na lei. Mas a positivação do princípio da boa-fé na lei não lhe confere a validade —

245 VASCONCELOS, Pedro Pais de - **Op. cit.**, p. 401-404.

246 CORDEIRO, António Manuel da Rocha e Menezes - ***Op. cit.***, p. 1.189, *apud* VASCONCELOS, Pedro Pais de - **Op. cit.**, p. 401-402.

que já a tem de per si —, mas tão só as formas organizativas de se realizar, tendo um componente ético-jurídico e outra de segurança do tráfego jurídico, e, no que respeita às vinculações contratuais, tem a ver com o escopo do contrato, desempenhando um papel muito importante na interpretação e integração dos contratos, bem assim na concretização dos comportamentos em cada momento e em cada caso devidos e exigíveis no seu âmbito. Neste norte, os contratos, quando não se esgotam no próprio ato de contratar, quando se prolongam para o futuro, sempre subsumem promessas, cuja perspectiva utilitarista envolve o dever de cumpri-las e de respeitar a palavra empenhada, daí resultando a necessidade de manter uma base mínima de confiança na vida social e de relação, constituindo o cerne da vinculação dos contratos e caracterizando um dever supralegal.

Na dicção de NUNO MANUEL PINTO OLIVEIRA[247], o termo *boa-fé* tem dois significados distintos. A boa-fé em *sentido subjetivo* designa um *fato*, relacionando-se com o *conhecimento* ou com o *desconhecimento* de uma circunstância de fato ou de direito (vide, p. ex., os artigos 119.º/3, 243.º/2, 291.º/3, 612.º, 892.º e 898.º do CC). Por outro lado, a boa-fé em *sentido objetivo* designa uma *norma* que se relaciona com uma de duas coisas: ou com a *conduta dos contraentes*, ou com o *conteúdo do contrato*, sendo que, nesta perspectiva, o *princípio* da boa-fé designa — sempre e só — a boa-fé como *norma*, a *boa-fé em sentido objetivo*. Entre as disposições legais em que a *boa-fé em sentido objetivo* é uma *norma* sobre a *conduta dos contraentes* estão os artigos 227.º, 334.º e 762.º/2, do CC, os artigos 6.º e 12.º do Decreto-Lei 178/86, de 3 de Julho, sobre o regime jurídico do contrato de agência, o art. 9.º/1, da Lei de Defesa dos Consumidores, o art. 24.º do Decreto-Lei 12/2004, de 9 de Janeiro, sobre o regime jurídico do exercício da atividade de construção, o art. 102.º do Código do Trabalho e o art. 10.º da Lei 19/2009, de 12 de Maio, sobre o regime jurídico das fusões transfronteiriças das sociedades de responsabilidade limitada. Entre as disposições legais em que a boa-fé é uma *norma* sobre o *conteúdo do contrato*, sobre a sua *justiça* ou *injustiça*, encontram-se, *p. ex.*, os artigos 437.º do CC e os artigos 15.º e 16.º da Lei das Cláusulas Contratuais Gerais (aprovada pelo Decreto-Lei 446/85, de 25 de Outubro, alterada pelo Decreto-Lei 220/95, de 25 de Agosto, e pelo Decreto-Lei 249/99, de 31 de Agosto). A rigor, o *princípio da boa-fé* transcende o *direito dos contratos*, o *direito das obrigações*,

247 OLIVEIRA, Nuno Manuel Pinto - **Op. cit.**, p. 163-165.

o *direito civil* e até mesmo o *direito privado*, aplicando-se, p. ex., ao *direito administrativo*, uma vez que, no exercício da atividade administrativa e em todas as suas formas e fases, a Administração Pública e os particulares devem agir e relacionar-se segundo as regras da boa-fé, conforme preconiza o art. 6.º-A do Código de Procedimento Administrativo. No entanto, independentemente de aparecer como uma norma sobre a conduta dos contraentes ou sobre o conteúdo dos contratos — sobre a sua *justiça* ou *injustiça* —, o princípio da boa-fé só deve aplicar-se aos casos em que haja uma *ligação especial* entre *sujeitos determinados ou determináveis*, vindo a calhar, no ponto, a doutrina de António Menezes Cordeiro[248], com a qual António Manuel Carneiro da Frada[249] concorda e leciona que, "aí onde não há nenhuma forma de relacionamento entre os sujeitos, a ordem jurídica [contenta-se] apenas com a necessidade de uma conduta que não ultrapasse as fronteiras básicas e gerais que ergue à actividade humana [i. é: com o controlo decorrente da cláusula geral do abuso do direito], mas afina as exigências de comportamento logo que os sujeitos constroem entre eles relações específicas, pois a estas correspondem também vínculos especiais".

Ao discorrer sobre a legislação civil italiana, PIETRO PERLINGIERI[250] leciona que, ao lado da técnica de legislar mediante normas regulamentares (vale dizer: através de previsões específicas e circunstanciadas, do tipo casuístico, com previsão de uma *fattispecie* abstrata, com uma hipótese e a sua pertinente consequência), coloca-se a técnica legislativa das *cláusulas gerais*: legislar mediante cláusulas gerais significa deixar ao juiz, ao intérprete, uma maior possibilidade de adaptar a norma às situações de fato.

Tome-se, por exemplo, as noções de ordem pública (art. 31 disp. prel., agora art. 16 da lei n.º 218, de 31/05/1996, e art. 1.343 do Código Civil), de bom costume (CC, artigos 1.343 e 2.035) e de solidariedade (Constituição, art. 2.º), a que se podem acrescentar, dentre outras, aquelas de *equidade*, de *diligência e de lealdade no adimplemento* (CC, artigos 1.176 e 1.175), de *boa-fé no contrato* (CC, artigos 1.337, 1.336 e 1.375). *Essas expressões, a partir de uma visão global do ordenamento jurídico, assumem um significado diverso.*

248 CORDEIRO, António Menezes - *Op. cit.*, p. 1.256, *apud* OLIVEIRA, Nuno Manuel Pinto - **Op. cit.**, p. 164.

249 FRADA, Manuel António de Castro Portugal Carneiro da - *Op. cit.*, p. 848, *apud* OLIVEIRA, Nuno Manuel Pinto - **Op. cit.**, p. 164.

250 PERLINGIERI, Pietro - **Op. cit.**, p. 27-28.

Assim, as cláusulas que no Código de 1942 eram inspiradas por uma ideologia produtivista e economicamente autossuficiente (autarcia), assumem um significado diverso se forem lidas e aplicadas na *lógica da solidariedade constitucional*. O art. 2.087 do CC, por exemplo — prossegue ilustrando o jurista italiano do *diálogo das fontes* —, prevê que "O empresário deve adotar no exercício da empresa, as medidas que, de acordo com a particularidade do trabalho, a experiência e a técnica, são necessárias para tutelar a integridade física e a personalidade moral dos empregados". O art. 2.014 do CC estabelece, por sua vez, que "O empregado deve usar a diligência exigida pela natureza da prestação devida, pelo interesse da empresa e por aquele superior produção nacional. Deve além disso observar na execução e na disciplina do trabalho, as disposições dadas pelo empresário e pelos seus colaboradores dos quais depende hierarquicamente". Se se interpretam estes dois artigos exclusivamente na lógica do Código Civil de 1942, diligência do empregador e diligência do empregado têm um significado diverso daquele que se lhes deve atribuir, não somente em face de novas leis aprovadas sucessivamente (p.ex., o denominado Estatuto dos Trabalhadores) e da contratação coletiva, mas também, e sobretudo, à luz dos princípios constitucionais, nos quais a ideia forte é o *respeito à pessoa e à sua dignidade* (Constituição, artigos 2 e 41, § 2). Assim, nas relações de trabalho, deve ser considerado diligente aquele trabalhador que, para evitar um possível perigo a um colega de trabalho, ou a si mesmo, interrompe a cadeia de montagem. Numa lógica produtivista, este fato poderia ser considerado não diligente e, portanto, como justa causa de despedida. Todavia, avaliado o ato na lógica do respeito à pessoa, à segurança, à vida, à integridade — não só física, mas também moral e psíquica —, o seu gesto pode ser considerado diligente, na medida em que é orientado a evitar um grave perigo à vida, à saúde de um colega de trabalho ou à sua saúde pessoal.

Retornando ao campo doutrinário brasileiro, SÍLVIO DE SALVO VENOSA[251] preleciona que o Código Civil de 2002 constituiu um *sistema aberto* que, no plano da técnica, erigiu *cláusulas gerais* para os contratos, deste modo privilegiando o exame do caso concreto e a dialética contemporânea que abrange todas as áreas do conhecimento científico, principalmente as das ciências sociais.

251 VENOSA, Sílvio de Salvo - **Direito Civil - Contratos.** 17.ª ed. São Paulo: Atlas, 2017, p. 20-21.

Nesta perspectiva, no Código Civil de 2002, os artigos 421 (*"A liberdade de contratar será exercida em razão e nos limites da função social do contrato."*), 422 (*"Os contratantes são obrigados a guardar, assim na conclusão do contrato, como em sua execução, os princípios de probidade e boa-fé."*), 113 (*"Os negócios jurídicos devem ser interpretados conforme a boa-fé e os usos do lugar de sua celebração."*) e 187 (*"Comete ato ilícito o titular de um direito que, ao exercê-lo, excede manifestamente os limites impostos pelo seu fim econômico ou social, pela boa-fé ou pelos bons costumes."*), sufragam a técnica das *cláusulas gerais*, o último referindo-se ao *princípio da boa-fé objetiva*. No entanto, a denominação *cláusula geral* não fornece uma ideia exata do seu conteúdo, porque este tipo de cláusula não é, na verdade, geral, porque a denominação *cláusula aberta* tem sido mais usada para essas hipóteses, a fim de representar um dispositivo que deve ser amoldado ao caso concreto sob uma compreensão social e histórica. Nessa linha, o que a caracteriza é o emprego de expressões ou termos vagos, *cujo conteúdo é dirigido ao juiz*, para lhe conferir um sentido norteador no trabalho de hermenêutica. Levando-se em conta que o Direito gira em torno de *tipificações* ou *descrições legais de conduta*, o enunciado da cláusula geral subsume uma *tipificação aberta*. No entanto, se há um poder aparentemente discricionário do juiz ou do árbitro, há um desafio maior permanente, para os aplicadores do Direito, no sentido de apontar novos caminhos que se façam necessários.

Assim, no princípio da boa-fé objetiva, a ideia central é de que contratante algum ingressa em um conteúdo contratual sem a necessária boa-fé. A má-fé inicial ou interlocutória em um contrato pertence ao campo da patologia do negócio jurídico e como tal deve ser examinada e punida. Toda cláusula geral remete o intérprete para um padrão de conduta geralmente aceito no tempo e no espaço, e em cada caso o juiz deverá definir quais as situações em que as partes contratantes se desviaram da boa-fé.

Segundo SÍLVIO VENOSA, a *boa-fé objetiva* distingue-se da *boa-fé subjetiva*, pois nesta há um estado de consciência ou aspecto psicológico que deve ser considerado, em que o manifestante de vontade acredita que a sua conduta é correta, tendo em vista o grau de conhecimento que ele tem de um negócio, ao passo que naquela o intérprete parte de um padrão de conduta comum, do homem médio, em determinado caso concreto, levando em consideração os aspectos sociais envolvidos. Assim, a boa-fé objetiva traduz-se como uma regra de conduta, um dever de agir de acordo com determinados padrões sociais estabelecidos e reconhecidos.[252]

BRUNO MIRAGEM[253] também leciona ser necessário distinguir entre a *boa-fé subjetiva* e a *boa-fé objetiva*, âmbito em que o *princípio* referencia, necessariamente, esta última, pois a primeira não estrutura um *princípio jurídico*, mas somente um *estado anímico* que se reconhece à pessoa e que constitui fato relevante para o preenchimento do suporte fático de certas normas jurídicas (*v.g.*: a *regra* do art. 1.214 do CC, que confere ao possuidor de boa-fé, enquanto ela durar, o direito aos frutos percebidos, que pode envolver, no requisito, a falta de conhecimento do possuidor sobre determinado vício que inquinava a sua posse, de modo a torná-la irregualr ou injusta).

Já a boa-fé objetiva constitui, em especial, um *princípio* do direito das obrigações, e, em geral, do direito privado — ainda que não seja atributo ou prerrogativa exclusivos de um ou de outro, consoante já assentado —, tendo se originado no direito alemão, a partir da interpretação e concreção da *cláusula geral* encartada no § 242 do BGB de 1900, determinativa de que os contratantes devem se comportar de acordo com a boa-fé e os usos do tráfico negocial, adquirindo o sentido de dever de conduta compreensivo de uma atuação com lealdade e respeito recíproco dos contratantes, que devem guardar fidelidade com a palavra dada e não frustrar a confiança ou abusar dela, bem assim respeitar as expectativas legítimas geradas na contraparte.

Nesta moldura — prossegue o autor em epígrafe —, a boa-fé objetiva expressa-se como espécie típica de *cláusula geral*, que é *técnica legislativa* da qual resulta uma *norma* redigida com *conceitos polissêmicos ou indeterminados*, cuja *aplicação* pressupõe a necessidade de *interpretação e concreção* desses conceitos mesmos. Isto confere ao intérprete e ao aplicador margens de construção do significado da norma e sua aplicação (referencia-se, aqui, conforme visto, as lições de Clóvis do Couto e Silva a respeito do tema), tendo em consideração circunstâncias específicas do caso concreto. Sob esta dinâmica, a *cláusula geral* permite a atualização da *norma* no tempo e a sua aplicação em face das necessidades e peculiaridades do caso concreto, aliando a tópica jurídica (justiça no caso concreto) e as exigências de coerência interna do sistema jurídico. Nessa esteira, os signos sobre o que seja *comportamento conforme à*

252 VENOSA, Sílvio de Salvo - ***Op. cit.***, p. 20.

253 MIRAGEM, Bruno - ***Op. cit.***, p. 129-131.

boa-fé passam a constituir um resultado dinâmico da sedimentação e sistematização do entendimento que o juiz e a doutrina estabelecem, sem que se possa dizer que se trate de sentidos conferidos à margem da lei.

Assim, é possível identificar na *cláusula geral da boa-fé, funcionalmente*, uma espécie de válvula para as exigências ético-sociais, uma técnica que preconiza uma *norma* em permanente adaptação às necessidades emergentes da sociedade. O *limite* para essa interpretação, fruto da interpretação da norma sob a perspectiva da boa-fé, recai sobre ela mesmo, uma vez que, ainda que se reconheça a pluralidade de sentidos possíveis de serem atribuídos pela atividade interpretativa, nada lhe pode retirar um mínimo de significado que se depreende da sua interpretação gramatical, ou seja, o significado elementar das palavras que a compõe.

Enfim — arremata BRUNO MIRAGEM —, as máximas gerais de conduta ético-jurídica e a nova criação de direito não se limitam ao direito das obrigações e, por conseguinte, não estão vinculadas ao lugar que ele ocupa na atualidade. Trata-se de um plano legislativo de valoração jurídica, que não se encontra adstrito ao dever de prestação. Opera-se o controle da constituição, execução e conteúdo da relação obrigacional, qualificando e delimitando a liberdade individual.

3.1.3 Funções estruturais do princípio da boa-fé objetiva

No magistério de PEDRO PAIS DE VASCONCELOS[254], na *concretização* do *comportamento devido e exigível* em termos de *boa-fé objetiva contratual*, a doutrina lusitana dominante distingue dois campos distintos, mas coexistentes, quais sejam o das *vinculações principais* (*Hauptpflichten*) e o dos *deveres acessórios* (*Nebenpflichten*). A *vinculação principal* que emerge do contrato determina-se por interpretação e dela resulta o dever principal de cumprimento. Todavia, para além dos *deveres principais e secundários* de cumprimento, ainda existem os *deveres acessórios*, que desempenham uma *função auxiliar* de *realização* positiva da *finalidade contratual* e são *essenciais* ao correto processamento da relação em que a prestação se integra. Assim, são *deveres principais*, por exemplo, o de entregar a mercadoria fornecida, o de tratar o doente internado numa clínica e o de entregar a coisa vendida, ao

254 VASCONCELOS, Pedro Pais de - **Contratos**, ***op. cit.***, p. 405-410.

passo que são *deveres acessórios, v.g.*, o dever de embalar ou de encaixotar a mercadoria fornecida, o de alimentar o doente internado numa clínica para tratamento e o de informar o comprador sobre o modo de usar a coisa vendida, âmbitos em que a responsabilidade emergente da sua violação condiz com a responsabilidade contratual. Mas os *deveres acessórios* não são de todo identificáveis, nem concretizáveis, ao tempo da celebração, pois eles vão surgindo, determinando-se e concretizando-se de acordo com as circunstâncias e vicissitudes da relação contratual, *como emanações do princípio da boa-fé e segundo o fim do contrato.* Acresce que, nos tipos contratuais previstos na ordem jurídica, por vezes os deveres acessórios estão expressos na lei, mas a consagração do dever inscrito no texto legal não supre a sua necessidade de concretização. Nesse âmbito, a concretização desse dever exige a mediação do princípio da boa-fé. Ademais disso, a inserção de deveres acessórios no texto legal, no campo dos tipos contratuais legais, não quer significar que não existam *outros* deveres acessórios para além daqueles que estão tipificados na lei. Neste passo, outros deveres acessórios concretos poderão surgir, conforme as circunstâncias e as vicissitudes do contrato, não havendo distinção, no ponto, entre contratos típicos e atípicos.

Por outro lado — prossegue o doutrinador em testilha —, os *deveres acessórios* são *nominados* e *classificados* na doutrina de modos os mais distintos, embora essa variedade não corresponda, no mais das vezes, a divergências materiais substantivas. Assim é que a expressão *deveres laterais* de Mota Pinto provém da terminologia de Esser no direito germânico, sendo menos adequada do que os *deveres acessórios*[255] de Antunes Varela e de Menezes Cordeiro, porque o toque mais característico desses deveres não recai sobre a sua lateralidade em relação ao contrato, mas, sim, à acessoriedade em relação aos deveres principais e secundários dele emergentes. A expressão *deveres de conduta* parece ter origem germânica em Larenz ou em Esser/Schmidt, mas os deveres acessórios nem sempre serão de conduta em sentido restrito, até podendo ser

255 Tendo em consideração que, na disciplina dos negócios jurídicos contratuais, aplica-se a regra geral de que *o acessório segue o principal, salvo disposição legal em sentido diverso ou contrário*, e que, na *concretização* dos *deveres inerentes* ao *princípio e cláusula geral da boa-fé objetiva*, os seus vínculos são *autonomicamente equiparados* aos *vínculos obrigacionais principais e secundários* da avença, entende-se mais adequado denominar de *deveres anexos* os *deveres contratuais decorrentes* da *boa-fé objetiva* contratual.

de abstenção ou simples passividade, o que pode induzir a serem de conduta todos os deveres, deste modo tornando a expressão supérflua e indistinta.

Nesta toada, para PEDRO PAIS DE VASCONCELOS, os *deveres acessórios* classificam-se em *deveres de proteção, de esclarecimento* e *de lealdade*, a saber:

(a) Os *deveres acessórios de proteção* vinculam as partes à evitação da ocorrência de danos, pessoais ou patrimoniais, no campo da execução do contrato, não decorrendo dos deveres principais ou secundários do contrato, mas do princípio da boa-fé, representando uma transferência, para o campo contratual, do antigo princípio do *neminem laedere*, então designado como *partem non laedere*, que, em caso de *desrespeito*, dão lugar à responsabilização civil do contrafator em face de *violação positiva do contrato.*

(b) Os *deveres acessórios de esclarecimento* vinculam as partes contratantes a informarem-se mutuamente de tudo quanto seja do seu conhecimento que possa ser importante para a outra parte, a exemplo dos contratos de prestação de serviços médicos, no âmbito dos quais os médicos são acusados, frequentemente, de não terem informado os seus pacientes dos riscos ou das consequências dos tratamentos ou das intervenções cirúrgicas a que são submetidos, ou, na outra face do mesmo valor, o dever de verdade que os pacientes têm de informar o médico sobre a sua história clínica. Neste norte, também são importantes, *v.g.*, os deveres de informação e de esclarecimento, ao comprador ou usuário, do fornecedor de tecnologias, máquinas, equipamentos, *softwares*, produtos químicos etc.

(c) Os *deveres acessórios de lealdade*, por fim, vinculam as partes a *abster-se*, no âmbito do contrato, de comportamentos que possam falsear o seu objetivo, que possam desequilibrar o jogo das prestações deles emergentes ou perturbar a harmonia do seu sistema interno, como ocorre, por exemplo, nos contratos de trabalho, no de patrocínio de advogado, no de gestão de carteira de títulos, no de agência e, no geral, nos contratos fiduciários.

Por conseguinte — conclui o autor —, a *concretização* dos *deveres acessórios* em consonância com o *princípio da boa-fé objetiva* tem como *consequência* a redução do papel pertinente à letra do contrato na *determinação* dos *comportamentos devidos e exigíveis*, bem assim a instauração de um *diálogo* entre o *texto* e o *sentido e escopo* próprios do contrato, as circunstâncias, as matérias discutidas na sua negociação e os usos e costumes do tráfego. Nessa moldura, *um dever emergente da letra do contrato pode tornar-se inexigível, se e quando colidir com um dever ético superior*, pois o *componente de segurança do tráfego jurídico* e o *componente ético-jurídico* não são separáveis nos lindes da boa-*fé objetiva contratual*.

Nos ensinamentos doutrinários de GAGLIANO e PAMPLONA FILHO[256], a boa-fé é, antes de tudo, uma *diretriz principiológica de fundo ético* e *espectro eficacial jurídico* que subsume um princípio de substrato moral revestido de natureza jurídica cogente. Constitui, portanto, um princípio vinculado a uma norma de comportamento ligada à eticidade da ordem social.

Nesta toada, uma releitura da estrutura obrigacional sem as amarras tecnicistas da teoria clássica e revista à luz desse construto ético, conduz à conclusão de que o *contrato* não se esgota apenas na *obrigação principal* de *dar*, *fazer* ou *não fazer*, uma vez que a boa-fé objetiva impõe às partes contratantes, *também*, a observância de *deveres jurídicos anexos ou de proteção*, que, embora não estejam inscritos no contrato, integram-no com a mesma relevância e intensidade dos deveres jurídicos principais, minimamente bilaterais no campo obrigacional do sinalagma. Assim, os *deveres anexos ou de proteção* decorrentes do *princípio da boa-fé objetiva* podem ser exemplificados nos *deveres de lealdade*, *confiança*, *assistência*, *informação*, *confidencialidade* ou *sigilo*, dentre outros. Tais deveres são impostos tanto ao sujeito ativo quanto ao sujeito passivo da relação jurídica obrigacional bilateral, referindo-se à exata satisfação dos *interesses comutativos* envolvidos nas prestações e contraprestações obrigacionais assumidas, *por força e em decorrência* dos *deveres da boa-fé contratual*.

Nesta perspectiva, a boa-fé objetiva substancia princípio e cláusula geral de tutela reguladora desses deveres, cuja enumeração é caracteristicamente *numerus apertus*, vindo a calhar, neste ponto, a doutrina de JUDITH MARTINS-COSTA[257] a respeito do *thema*, *verbis*:

256 GAGLIANO, Pablo Stolze; PAMPLONA FILHO, Rodolfo - **Manual**, ***op. cit.***, p. 412-427.

257 MARTINS-COSTA, Judith - **A Boa-fé no Direito Privado.** ***Op. cit.***, p. 439-440.

"Entre os deveres com tais características encontram-se, *exemplificativamente*:

a) os deveres de cuidado, previdência e segurança, como o dever do depositário de não apenas guardar a coisa, mas também o de acondicionar o objeto deixado em depósito;

b) os deveres de aviso e de esclarecimento, como o do advogado, de aconselhar o seu cliente acerca das melhores possibilidades de cada via judicial passível de escolha para a satisfação do seu *desideratum*; o do consultor financeiro, de avisar a contraparte sobre os riscos que corre, ou do médico, de esclarecer ao paciente sobre a relação custo/benefício do tratamento escolhido, ou dos efeitos colaterais do medicamento indicado, ou ainda, na fase pré-contratual, o do sujeito que entra em negociações, de avisar o futuro contratante sobre os fatos que podem ter relevo na formação da declaração negocial;

c) os deveres de informação, de exponencial relevância no âmbito das relações jurídicas de consumo, seja por expressa disposição legal (CDC, arts. 12, *in fine*, 14, 18, 20, 30 e 31, entre outros), seja em relação ao mandamento de boa-fé objetiva;

d) o dever de prestar contas, que incumbe aos gestores e mandatários, em sentido amplo;

e) os deveres de colaboração e cooperação, como o de colaborar para o correto adimplemento da prestação principal, ao qual se liga, pela negativa, o de não dificultar o pagamento, por parte do devedor;

f) os deveres de proteção e cuidado com a pessoa e patrimônio da contraparte, v.g., o dever do proprietário de uma sala de espetáculos ou de um estabelecimento comercial de planejar arquitetonicamente o prédio, a fim de diminuir os riscos de acidentes;

g) os deveres de omissão e de segredo, como o dever de guardar sigilo sobre os atos ou fatos dos quais se teve conhecimento em razão do contrato ou de negociações preliminares, pagamento, por parte do devedor, etc.

O que importa bem sublinhar é que, constituindo deveres que incumbem tanto ao devedor quanto ao credor, não estão orientados diretamente ao cumprimento da prestação ou dos deveres principais, como ocorre com os deveres secundários. Estão, antes, referidos ao *exato processamento da relação obrigacional*, isto é, à satisfação dos interesses globais envolvidos, em atenção a uma identidade finalística, constituindo o complexo conteúdo da relação que se unifica funcionalmente."

Nessa *moldura obrigacional anexa* ao contrato e às partes contratantes, no bojo da qual ambas são reciprocamente credoras, GAGLIANO e PAMPLONA FILHO[258] lecionam que, na investigação da *causa genética* desses *deveres anexos*, não é possível prescindir dos *fatos materiais* dos quais elas se originam, a exemplo das negociações preliminares, o contrato, o fim do negócio etc.

Na sequência, trazem à colação do tema a doutrina exauriente de MENEZES CORDEIRO[259] em obra igualmente clássica sobre a matéria, no sentido de que "A boa-fé apenas normatiza certos factos que, estes sim, são fonte: mantenha-se o paralelo com a fenomenologia da eficácia negocial: a sua fonte reside não na norma que mande respeitar os negócios, mas no próprio negócio em si. [...] O Direito obriga, então, a que, nessas circunstâncias, as pessoas não se desviem dos propósitos que, em ponderação social, emerjam da situação em que se achem colocadas: não devem assumir comportamentos que a contradigam — deveres de lealdade — nem calar ou falsear a actividade intelectual externa que informa a convivência humana — deveres de informação. Embora as estruturas e teleologia básicas sejam as mesmas, adivinha-se a presença de concretizações diversas, consoante os fatos que lhes deem origem"[260].

Investigando as *funções estruturais* do princípio da boa-fé objetiva, FLÁVIO TARTUCE[261] leciona que é comum afirmar que a boa-fé objetiva, conceituada como sendo a exigência de conduta leal dos contratantes, está intimamente relacionada com os *deveres anexos ou laterais de conduta* que são ínsitos a qualquer negócio jurídico, sequer havendo a necessidade de *previsão* na figura — típica ou atípica — instrumental do negócio avençado. Nesta toada, são considerados *deveres anexos*, dentre outros, os seguintes:

(a) dever de cuidado em relação à outra parte do negócio;

(b) dever de respeito;

(c) dever de informar a outra parte sobre o conteúdo do negócio;

(d) dever de agir conforme a confiança depositada;

(e) dever de lealdade e probidade;

258 GAGLIANO, Pablo Stolze; PAMPLONA FILHO, Rodolfo - **Manual**, ***op. cit.***, p. 412-427.

259 CORDEIRO, António Manuel da Rocha e Menezes - **Da Boa fé no Direito Civil. *Op. cit.***, p. 646, *apud* GAGLIANO, Pablo Stolze; PAMPLONA FILHO, Rodolfo - **Manual**, ***op. cit.***, p. 415.

260 CORDEIRO, António Manuel da Rocha e Menezes - **Da Boa fé no Direito Civil. *Op. cit.***, p. 646.

261 TARTUCE, Flávio - **Manual, op. cit.**, p. 669-670.

(f) dever de colaboração ou cooperação;

(g) dever de agir com honestidade;

(h) dever de agir conforme a razoabilidade, a equidade e a boa razão.

Prosseguindo na sua preleção, TARTUCE anota que a *quebra* desses *deveres anexos* gera *violação positiva do contrato*, com *responsabilização civil objetiva* daquele que desrespeita a boa-fé objetiva, consoante prescreve o Enunciado n.º 24 do CJF/STJ. Essa responsabilização independente de *culpa* está amparada, também, no Enunciado n.º 363 do CJF/STJ, da *IV Jornada de Direito Civil*, a prescrever que *"Os princípios da probidade e da confiança são de ordem pública, estando a parte lesada somente obrigada a demonstrar a existência da violação"*, tratando-se, por conseguinte, de um preceito de ordem pública. Bem a propósito, o doutrinador em tela averba que, à luz do CPC de 2015, a quebra dos deveres anexos pode gerar uma responsabilidade civil objetiva do violador da boa-fé objetiva processual.

Neste diapasão, GAGLIANO e PAMPLONA FILHO lecionam que a doutrina acomete *três funções estruturantes* ao princípio da boa-fé objetiva, quais sejam (1) a *função interpretativa e de colmatação* (CC, art. 113), (2) a *função criadora dos deveres jurídicos anexos ou de proteção* (CC, art. 422) e a (3) a *função delimitadora do exercício de direitos subjetivos* (CC, art. 187).

3.1.3.1 Função interpretativa e de colmatação

A função interpretativa é a mais conhecida de todas as figurações da doutrina obrigacional dos contratos. O aplicador do direito tem, na boa-fé objetiva, um referencial hermenêutico dos mais seguros, para que possa extrair da norma, objeto da sua investigação, o sentido ético mais recomendável e socialmente útil, com o que essa função também guarda íntima conexão com a diretriz consagrada na *regra de ouro* do art. 5.º da Lei de Introdução às Normas do Direito Brasileiro (LINDB), segundo a qual o juiz, ao aplicar a lei, deve atender aos fins sociais a que ela se dirige e às exigências do bem comum.[262]

262 GAGLIANO, Pablo Stolze; PAMPLONA FILHO, Rodolfo - **Manual de Direito Civil - Volume Único.** ***Op. cit.***, p. 416. Dos mesmos autores, mas em *obra condensada*, vide *texto semelhante* em: **Novo Curso de Direito Civil - Vol. 4, Tomo I - Contratos: Teoria Geral. *Op. cit.***, p. 109-110.

Essa base legal hermenêutica está substanciada no art. 113 do CC, cujo enunciado prescreve que "Os negócios jurídicos devem ser interpretados conforme a boa-fé e os usos do lugar da sua celebração", consoante adrede referido.

FLÁVIO TARTUCE também a encarta no novo CPC, por seu art. 489, § 3.º, devendo o julgador guiar-se pela boa-fé das partes ao proferir a sua decisão. Ao comentar o art. 113 do CC, Miguel Reale[263] pondera que "em todo ordenamento jurídico há artigos-chave, isto é, normas fundantes que dão sentido às demais, sintetizando diretrizes válidas para todo o sistema", ainda acrescentando que, "Com razão, o supratranscrito art. 113 dá preferência aos negócios jurídicos para fixar as diretrizes hermenêuticas da eticidade e da socialidade".

Na mesma linha, a boa-fé objetiva ainda serve como suporte de colmatação para orientar o juiz em caso de integração de lacunas, uma vez que, segundo Clóvis do Couto e Silva[264], "o princípio da boa-fé revela-se como delineador do campo a ser preenchido pela interpretação integradora, pois, da perquirição de propósitos e intenções dos contratantes pode manifestar-se a contrariedade do ato aos bons costumes e à boa-fé"[265].

3.1.3.2 Função criadora de deveres jurídicos anexos e de proteção

O princípio da boa-fé objetiva detém a importante *função criadora* de *deveres anexos e de proteção*, que não dispensa a convergência de um acontecimento que dê causa a tais deveres, pois a *boa-fé objetiva* atua como *fundamento normativo*, e não propriamente fático, desses deveres. BRUNO MIRAGEM ensina que esta função é *jurígena* e serve como *fonte autônoma de deveres jurídicos*. Nessa linha de intelecção, é preciso convir que o rol desses deveres jurídicos anexos e de proteção é *numerus apertus*, não taxativo, dentre os quais podem ser alinhados, a título de ilustração, alguns dos mais conhecidos, como os retro declinados ensinamentos de JUDITH MARTINS-COSTA e de FLÁVIO TARTUCE, a exemplo dos deveres (i) *de assistência*, (ii) *de infor-*

263 REALE, Miguel - Estudos Preliminares do Código Civil, p. 75-77, *apud* GAGLIANO, Pablo Stolze; PAMPLONA FILHO, Rodolfo - **Manual**, ***op. cit.***, p. 416.

264 COUTO E SILVA, Clóvis V. do - A Obrigação como Processo, p. 33-34, *apud* GAGLIANO, Pablo Stolze; PAMPLONA FILHO, Rodolfo - **Manual**, ***op. cit.***, p. 416.

265 COUTO E SILVA, Clóvis V. do - **A Obrigação como Processo**, p. 33-34.

mação e (iii) *de sigilo ou confidencialidade*. Todos eles derivam da força normativa criadora da boa-fé objetiva, caracterizando-se como *deveres invisíveis*, embora juridicamente existentes.

FLÁVIO TARTUCE[266] traz à colação o art. 422 do CC, segundo o qual "Os contratantes são obrigados a guardar, assim na conclusão do contrato, como na sua execução, os princípios de probidade e de boa-fé", o que ensejou a criação de *paradigmas hermenêuticos* no sentido de que *a boa-fé deve ser aplicada em todas as fases negociais, inclusive pré e pós contrato*, a exemplo do que prescreve o Enunciado n.º 25 do CJF/STJ, da *I Jornada de Direito Civil*, determinativo de que *"o art. 422 do Código Civil não inviabiliza a aplicação, pelo julgador, do princípio da boa-fé nas fases pré e pós-contratual"*, também vindo à colação o Enunciado n.º 170 do CJF/STJ, da *III Jornada de Direito Civil*, determinativo de que *"A boa-fé objetiva deve ser observada pelas partes na fase de negociações preliminares e após a execução do contrato, quando tal exigência decorrer da natureza do contrato"*, anotando-se, no ponto, que estes dois Enunciados, apesar de parecidos, têm conteúdos diversos, pois o n.º 25 é dirigido ao juiz, ao aplicador da norma em caso concreto, ao passo que o n.º 170 é destinado às partes do negócio jurídico.

Ademais disso, FLÁVIO TARTUCE[267] leciona que a quebra desses *deveres anexos, laterais* ou *secundários* caracteriza *violação positiva do contrato*, com responsabilização civil do contratante que desrespeita a boa-fé objetiva, tanto assim que deu ensanchas à aprovação do Enunciado n.º 24 do CJF/STJ, em 2002, na *I Jornada de Direito Civil*, cujo teor prescreve que, "Em virtude do princípio da boa fé, positivado no art. 422 do Código Civil, a violação dos deveres anexos constitui especie de inadimplemento, independentemente de culpa".

Neste passo, a *violação positiva do contrato*, com aplicação a todas as fases contratuais, tem sido reconhecida pela doutrina contemporânea como *nova modalidade de inadimplemento contratual*. Esta responsabilização *independente de culpa* está amparada no Enunciado n.º 363 do CJF/STJ, aprovado em 2006, na *IV Jornada de Direito Civil*, a dispor que "Os princípios da probidade e da confiança são de ordem pública, estando a parte lesada somente obrigada a demonstrar a existência da violação".

266 TARTUCE, Fávio - **Direito Civil**, ***op. cit.***, p. 100-101.

267 TARTUCE, Fávio - **Direito Civil**, ***op. cit.***, p. 112-124.

3.1.3.2.1 Deveres de lealdade e confiança recíprocos[268]

Os *deveres anexos de lealdade e confiança recíprocos* costumam ser denominados de *deveres anexos gerais* de uma relação contratual, porque a lealdade nada mais é do que a fidelidade aos compromissos assumidos e respeito aos princípios e regras que norteiam a honra e a probidade.

A ideia de lealdade infere o estabelecimento de relações calcadas na transparência e na enunciação da verdade, com a correspondência entre a *vontade manifestada* e a *conduta praticada*, sem *omissões dolosas* — o que se relaciona, também, com o dever anexo de informação —, a fim de que seja firmado um elo de segurança jurídica fundada na confiança das partes que pretendem contratar, e com a explicitação mais clara possível dos direitos e deveres de cada um.

A ideia de confiança reside na crença na probidade moral de outrem, sendo algo que se conquista pela prática de uma conduta leal e civilizada.

3.1.3.2.2 Dever de assistência e cooperação[269]

O *dever de assistência* também é conhecido como *dever de cooperação*, ainda que cada qual possa ter as suas conotações específicas, subsumindo a concepção de que, se o contrato é feito para ser cumprido, aos contratantes compete colaborar para o correto adimplemento da sua prestação principal, em toda a extensão. Pelo plano da negativa, esse dever envolve não dificultar o pagamento pelo devedor, bem assim o recebimento da prestação creditícia pelo credor. Nesta perspectiva, o dever anexo de assistência e de cooperação configura um dos quesitos mais importantes do princípio e cláusula geral da boa-fé objetiva, cuja concretização envolve, nesta esfera anexa de comportamento e/ou conduta, para cada contratante, os deveres de dar assistência e cooperação, de fazer acontecer as suas circunstâncias consectárias e de não fazer o que possa violá-los por qualquer modo.

---

268 GAGLIANO, Pablo Stolze; PAMPLONA FILHO, Rodolfo - **Manual de Direito Civil - Volume Único.** ***Op. cit.***, p. 417. Dos mesmos autores, mas em *obra condensada*, vide *texto semelhante* em: **Novo Curso de Direito Civil - Vol. 4, Tomo I - Contratos: Teoria Geral.** ***Op. cit.***, p. 111-112.

269 GAGLIANO, Pablo Stolze; PAMPLONA FILHO, Rodolfo - **Manual de Direito Civil - Volume Único.** ***Op. cit.***, p. 417-418. Dos mesmos autores, mas em *obra condensada*, vide *texto semelhante* em: **Novo Curso de Direito Civil - Vol. 4, Tomo I - Contratos: Teoria Geral.** ***Op. cit.***, p. 112-113.

3.1.3.2.3 Dever de informação[270]

O *dever de informação* contém uma imposição ética, moral e jurídica de comunicar à outra parte todos os misteres, características e circunstâncias do negócio, abrangendo, também, o bem jurídico que lhe serve de objeto, vinculando-se ao dever de lealdade entre as partes contratantes.

É um dever anexo aos contratos em geral, não sendo prerrogativa dos negócios jurídicos celebrados sob a égide do Código de Defesa do Consumidor.

3.1.3.2.4 Dever de sigilo ou confidencialidade[271]

O *dever de sigilo ou confidencialidade* é um imperativo lógico da lealdade entre as partes contratantes, resguardando os direitos da personalidade. Em determinado contrato firmado entre duas empresas, por exemplo, para fornecimento de ração de pássaros, não foi consignada uma cláusula no sentido de que as partes contratantes não poderiam, durante a vigência do contrato, ou mesmo após o seu exaurimento, divulgar dados ou informações uma da outra, ou a composição da fórmula secreta usada para elaborar a ração de excelente qualidade e baixo custo de mercado. Nessa moldura, rente à natureza factual do contrato firmado, ainda que sem cláusula de sigilo ou confidencialidade, resulta evidenciado, pela boa-fé objetiva, que esses deveres não poderiam ser violados, seja por culpa ou dolo do contrafator.

3.1.3.3 Função de controle e delimitação do exercício de direitos subjetivos

GAGLIANO e PAMPLONA FILHO[272] entendem esta função estrutural da cláusula geral e princípio da boa-fé objetiva como delimitadora do exer-

270 GAGLIANO, Pablo Stolze; PAMPLONA FILHO, Rodolfo - **Manual de Direito Civil - Volume Único.** ***Op. cit.***, p. 418. Dos mesmos autores, mas em *obra condensada*, vide *texto semelhante* em: **Novo Curso de Direito Civil - Vol. 4, Tomo I - Contratos: Teoria Geral. *Op. cit.***, p. 113-115.

271 GAGLIANO, Pablo Stolze; PAMPLONA FILHO, Rodolfo - **Manual de Direito Civil - Volume Único.** ***Op. cit.***, p. 418. Dos mesmos autores, mas em *obra condensada*, vide *texto semelhante* em: **Novo Curso de Direito Civil - Vol. 4, Tomo I - Contratos: Teoria Geral. *Op. cit.***, p. 116.

272 GAGLIANO, Pablo Stolze; PAMPLONA FILHO, Rodolfo - **Manual de Direito Civil - Volume Único.** ***Op. cit.***, p. 418-423. Dos mesmos autores, mas em *obra condensada*, vide *texto semelhante* em: **Novo Curso de Direito Civil - Vol. 4, Tomo I - Contratos: Teoria Geral. *Op. cit.***, p. 116.

cício de direitos subjetivos no sistema obrigacional dos contratos, tendo por escopo evitar o exercício abusivo dos direitos subjetivos, inclusive porque se busca, no vigente sistema constitucional, o desenvolvimento socioeconômico sem desvalorização da pessoa humana, não existindo mais espaço para a decantada *tirania dos direitos*, tampouco para as denominadas *cláusulas leoninas ou abusivas*, seja nos contratos de consumo ou nos contratos civis e empresariais em geral. BRUNO MIRAGEM segue nesta toada.

TARTUCE[273] leciona que a função é de controle e assenta-a no art. 187 do CC, cujo enunciado dispõe que "Também comete ato ilícito o titular de um direito que, ao exercê-lo, excede manifestamente os limites impostos pelo seu fim econômico ou social, pela boa-fé pelos bons costumes", deste modo imputando a prática de *abuso de direito* à parte contratante que o viola, ainda anotando que o Enunciado n.º 37 do CJF/STJ, aprovado na *I Jornada de Direito Civil*, dispõe que a *responsabilidade civil* decorrente do abuso de direito é *objetiva*, ou seja, não depende de culpa, pois o art. 187 do CC adotou o critério objetivo-finalístico, em razão do que a quebra ou desrespeito à boa-fé objetiva conduz ao caminho sem volta da *responsabilidade independente de culpa*, seja pelo Enunciado n.º 24, ou pelo n.º 37, ambos da *I Jornada* do CJF/STJ. Ademais, o abuso de direito também pode se configurar em sede de autonomia privada, por meio das cláusulas abusivas, ou, mesmo, no âmbito processual.

GAGLIANO e PAMPLONA FILHO[274] emendam que a cláusula contratual que preveja a *impossibilidade* de se aplicar as normas da *teoria da imprevisão* (da *onerosidade excessiva*) em benefício da parte prejudicada, além de iníqua, viola a função social do contrato e a boa-fé objetiva, sendo marcadamente abusivas. Daí a função delimitadora da boa-fé objetiva ao exercício de direitos subjetivos de natureza contratual. Aproximando-se da doutrina de TARTUCE nos lindes do art. 113[275] do CC, os juristas em tela avançam em direção ao princípio e cláusula geral que, encartada no art. 421[276] do mesmo Estatuto, entroniza a *função social do contrato* e, na passagem para o preceito

273 TARTUCE, Fávio - **Direito Civil, *op. cit.***, p. 112-124.

274 GAGLIANO, Pablo Stolze; PAMPLONA FILHO, Rodolfo - **Manual de Direito Civil - Volume Único. *Op. cit.***, p. 418-423. Dos mesmos autores, mas em *obra condensada*, vide *texto semelhante* em: **Novo Curso de Direito Civil - Vol. 4, Tomo I - Contratos: Teoria Geral. *Op. cit.***, p. 116.

275 "Art. 113. Os negócios jurídicos devem ser interpretados conforme a boa-fé e os usos e costumes."

276 "Art. 421. A liberdade de contratar será exercida em razão e nos limites da função social do contrato."

do art. 422[277] do CC, confere à boa-fé objetiva o *status* de *princípio de direito*. Neste ponto, entretanto, apontam a falha do Legislador no plano da *extensão* ou *abrangência* do princípio da boa-fé objetiva, para fazê-lo incidir, também, nas *fases pré e pós contratual* da avença, e não somente na sua fase de execução em sentido estrito.

Com efeito — lecionam os doutrinadores em epígrafe —, mesmo na *fase pré-contratual*, das tratativas preliminares, das primeiras negociações, da redação da minuta — a denominada *fase de puntuação* —, a boa-fé deve incidir em tempo integral, pois a quebra dos deveres éticos de proteção poderá resultar, antes mesmo da celebração da avença, na responsabilização civil do infrator. Sucede identicamente na *fase pós-negocial*, que envolve o que a doutrina tem denominado de *responsabilidade pós-contratual*, *post factum finitum* ou, ainda, *pós-eficácia das obrigações*, consoante retro comentado[278].

Aliás, admitir a impunidade do contrafator à boa-fé objetiva nas fases pré e/ou pós-contratual, somente sancionando as fases constitutiva e execucional da avença, equivale a sufragar a iniquidade e, de quebra, incentivar toda a sorte de práticas contrárias à ordem jurídica, ilícitas, de má-fé, desleais, abusivas, e assim por diante.

3.1.3.4 Desdobramentos da boa-fé objetiva: figuras parcelares e funções defensivas

No contexto investigado, até aqui, sobre o princípio e cláusula geral da boa-fé objetiva no sistema obrigacional dos contratos, impende examinar, ainda, os desdobramentos e efeitos que a sua aplicação produz, inclusive, nos mais diferentes campos do Direito. Com esta finalidade, seguem alinhadas sistematizações doutrinárias tópicas que favorecem uma visão de conjunto e privilegiam uma sintética compreensão das figuras abordadas, de modo a permitir, inclusive, a programação de incursões mais verticalizadas em áreas de interesse particularizado.

---

277 "Art. 422. Os contratantes são obrigados a guardar, assim na conclusão do contrato, como em sua execução, os princípios de probidade e boa-fé."

278 GAGLIANO, Pablo Stolze; PAMPLONA FILHO, Rodolfo - **Manual de Direito Civil - Volume Único.** ***Op. cit.***, p. 418-423. Dos mesmos autores, mas em *obra condensada*, vide *texto semelhante* em: **Novo Curso de Direito Civil - Vol. 4, Tomo I - Contratos: Teoria Geral. *Op. cit.***, p. 116.

Nesta perspectiva investigatória, os *efeitos* ou *repercussões recorrentes* do princípio da boa-fé objetiva podem ser sistematizados e simbolizados em algumas *locuções* — a maior parte delas *latinas* — de uso corrente na doutrina, nas lides forenses e nos métodos alternativos (judiciais e extrajudiciais) de resolução de conflitos, locuções essas denominadas de *figuras parcelares* — expressão cunhada, no direito lusitano, por MENEZES CORDEIRO[279], celebrizada na doutrina brasileira — que, na substância de cada uma delas, podem transitar como *fundamentos argumentativos* e/ou *decisórios* aplicáveis a questões hermenêuticas concretas residentes no sistema obrigacional dos contratos de direito privado. A título de introdução conjuntural remissiva da lavra de GAGLIANO e PAMPLONA FILHO[280], vem à colação da matéria as percucientes investigações doutrinárias de LUCIANO DE CAMARGO PENTEADO[281], *verbis:*

> "A boa-fé, segundo a insuperável classificação feita por Menezes Cordeiro ao tratar do *exercício inadmissível das posições jurídicas*, apresentaria *oito figuras parcelares*, ou seja, tipos de argumentos recorrentes com vistas a sua aplicação tópica. Entre eles estariam o *venire contra factum proprium*, o *tu quoque*, a *exceptio doli*, desdobrada em *exceptio doli generalis* e *exceptio doli specialis*, a inalegabilidade das nulidades formais, o desequilíbrio no exercício jurídico, a *supressio* e a *surrectio*. Sendo *figuras parcelares* de uma *cláusula geral* e não noções próprias de uma definição conceitual, é preciso desde já salientar que, em sua aplicação, *não é necessário que todos os pressupostos estejam presentes*, havendo a possibilidade de se julgar, *não em termos de tudo ou nada*, mas em termos de um mais e de um menos. Do mesmo modo, determi-

---

279 Sob os títulos de "Tratamento Típico de Exercícios Inadmissíveis" (CORDEIRO, António Menezes - **Da Boa Fé no Direito Civil, *op. cit.***, p. 719-860) e "Tipos de Atos Abusivos" (CORDEIRO, António Menezes - **Tratado de Direito Civil - Parte Geral - Vol. V, *op. cit.***, p. 297-389), respectivamente, MENEZES CORDEIRO exaure os estudos doutrinários sobre as *figuras parcelares*, cuja extensão e profundidade extrapolam os estreitos limites desta investigação, constituindo material de pesquisa e consulta permanente.

280 GAGLIANO, Pablo Stolze; PAMPLONA FILHO, Rodolfo - **Manual, *op. cit.***, p. 423-427; **Novo Curso, *op. cit.***, p. 121-129.

281 PENTEADO, Luciano de Camargo - **Figuras Parcelares da Boa-fé Objetiva e *Venire Contra Factum Proprium*.** [Em linha]. [Consult. 20 Jul 2018]. Disponível em: <http://www.flaviotartuce.adv.br/secoes/artigosc/Luciano_venire.doc>, *apud* GAGLIANO, Pablo Stolze; PAMPLONA FILHO, Rodolfo - **Manual, *op. cit.***, p. 423; **Novo Curso, *op. cit.***, p. 121-122 - os grifos são figuras de ênfase nossas, não constando do original.

> nada situação jurídica pode ser reconduzida *a mais de uma* das *figuras parcelares da boa-fé*, porque estas gozam de certa *plasticidade*. Todas, entretanto, resultam da incidência do CC 422, em matéria de contratos e de direito das obrigações. São tipos em torno dos quais é possível *agrupar os casos* que tratem do *tema da boa-fé objetiva*. Como *tipos*, permitem esta *qualificação móvel*."

Tais *figuras parcelares*, também denominadas de *função reativa* ou de *subprincípios da boa-fé objetiva*, operam como autênticos desdobramentos deste princípio, âmbito em que "A *função reativa* é a utilização da boa-fé objetiva como *exceção*, ou seja como *defesa*, em caso de ataque do outro contratante. Trata-se da possibilidade de *defesa* que a boa-fé objetiva permite em caso de ação judicial *injustamente proposta* por um dos contratantes"[282]. Ao discorrer sobre a função de integração da boa-fé objetiva, FLÁVIO TARTUCE[283] traz à colação o Enunciado n.º 26 do CJF/STJ, aprovado em 2002, na *I Jornada de Direito Civil*, cujo preceito dispõe que "A cláusula geral contida no art. 422 do Novo Código Civil impõe ao juiz interpretar e, quando necessário, suprir e corrigir o contrato segundo a boa-fé objetiva, entendida como exigência de comportamento leal dos contratantes". Fazendo remissão ao pioneirismo da doutrina portuguesa no tratamento dos conceitos parcelares da boa-fé objetiva — *supressio, surrectio, tu quoque, exceptio doli* e *venire contra factum proprium* —, TARTUCE destaca, de plano, o Enunciado n.º 412, aprovado na *V Jornada de Direito Civil* do CJF/STJ, a dispor que, nos lindes do art. 187[284] do CC, "As diversas hipóteses de exercício inadmissível de uma situação jurídica subjetiva, tais como *supressio, tu quoque, surrectio* e *venire contra factum proprium*, são concreções da boa-fé objetiva". De um modo geral, as análises que se seguem das figuras parcelares e funções defensivas do princípio e cláusula geral da boa-fé objetiva proveem, quando não identificada a autoria das cita-

282 SIMÃO, José Fernando - **A Boa-fé e o Novo Código Civil - Parte III.** [Em linha]. [Consult. 20 Jul 2008]. Disponível na Internet: <http://professorsimao.com.br/artigos_simao_a_boa_fe_03.htm>, *apud* GAGLIANO, Pablo Stolze; PAMPLONA FILHO, Rodolfo - **Manual,** ***op. cit.***, p. 423; **Novo Curso,** ***op. cit.***, p. 122.

283 TARTUCE, Fávio - **Direito Civil,** ***op. cit.***, p. 112.

284 "Art. 187. Também comete ato ilícito o titular de um direito que, ao exercê-lo, excede manifestamente os limites impostos pelo seu fim econômico ou social, pela boa-fé ou pelos bons costumes."

ções, de lições doutrinários da lavra de GAGLIANO e PAMPLONA FILHO[285], e de FLÁVIO TARTUCE[286].

3.1.3.4.1 *Venire contra factum proprium non potest*

Sob a égide desta máxima, determinada pessoa não pode exercer um direito próprio contrariando um comportamento anterior, devendo ser mantida a confiança e o dever de lealdade decorrentes da boa-fé objetiva, depositada quando da formação do contrato. Vai nessa linha o Enunciado n.º 24 do CJF/STJ, aprovado em 2012, na *I Jornada de Direito Comercial*, a dispor que "Os contratos empresariais coligados, concretamente formados por unidade de interesses econômicos, permitem a arguição da exceção de contrato não cumprido, salvo quando a obrigação inadimplida for de escassa importância", ao que se agrega o Enunciado n.º 362 do CJF/STJ, aprovado na *IV Jornada de Direito Civil*, cujo preceito estabelece que "A vedação do comportamento contraditório (*venire contra factum proprium*) funda-se na proteção da confiança, como se extrai dos arts. 187 e 422 do Código Civil".

Para Anderson Schreiber[287], podem ser apontados quatro *pressupostos* para a aplicação da proibição do comportamento contraditório, a saber: (a) um fato próprio, uma conduta inicial; (b) a legítima confiança de outrem na conservação do sentido objetivo dessa conduta; (c) um comportamento contraditório com este sentido objetivo; (d) um dano ou um potencial de dano decorrente da contradição.

Na toada de GAGLIANO e PAMPLONA FILHO[288], a *exceção defensiva* substanciada no *venire contra factum proprium* significa *vir* ou *voltar-se contra um fato próprio* e parte da ideia de que as partes, em função da *confiança recíproca* que *deve* permear a relação obrigacional, devem agir com coerência e seguindo uma linha de conduta ética, rente aos bons costumes e à boa-fé objetiva.

---

285 GAGLIANO, Pablo Stolze; PAMPLONA FILHO, Rodolfo - **Novo Curso, *op. cit.***, p. 121-129.

286 TARTUCE, Fávio - **Direito Civil, *op. cit.***, p. 112-124.

287 SCHREIBER, Anderson - **A proibição do comportamento contraditório - Tutela de confiança e *venire contra factum proprium*.** Rio de Janeiro: Renovar, 2005, p. 124, *apud* TARTUCE, Flávio - **Direito Civil, *op. cit.***, p. 116-117.

288 GAGLIANO, Pablo Stolze; PAMPLONA FILHO, Rodolfo - **Manual de Direito Civil - Volume Único. *Op. cit.***, p. 424. Dos mesmos autores, mas em *obra condensada*, vide *texto semelhante* em: **Novo Curso de Direito Civil - Vol. 4, Tomo I - Contratos: Teoria Geral. *Op. cit.***, p. 122-124.

Assim, cada parte não pode, por meio de um ato posterior, contrariar esse modo correto de agir, ou seja, a parte contratante não pode contrariar a sua própria atitude, não sendo razoável admitir que uma pessoa pratique determinado ato ou conjunto de atos e, em seguida, realize conduta diametralmente oposta.

Dois exemplos ilustram a ideia do *venire contra factum proprium*[289]. O primeiro ocorre no caso do locador de um imóvel que, todo mês, aceita receber o aluguel com cinco dias de atraso. Após meses procedendo assim, sem se opor a tal fato, o locador resolve mudar de conduta e passa a exigir do locatário a multa moratória do período. Acresce que essa mudança repentina de atitude do locador frusta uma legítima expectativa do locatário, uma vez que o senhorio, durante meses, não se opôs ao pagamento do aluguel com dias de atraso, tolerando-o iterativamente de modo a fazer com que o locatário acreditasse que a cláusula escrita havia sido alterada por um acordo verbal implícito com o locador.

O outro exemplo vem do CC/2002, que, no art. 175, determina que o contratante que voluntariamente iniciou a execução do negócio jurídico anulável não pode mais invocar essa nulidade. Assim, o cumprimento voluntário do negócio anulável importa em extinção de todas as ações ou exceções de que dispusesse o devedor, que optou por seguir uma conduta de convalidação pela qual ele não pode, posteriormente, *venire contra factum proprium* e surpreender a outra parte com uma mudança de conduta que coloque em xeque o seu próprio proceder anterior.

Outro exemplo deriva do art. 330 do CC, em que o credor que aceitou o pagamento, durante a execução de pacto de trato sucessivo, em lugar diverso do convencionado, não pode surpreender o devedor com a exigência literal do contrato, para contra ele alegar descumprimento.

3.1.3.4.2 Supressio[290]

A expressão *supressio* é outro importante desdobramento da boa-fé objetiva. Decorre do termo alemão *Verwirkung*, que significa *perda*, e consiste na

289 GAGLIANO, Pablo Stolze; PAMPLONA FILHO, Rodolfo - **Novo Curso de Direito Civil - Vol. 4, Tomo I - Contratos: Teoria Geral.** ***Op. cit.***, p. 122.

290 GAGLIANO, Pablo Stolze; PAMPLONA FILHO, Rodolfo - **Manual de Direito Civil - Volume Único.** ***Op. cit.***, p. 424-425. Dos mesmos autores, mas em *obra condensada*, vide *texto semelhante* em: **Novo Curso de Direito Civil - Vol. 4, Tomo I - Contratos: Teoria Geral.** ***Op. cit.***, p. 124-125.

perda ou supressão de um direito por meio da falta do seu exercício em tempo razoável. Trata-se de instituto distinto da *prescrição*, que se refere à perda da própria *pretensão*, ao passo que, na figura da *supressio*, o que há é um *comportamento omissivo* — um *silêncio ensurdecedor* — para o exercício de um direito, de modo que o seu exercício posterior mostra-se incompatível com as legítimas expectativas até então geradas na contraparte.

Neste norte, na *tutela da confiança*, um direito não exercido durante determinado período de tempo *perderia a sua eficácia* por conta dessa inatividade, não podendo ser mais exercitado, pois há crença de boa-fé da contraparte de que o direito prestacional por ela devido não lhe seria mais exigido. Exemplo tradicional de *supressio* reside no uso de área comum por condômino, em regime de exclusividade, por período de tempo considerável, daí resultando a *supressão* da pretensão de *cobrança de aluguel* pelo período de uso.

Ainda sobre a comparação com a *prescrição*, não há falar em *supressio* a partir da incidência do prazo prescricional. Vale dizer: ainda não decorrido o prazo prescricional, a *supressio* se caracterizará sempre que houver a constatação de que o não-exercício do direito à prestação conformou a crença de que o comportamento omissivo, segundo o princípio da boa-fé, resultou perenizado por expectativa legitimada.

Por igual, há relação de proximidade entre *supressio* e *venire contra factum proprium*, não sendo desarrazoado tê-los em relação de gênero (*venire*) e espécie (*supressio*), embora não se possa perder de vista que a *supressio* exige, exclusivamente, um comportamento omissivo. Querendo isto significar, enfim, uma renúncia tácita de um direito ou de uma posição jurídica, pelo seu não exercício com o passar do tempo, a *supressio* encontra paradigma no art. 330 do CC, cujo enunciado dispõe que "O pagamento reiteradamente feito em outro local faz presumir renúncia do credor relativamente ao previsto no contrato", a sinalizar que, ao mesmo tempo que o credor perde um direito por essa supressão, surge um direito a favor do devedor, direito esse que não existia até então.

Por outras palavras, enquanto a *supressio* constitui a perda de um direito ou de uma posição jurídica em face do seu não exercício no tempo, a *surrectio* é o surgimento de um direito diante de práticas, usos e costumes, ambos os conceitos caracterizando, à luz do art. 330 do CC, as duas faces da mesma moeda de valor.

3.1.3.4.3 Surrectio[291]

A *surrectio* é o outro lado da moeda de valor da *supressio*. Configura-se no surgimento de um direito exigível em decorrência lógica do comportamento de uma das partes, ao passo que a *supressio*, conforme visto, subsume a perda de um direito em face do seu não exercício evidente.

A regra do art. 330 do CC volta a exemplarizar, pois se o credor aceitou, durante a execução do contrato, que o pagamento ocorresse em local diverso do convencionado, há tanto uma *supressio* do direito do credor exigir o cumprimento literal do contrato, quanto uma *surrectio* do devedor exigir que o contrato seja cumprido, então, no novo local tolerado.

3.1.3.4.4 Tu quoque[292]

Tu quoque, Brutus, fili mi! A célebre frase atribuída a Júlio César, ao constatar a traição de seu filho Brutus, confere nome a um dos desdobramentos mais comuns da boa-fé objetiva. A aplicação do *tu quoque* verifica-se em situações em que ocorre um comportamento que, rompendo com o *valor* inerente à *confiança*, *surpreende* uma das partes da relação negocial, colocando-a em uma situação de *injusta desvantagem*.

O exemplo, desta feita, reside no art. 180 do CC, que prescreve que o "menor, entre dezesseis e dezoito anos, não pode, para eximir-se de uma obrigação, invocar a sua idade se dolosamente a ocultou quando inquirido pela outra parte, ou se, no ato de obrigar-se, declarou-se maior".

Outro exemplo de desdobramento da boa-fé objetiva reside no instituto da *exceptio non adimpleti contractus* e ocorre quando a parte não executou a sua prestação no contrato comutativo, sinalagmático, não podendo exigir da outra parte a contraprestação.

Assim, no estudo das categorias concernentes à boa-fé objetiva, a expressão *tu quoque* significa que um contratante que contrafez uma norma jurídica

291 GAGLIANO, Pablo Stolze; PAMPLONA FILHO, Rodolfo - **Manual de Direito Civil - Volume Único.** ***Op. cit.***, p. 425. Dos mesmos autores, mas em *obra condensada*, vide *texto semelhante* em: **Novo Curso de Direito Civil - Vol. 4, Tomo I - Contratos: Teoria Geral. *Op. cit.***, p. 126.

292 GAGLIANO, Pablo Stolze; PAMPLONA FILHO, Rodolfo - **Manual de Direito Civil - Volume Único.** ***Op. cit.***, p. 425. Dos mesmos autores, mas em *obra condensada*, vide *texto semelhante* em: **Novo Curso de Direito Civil - Vol. 4, Tomo I - Contratos: Teoria Geral. *Op. cit.***, p. 126.

não poderá, sem a caracterização do abuso de direito, aproveitar-se dessa situação que ele mesmo criou pelo desrespeito. Enfim, designa uma situação de abuso em que o sujeito violador tenta tirar proveito próprio, posteriormente, da situação que ele mesmo criou.

3.1.3.4.5 Exceptio doli

A *exceptio doli* é conceituada como sendo a defesa do réu contra ações dolosas, contrárias à boa-fé, sendo utilizada como meio de defesa e, deste modo, tendo uma importante *função reativa*. Para GAGLIANO e PAMPLONA FILHO[293], a exceção mais conhecida no Direito Civil brasileiro está contemplada no art. 476 do CC e é denominada de *exceptio non adimpleti contractus*, pela qual ninguém pode exigir que uma parte cumpra a sua obrigação se primeiro não cumprir a sua própria.

A *exceptio doli* faz-se presente em outros dispositivos do CC, a exemplo dos artigos 175, 190, 273, 274, 281, 294, 302, 837, 906, 915 e 916. Assim, a exceção dolosa é mais um desdobramento da boa-fé objetiva e tem por escopo sancionar condutas em que o exercício do direito tenha se realizado com a finalidade, não de preservar interesses legítimos, mas de prejudicar a parte contrária, podendo encontrar uma variante no brocardo *agit qui quod statim redditurus est*, em que se verifica uma sanção à parte que age com o interesse de molestar a contraparte, pleiteando aquilo que deve ser restituído. É o exemplo do art. 940 do CC, determinativo de que aquele "que demandar por dívida já paga, no todo ou em parte, sem ressalvar as quantias recebidas ou pedir mais do que for devido, ficará obrigado a pagar ao devedor, no primeiro caso, o dobro do que houver cobrado e, no segundo, o equivalente do que dele exigir, salvo se houver prescrição". Na seara processual, cabe o exemplo da figura do assédio processual, consistente na utilização dos instrumentos processuais para não cumprir a determinação judicial.

293 GAGLIANO, Pablo Stolze; PAMPLONA FILHO, Rodolfo - **Manual de Direito Civil - Volume Único.** ***Op. cit.***, p. 425-426. Dos mesmos autores, mas em *obra condensada*, vide *texto semelhante* em: **Novo Curso de Direito Civil - Vol. 4, Tomo I - Contratos: Teoria Geral.** ***Op. cit.***, p. 126-127.

Vale registrar, ainda, que a doutrina divide a *exceptio doli* em *exceptio doli generalis* e *exceptio doli specialis*, âmbito em que vem à colação do tema, novamente, os ensinamentos de LUCIANO DE CAMARGO PENTEADO, *verbis*[294]:

> "3) A *exceptio doli generalis* consiste em um outro tipo de atuação da boa-fé objetiva no sentido de veicular seu conteúdo material para específicas situações subjetivas. A *exceptio doli* atua no sentido de paralisar o exercício de pretensões claramente dirigidas contra a parte contratante de modo doloso. Trata-se, nas palavras de Menezes Cordeiro, da "situação jurídica pela qual a pessoa adstrita a um dever pode, licitamente, recusar a efetivação da pretensão correspondente" (MENEZES CORDEIRO, 2001, p. 719).
>
> O motivo dessa faculdade é justamente o fato de a outra parte ter agido com dolo. Assim, como obteve uma posição jurídica indevidamente, esta não pode ser exercida. Aquele contra quem se a pretende exercer pode paralisá-la alegando a exceção de dolo. Nas Institutas de Gaio, existem diversos exemplos do que os romanos consideravam, em seu espírito, exceções. Assim, por exemplo, a demanda por um valor a título de empréstimo contratado, mas ainda não efetivado, não poderia ser excepcionada desta maneira. O espírito do mecanismo era interessante fonte de aplicação de vetores de justiça material a exemplo do que sucede, a ponto grande, com a doutrina da boa-fé em sentido objetivo. Afirma o texto que "as exceções foram estabelecidas em defesa dos demandados, pois acontece com freqüência que, de acordo com o direito civil, uma pessoa esteja obrigada e, nada obstante isto, resulte injusto que seja condenada em juízo".
>
> A exceção de dolo tem sido pouco aplicada no Brasil de forma consciente, mas pode ser um recurso deveras interessante para paralisar o exercício de alegados direitos subjetivos em sentido amplo, nos casos não claramente subsumíveis ao *venire* ou ao *tu quoque*.
>
> 4) A *exceptio doli specialis* nada mais seria do que uma particularização da *exceptio doli generalis* referida a atos de caráter negocial e a atos dele decorrentes, quando o primeiro houvesse sido obtido com dolo. Assim,

294 PENTEADO, Luciano de Camargo - **Figuras Parcelares da Boa-fé Objetiva e *Venire Contra Factum Proprium*.** [Em linha]. [Consult. 20 Jul 2018]. Disponível em: <http://www.flaviotartuce.adv.br/secoes/artigosc/Luciano_venire.doc>, *apud* GAGLIANO, Pablo Stolze; PAMPLONA FILHO, Rodolfo - **Manual**, ***op. cit.***, p. 426; **Novo Curso**, ***op. cit.***, p. 127. **Obs.:** pesquisando na mesma fonte sobre PENTEADO, ***op. cit.***, ampliamos a transcrição de GAGLIANO e PAMPLONA FILHO. [Em linha]. [Consult. 20 Jul 2018]. Disponível em: <http://www.cantareira.br/thesis2/ed_8/3_luciano.pdf>

a *generalis*, como o próprio nome diz, é gênero e a outra espécie. A diferença específica encontra-se nos casos em que a fonte da que dimana o possível direito é um negócio jurídico e não qualquer outra fonte. O caráter excessivamente geral das duas figuras acaba por tornar sua aplicação perigosa em termos de segurança jurídica, valor que parece preservado pelas figuras anteriormente consideradas, na medida em que tem pressupostos concretos de verificação.
De todo modo, é claro que se pode enquadrar o caso sob comento numa hipótese de *exceptio doli*, por parte da prefeitura, na medida em que dolosamente captura recursos mediante contratos de compromisso de compra e venda que pretende depois ver anulados. Contra a pretensão anulatória, os prejudicados tem a seu favor a exceção de dolo para fazer valer um conteúdo de justiça material imperativo, decorrente da regra da boa-fé objetiva."

3.1.3.4.6 Inalegabilidade das nulidades formais

A inalegabilidade das nulidades formais consiste na aplicação da regra de que ninguém deve se valer da própria torpeza, sendo mais um desdobramento do princípio da boa-fé objetiva. Para GAGLIANO e PAMPLONA FILHO[295], também consiste em aplicação específica do *venire contra factum proprium*, vedando o comportamento contraditório em matéria de nulidade. Trata-se de um princípio sufragado na legislação brasileira, com especial intensidade no campo processual, a exemplo do art. 276[296] do CPC/2015 e do art. 796, *b*[297], da CLT.

No tema, vem a calhar, mais uma vez, a percuciente doutrina de LUCIANO DE CAMARGO PENTEADO, *verbis*[298]:

295 GAGLIANO, Pablo Stolze; PAMPLONA FILHO, Rodolfo - **Manual de Direito Civil - Volume Único.** ***Op. cit.***, p. 426-427. Dos mesmos autores, mas em *obra condensada*, vide *texto semelhante* em: **Novo Curso de Direito Civil - Vol. 4, Tomo I - Contratos: Teoria Geral.** ***Op. cit.***, p. 127-128.

296 "Art. 276. Quando a lei prescrever determinadaa forma, sob pena de nulidade, a decretação desta não pode ser requerida pela parte que lhe deu causa."

297 "Art. 796. A nulidade não será pronunciada: (...) *b)* quando arguida por quem lhe tiver dado causa."

298 PENTEADO, Luciano de Camargo - **Figuras Parcelares da Boa-fé Objetiva e *Venire Contra Factum Proprium*.** THESIS, São Paulo, ano IV, v. 8, p. 39-70, 2.º semestre, 2007, p. 57-58. [Em linha]. [Consult. 07 Jan 2018]. Disponível em: <http://www.cantareira.br/thesis2/ed_8/3_luciano.pdf>

> "5) A inalegabilidade das nulidades formais verifica-se, por sua vez, em especiais circunstâncias que impedem a alegação da nulidade pela parte a quem esta aproveitaria, quer por ter dado causa a esta, quer por se tratar de nulidade de forma, não de conteúdo.
> Trata-se de uma hipótese específica de *venire*, em que o fato próprio é um ato nulo, sendo esta nulidade, entretanto, de caráter meramente formal. É uma das reduções teleológicas a que se deve necessariamente chegar para se ter uma compreensão adequada do que seja a nulidade e sua relação com a boa-fé objetiva. (MENEZES CORDEIRO, 2001, p. 790). Trata-se de um imperativo de justiça material, que leva ao cumprimento dos contratos, ainda que nulos, entre as partes, quando isto for possível.
> Assim, pela inalegabilidade das nulidades formais, não se pode em juízo postular nulidade de atos jurídicos, notadamente bilaterais, mas também os unilaterais, a que o postulante deu causa a esta nulidade, quando esta for de caráter formal. Quando se fala de caráter formal da nulidade não se quer pontuar apenas a nulidade por vício de forma pública (*e.g.* CC 108), mas também toda e qualquer nulidade que não diga respeito à substância do ato, o que evidentemente demanda análise casuística."

3.1.3.4.7 Desequilíbrio e abusividade no exercício jurídico

Para GAGLIANO e PAMPLONA FILHO[299], a menção ao desequilíbrio no exercício jurídico representa, mais do que tudo, o reconhecimento da função delimitadora do exercício de direitos subjetivos, exercida pela boa-fé objetiva. Neste norte, o exercício desproporcional e, por isso mesmo, abusivo, caracteriza um ato ilícito que não pode ser tolerado pelo ordenamento jurídico. A respeito desta *exceção defensiva*, LUCIANO DE CAMARGO PENTEADO leciona o seguinte, *verbis*[300]:

---

299 GAGLIANO, Pablo Stolze; PAMPLONA FILHO, Rodolfo - **Manual de Direito Civil - Volume Único. *Op. cit.***, p. 427. Dos mesmos autores, mas em *obra condensada*, vide *texto semelhante* em: **Novo Curso de Direito Civil - Vol. 4, Tomo I - Contratos: Teoria Geral. *Op. cit.***, p. 128.

300 PENTEADO, Luciano de Camargo - **Figuras Parcelares da Boa-fé Objetiva e *Venire Contra Factum Proprium*.** THESIS, São Paulo, ano IV, v. 8, p. 39-70, 2.º semestre, 2007, p. 58. [Em linha]. [Consult. 07 Jan 2018]. Disponível na Internet: <http://www.cantareira.br/thesis2/ed_8/3_luciano.pdf>

> "6) O desequilíbrio no exercício jurídico verifica-se nos casos em que existe um despropósito flagrante entre exercício e o direito que legitima referida atuação. Existiria, em determinados casos, uma grande diferença entre o conteúdo da titularidade e como ela foi exercida, podendo o mesmo exercício ser controlado com apelo à boa-fé objetiva. Assim, o titular do direito de construir tem limites impostos pelo fim econômico e social do direito, nas situações de vizinhança a faculdade de utilização do imóvel é controlada pelo CC 1277, os atos emulativos são vedados, ensejando responsabilidade do proprietário (CC 1228 § 2º).
> Uma das figuras típicas verifica-se nos casos em que uma pessoa, dolosamente, pede determinada quantia a outra a quem deve restituir por alguma razão conexa (o que pode ser relevante na matéria de indenização por benfeitorias e acessões), existindo, portanto, desproporcionalidade entre vantagem e sacrifício.
> A figura do desequilíbrio no exercício do direito, entre nós, nada mais é do que uma aplicação parcial da cláusula geral do CC 187. O dispositivo introduz como módulo limitador da atuação de direitos a boa-fé objetiva. Aquele que, ainda que sem culpa, excede os limites da boa-fé na atuação de seu direito, acaba por incorrer em violação a esta regra, possibilitando o ajuizamento da pertinente demanda indenizatória."

3.1.3.4.8 Cláusula de stoppel[301]

Como mais um desdobramento das funções defensivas do princípio da boa-fé objetiva, vale registrar a figura conhecida como *Cláusula de Stoppel* ou *Cláusula de Estoppel*, que se trata de uma expressão típica do direito internacional que busca preservar a boa-fé e a segurança das relações jurídicas neste campo, desde que a situação de prejuízo por *quebra de confiança* seja passível de constatação. Consiste, em síntese, na vedação de comportamento contraditório no plano do Direito Internacional, desde que a situação de prejuízo por quebra de confiança seja passível de efetiva constatação.

---

301 GAGLIANO, Pablo Stolze; PAMPLONA FILHO, Rodolfo - **Manual de Direito Civil - Volume Único. *Op. cit.***, p. 427. Dos mesmos autores, mas em *obra condensada*, vide *texto semelhante* em: **Novo Curso de Direito Civil - Vol. 4, Tomo I - Contratos: Teoria Geral. *Op. cit.***, p.128-129.

3.1.3.4.9 *Duty to mitigate the loss*[302]

O *duty to mitigate the loss* ou *stop loss* é construção recente que se relaciona diretamente com a boa-fé objetiva, querendo significar a mitigação do prejuízo pelo próprio credor, tendo originado o Enunciado n.º 69 do CJF/STJ, aprovado na *III Jornada de Direito Civil*, pelo qual "O princípio da boa-fé objetiva deve levar o credor a evitar o agravamento do próprio prejuízo". A proposta, elaborada por Véra Maria Jacob de Fradera, jurista e professora da Faculdade de Direito da Universidade Federal do Rio Grande do Sul, representa muito bem a natureza do dever de colaboração em todas as fases contratuais e decorre da conjugação do art. 422 do CC, sob inspiração do art. 77 da Convenção de Viena de 1980, sobre a venda internacional de mercadorias (CISG), no sentido de que "A parte que invoca a quebra do contrato deve tomar medidas razoáveis, levando em consideração as circunstâncias, para limitar a perda, nela compreendido o prejuízo resultante da quebra. Se ela negligencia em tomar tais medidas, a parte faltosa pode pedir a redução das perdas e danos, em proporção igual ao montante da perda que poderia ter sido diminuída". Neste toada, há uma relação direta com o princípio da boa-fé objetiva, pois a mitigação do próprio prejuízo constitui um dever de natureza acessória, um dever anexo, derivado da boa conduta que deve existir entre negociantes. Tome-se como exemplo o caso de um contrato de locação de imóvel urbano em que houve inadimplemento do locatário, caracterizando circunstância constitutiva do dever do locador ingressar, tão logo lhe seja possível, com a competente ação de despejo, não permitindo que a dívida assuma valores excessivos. Esta mesma função defensiva vale para os contratos bancários em que há inadimplemento, não podendo a instituição financeira quedar-se inerte para auferir os altos encargos moratórios previstos na avença, fazendo com que a dívida atinja montantes astronômicos. Os artigos 769 e 771 do CC também são exemplos dessa exceção defensiva. Véra Jacob de Fradera propõe que o não atendimento a este dever anexo da boa-fé objetiva resulte em consequências penalizadoras ao credor, principalmente por meio da imputação de culpa próxima à culpa delitual, com o pagamento de eventuais perdas e danos ou a redução do seu próprio crédito. No entanto, de culpa contratual não se

302 TARTUCE, Fávio - **Direito Civil**, ***op. cit.***, p. 119-123.

trata, mas, sim, de responsabilidade objetiva, decorrente da quebra do dever anexo de boa-fé objetiva ou de caracterização de abuso de direito.

3.1.3.4.10 Nachfrist[303]

O *Nachfrist* — extensão de prazo — é uma figura nova e representa outro conceito parcelar vinculado à boa-fé objetiva que começa a ser debatido no Brasil, tendo origem alemã que encontra previsão no art. 47 da já aludida Convenção de Viena sobre Compra e Venda (CISG). Na doutrina de FLÁVIO TARTUCE, trata-se da concessão, pelo comprador, de um prazo adicional ou período de carência, para que o vendedor cumpra a obrigação, movido pelo intuito de conservar a avença. Diante da relação com a manutenção da autonomia privada, é inegável que o conceito também tem amparo na função social do contrato. Assim, nos termos do art. 47 da CISG, "(1) O comprador poderá conceder ao vendedor prazo suplementar razoável para o cumprimento de suas obrigações. (2) Salvo se tiver recebido a comunicação do vendedor de que não cumprirá suas obrigações no prazo fixado conforme o parágrafo anterior, o comprador não poderá exercer qualquer ação por descumprimento do contrato, durante o prazo suplementar. Todavia, o comprador não perderá, por este fato, o direito de exigir indenização das perdas e danos decorrentes do atraso no cumprimento do contrato". Como se vê, portanto, tanto impede a oposição da *supressio*, quanto do *tu quoque*.

3.2 Panorâmica jurisprudencial sobre o princípio da boa-fé objetiva no Brasil e em Portugal

Na investigação jurisprudencial, impende trazer à colação do estudo uma seleção de julgados paradigmáticos do Superior Tribunal de Justiça brasileiro e do Supremo Tribunal de Justiça português sobre o princípio da boa-fé objetiva nos negócios jurídicos de direito privado.

303 TARTUCE, Fávio - **Direito Civil**, ***op. cit.***, p. 123-124.

3.2.1 Panorâmica jurisprudencial do Superior Tribunal de Justiça brasileiro

O Superior Tribunal de Justiça (STJ) — o *Tribunal da Cidadania* — é órgão judiciário de cúpula da federação brasileira, com jurisdição em todo o território nacional e competências definidas no art. 105 da Constituição da República, dentre as quais se sobressai, no inciso III, a de *"julgar, em recurso especial, as causas decididas em única ou última instância, pelos Tribunais Regionais Federais ou pelos tribunais dos Estados, do Distrito Federal e Territórios, quando a decisão recorrida: a) contrariar tratado ou lei federal, ou negar-lhes vigência; b) julgar válido ato de governo loval contestado em face de lei federal; c) der a lei federal interpretação divergente da que lhe haja atribuído outro tribunal."*

Nesta moldura incluem-se, dentre outras, as decisões judiciais provenientes de órgãos jurisdicionais integrantes do duplo grau de jurisdição brasileiro, sediadas no Código de Defesa do Consumidor de 1990, no Código Civil de 2002 e no Código de Processo Civil de 2015, e sua consectária legislação federal de abrangência nacional, de regra submetidas à jurisdição recursal da Terceira e da Quarta Turmas do STJ, bem assim à jurisdição da sua Segunda Seção, todas com competência em matérias de direito privado, abrangendo o julgamento, dentre outras, de questões infraconstitucionais pertinentes à aplicação do postulado da dignidade da pessoa humana, de direitos da personalidade e dos princípios da função social dos negócios jurídicos e da boa-fé objetiva nos contratos juscivilistas, bem assim das questões tocantes às cláusulas gerais neles domiciliadas e à responsabilidade civil sediada neste universo jurídico-normativo.

Nesta toada, um dos fundamentos substantivos do direito privado reside no princípio da boa-fé objetiva, cuja função consiste em estabelecer *standards* éticos de conduta para as partes litigantes nas suas relações jurídico-obrigacionais judicializadas, ainda que ele não fique adstrito, tampouco se esgote, na seara do direito privado, pois atua em todos os campos do ordenamento jurídico-normativo.

A seguir, em subtítulos temáticos ordenados pelo STJ, a investigação prossegue por intermédio de pesquisa jurisprudencial denominada *"Princípio da boa-fé objetiva pelo STJ em todas as áreas do direito"*[304], na qual todos os

304 A pesquisa referente ao *"Princípio da boa-fé objetiva pelo STJ em todas as áreas do direito"*, sobre julgados paradigmáticos do Superior Tribunal de Justiça brasileiro no tocante à cláusula geral e

Ministros nominados são membros do Tribunal da Cidadania. Mais adiante, na sequência, será colacionada a este estudo jurisprudencial uma seleção de julgados do STJ sobre o princípio da boa-fé objetiva, genuínos paradigmas para a construção e aperfeiçoamento do instituto no Brasil.

À partida, em apertada síntese sobre a matéria, o Ministro HUMBERTO MARTINS leciona que identificar e reconhecer a boa-fé objetiva é um mister que exige análises acuradas, pois, para concluir que um indivíduo estava de boa-fé, ou não, é preciso analisar, antes, se o seu comportamento e as suas condutas foram leais, éticas, regidas por *fair play*, ou se o seu proceder estava amparado, ou não, no direito posto. Nesta perspectiva, mesmo antes de ser incorporado, modo expresso, à legislação brasileira, o princípio da boa-fé objetiva já vinha sendo largamente aplicado pela jurisprudência brasileira na solução de casos nos mais variados ramos do direito brasileiro.

Na esteira dos fundamentos e princípios da Constituição-Cidadã de 1988, com o advento do Código de Defesa do Consumidor (CDC), em 1990, a boa-fé objetiva foi consagrada, no sistema de direito privado brasileiro, não só como um dos princípios fundamentais das relações de consumo, mas também, muito especialmente, como uma cláusula geral para o controle de cláusulas contratuais viciadas, marcadas por abusos os mais diversos e, por isso mesmo, nulas ou anuláveis de pleno direito.

Nesta toada, os supervenientes Código Civil de 2002 e o Código de Processo Civil de 2015 também entronizaram, embora com poderes instrumentais de efetividade mais acanhados, o princípio da boa-fé objetiva, com especial incidência, dentre outros, no sistema obrigacional dos contratos de direito privado.

Nesta perspectiva, seguem alinhados alguns dos principais temas que a pesquisa jurisprudencial do STJ elegeu nos lindes do princípio da boa-fé objetiva.

Venire contra factum proprium non potest

Vem a calhar, no tema pertinente ao princípio da boa-fé objetiva, um dos seus *standards* de conduta mais conhecidos, adotado em aresto da Terceira Turma do STJ, que, ao julgar o Recurso Especial (REsp) nº 1.192.678, decidiu que a assinatura irregular escaneada em uma nota promissória, aposta pelo próprio emitente, constitui "vício que não pode ser invocado por quem lhe

---

princípio da boa-fé objetiva foi realizada no *link* Jusbrasil, no sítio do próprio STJ. [Em linha]. [Consult. 02 Jan 2018]. Disponível na Internet: <https://stj.jusbrasil.com.br/noticias/100399456/principio-da-boa-fe-objetiva-e-consagrado-pelo-stj-em-todas-as-areas-do-direito>

deu causa". O emitente sustentava que, para a validade do título, a assinatura deveria ser de próprio punho, conforme determina a legislação aplicável à espécie. A Terceira Turma, por maioria, entendeu por bem seguir o voto-líder do Ministro PAULO DE TARSO SANSEVERINO, aplicando a orientação de que "a ninguém é lícito fazer valer um direito em contradição com a sua conduta anterior ou posterior interpretada objetivamente, segundo a lei, os bons costumes e a boa-fé", deste modo sufragando a aplicação do *standard* de conduta *venire contra factum proprium non potest*, a significar que o exercício de uma posição jurídica, quando em contradição com o comportamento anterior do próprio exercente, viola o princípio da boa-fé objetiva. No caso concreto julgado, o próprio devedor confessou ter lançado a assinatura viciada na nota promissória. Por isso mesmo, a Terceira Turma também invocou a fórmula *tu quoque* — outro *standard* de conduta nos lindes do princípio da boa-fé objetiva: aquele que infringiu uma regra de conduta não pode postular que se recrimine em outrem o mesmo comportamento —, a fim de obstaculizar que o emitente, ao ter agido contra a lei, posteriormente pudesse invocar a própria contrafação para obter o seu benefício pessoal.[305]

Ainda no ponto, o Ministro PAULO DE TARSO SANSEVERINO leciona que a boa-fé objetiva constitui um modelo de conduta social ou um padrão ético de comportamento que impõe, concretamente, a todo cidadão, uma atuação com honestidade, lealdade e probidade nas suas relações. Mas adverte, nada obstante, que ela não deve ser confundida com a boa-fé subjetiva, assim entendida como o estado de consciência ou a crença de o sujeito estar agindo em conformidade com as normas do ordenamento jurídico.[306]

Seguro de vida

Sob a égide do princípio da boa-fé objetiva, o STJ construiu sólida jurisprudência de que a seguradora não pode extinguir, de modo unilateral, contrato renovado por vários anos com o segurado, a exemplo do julgamento do

305 Superior Tribunal de Justiça. **Princípio da boa-fé objetiva pelo STJ em todas as áreas do direito.** [Em linha]. Brasília: STJ Jusbrasil, 201- [Consult. 02 Jan 2018]. Disponível na Internet: <https://stj.jusbrasil.com.br/noticias/100399456/principio-da-boa-fe-objetiva-e-consagrado-pelo-stj-em-todas-as-areas-do-direito>

306 Superior Tribunal de Justiça. **Princípio da boa-fé objetiva pelo STJ em todas as áreas do direito.** [Em linha]. Brasília: STJ Jusbrasil, 201- [Consult. 02 Jan 2018]. Disponível na Internet: <https://stj.jusbrasil.com.br/noticias/100399456/principio-da-boa-fe-objetiva-e-consagrado-pelo-stj-em-todas-as-areas-do-direito>

REsp 1.105.483, pela Terceira Turma, nos idos de 2011. No julgamento em testilha, o então Ministro MASSAMI UYEDA proferiu voto-líder no sentido de que a pretensão da seguradora, de modificar abruptamente as condições do contrato e não renovar o ajuste anterior nas mesmas bases, ofende os princípios da boa-fé objetiva, da cooperação, da confiança e da lealdade que devem orientar a interpretação dos contratos que regulam as relações de consumo. Ainda no caso, a seguradora havia proposto à consumidora, que com ela mantinha contrato de seguro de vida por mais de 30 anos, termos e condições contratuais bem mais onerosos para a assinatura da nova apólice.

O julgamento do referido REsp 1.105.483, pela Terceira Turma, estabelece paradigma respaldado em precedente da Segunda Seção do STJ, corporificado no julgamento do REsp 1.073.595, relatado pela Ministra NANCY ANDRIGHI, em que ficou definido que, se o consumidor contratou, ainda jovem, o seguro de vida oferecido pela seguradora, e o vínculo veio a ser renovado ano após ano, o segurado tem o direito de se manter dentro dos parâmetros estabelecidos, pois, caso contrário, há violação ao princípio da boa-fé objetiva. O voto-líder da Ministra-Relatora ainda estabeleceu que os aumentos necessários para o reequilíbrio da carteira securitária devem ser estabelecidos de modo suave e gradual, mediante a formulação de um cronograma sobre o qual o segurado tem de ser cientificado previamente.[307]

Suicídio

Outro *case* sobre contrato de seguro de vida, ocorrido em 2011, envolveu o julgamento do Agravo de Instrumento (Ag) nº 1.244.022, sob a relatoria do Ministro LUIS FELIPE SALOMÃO, tendo a Segunda Seção do STJ definido que, em caso de suicídio cometido durante os dois primeiros anos de vigência — período de carência — do contrato de seguro de vida, a seguradora só estará isenta do pagamento se e quando comprovar que o ato foi premeditado. Em consonância com a tese vencedora do Ministro-Relator, a regra adotada pelo Código Civil de 2002 é no sentido de presumir a boa-fé, de modo que a má-fé é que precisa ser sempre comprovada, recaindo o *onus probandi* sobre a seguradora. No referido caso, o contrato de seguro de vida foi firmado menos

307 Superior Tribunal de Justiça. **Princípio da boa-fé objetiva pelo STJ em todas as áreas do direito.** [Em linha]. Brasília: STJ Jusbrasil, 201- [Consult. 02 Jan 2018]. Disponível na Internet: <https://stj.jusbrasil.com.br/noticias/100399456/principio-da-boa-fe-objetiva-e-consagrado-pelo-stj-em-todas-as-areas-do-direito>

de dois anos antes do suicídio do segurado, mas não ficou provado que ele assinara o contrato já com a intenção de se matar e deixar a indenização para os seus beneficiários.[308]

Planos contratuais de saúde

No julgamento do Agravo Regimental no Agravo em Recurso Especial (AREsp) nº 109.387, ocorrido em outubro de 2017, a Terceira Turma do STJ afirmou estar caracterizada ofensa ao princípio da boa-fé objetiva quando o plano de saúde reajusta mensalidades em razão da morte do cônjuge titular. No caso, a viúva era pessoa de 77 anos de idade e estava vinculada à seguradora, como dependente do marido, há mais de 25 anos. A seguradora apresentou novo contrato, sob novas condições e novo preço, considerados exorbitantes pela idosa. A sentença de procedência da ação ajuizada pela viúva, reformada pelo Tribunal de Apelação, foi restabelecida pela Terceira Turma do STJ, por entender evidenciado que o comportamento da seguradora feriu o Código de Defesa do Consumidor (CDC) e o *postulado* da boa-fé objetiva, que impõe aos contratantes, desde o aperfeiçoamento do ajuste até a sua execução, um comportamento de lealdade recíproca, de modo a que cada um dos contratantes contribua, efetivamente, para o atendimento das legítimas expectativas do outro, sem causar lesão ou infligir desvantagem excessiva.

Para mais disso, em precedente substanciado no julgamento do Agravo de Instrumento (Ag) nº 1.378.703, sob a relatoria da Ministra NANCY ANDRIGHI, a Terceira Turma do STJ já fincara orientação jurisprudencial no mesmo sentido, tendo fixado que, se uma pessoa contribui para um seguro-saúde por longo tempo, durante toda a sua juventude, colaborando sempre para o equilíbrio da carteira securitária, não se mostra razoável, do ponto de vista jurídico, social e moral, que, em idade avançada, o segurado seja tido, havido e considerado como um novel consumidor, âmbito em que a conduta da seguradora viola, flagrantemente, o princípio da boa-fé objetiva, no que ela repercute o sentido de proteção à confiança.[309]

---

308 Superior Tribunal de Justiça. **Princípio da boa-fé objetiva pelo STJ em todas as áreas do direito.** [Em linha]. Brasília: STJ Jusbrasil, 201- [Consult. 02 Jan 2018]. Disponível na Internet: <https://stj.jusbrasil.com.br/noticias/100399456/principio-da-boa-fe-objetiva-e-consagrado-pelo-stj-em-todas-as-areas-do-direito>

309 Superior Tribunal de Justiça. **Princípio da boa-fé objetiva pelo STJ em todas as áreas do direito.** [Em linha]. Brasília: STJ Jusbrasil, 201- [Consult. 02 Jan 2018]. Disponível na Internet: <https://stj.

Defeito de fabricação de bem de consumo durável

No julgamento do REsp 984.106, sob a relatoria do Ministro LUIS FELIPE SALOMÃO, a Quarta Turma do STJ sufragou, de novo, o princípio da boa-fé objetiva no sistema obrigacional dos contratos de direito privado, tendo definido que, independentemente de prazo contratual de garantia, a venda de um bem tido por durável — no caso, máquinas agrícolas —, com vida útil inferior àquela que legitimamente dela se esperava, além de configurar defeito de adequação (art. 18 do CDC), caracteriza violação à boa-fé objetiva que deve nortear as relações contratuais, sejam elas de consumo ou de direito comum. Ademais disso, o Ministro-Relator também assentou que o fato contratual em tela constitui descumprimento do dever de informação e a não realização do próprio objeto do contrato, que consistiu na compra de um bem durável cujo ciclo de vida útil se esperava, de forma legítima e razoável, fosse mais longo do que aquele concretamente acontecido.[310]

Comportamento sinuoso no âmbito processual penal

No âmbito processual penal, o princípio da boa-fé objetiva já foi aplicado diversas vezes no STJ. Em dezembro de 2017, no julgamento do *Habeas Corpus* (HC) nº 143.414, sob a relatoria da Ministra MARIA THEREZA DE ASSIS MOURA, a Sexta Turma não reconheceu a ocorrência de nulidade decorrente da utilização de prova emprestada num caso de condenação por tráfico de drogas, o que se deveu ao fato de a própria defesa técnica do réu ter concordado, em momento anterior, com o seu aproveitamento processual superveniente. Neste sentido, a Ministra-Relatora assentou que a relação processual é pautada pelo princípio da boa-fé objetiva e invocou a proibição de comportamentos contraditórios. Considerando a anuência da defesa técnica à utilização da prova como emprestada, no plano da eticidade processual não se mostra adequado declarar a sua nulidade, pois repugna à ordem jurídica a ideia de legitimar comportamentos contraditórios.

---

jusbrasil.com.br/noticias/100399456/principio-da-boa-fe-objetiva-e-consagrado-pelo-stj-em-todas-as-areas-do-direito>

310 Superior Tribunal de Justiça. **Princípio da boa-fé objetiva pelo STJ em todas as áreas do direito.** [Em linha]. Brasília: STJ Jusbrasil, 201- [Consult. 02 Jan 2018]. Disponível na Internet: <https://stj.jusbrasil.com.br/noticias/100399456/principio-da-boa-fe-objetiva-e-consagrado-pelo-stj-em-todas-as-areas-do-direito>

Em caso bastante interessante, centrado no julgamento do HC nº 206.706, sob a relatoria do Ministro OG FERNANDES, a Sexta Turma do STJ entendeu caracterizado o comportamento contraditório do réu que requereu, insistentemente, um encontro com o juiz do processo, e, após ser atendido fora das dependências do Foro, alegou a suspeição do magistrado com base na reunião havida.[311]

Duty to mitigate the loss

No julgamento do HC nº 137.549, sob a relatoria da Ministra MARIA THEREZA DE ASSIS MOURA, a Sexta Turma do STJ denegou a ordem sob a égide de outro importante *standard* de comportamento assentado no princípio da boa-fé objetiva, consistente, no caso, no dever de mitigar a perda ou o prejuízo, também conhecido pelo brocardo *duty to mitigate the loss.* No caso em testilha, o réu foi condenado a prestar serviços à comunidade, mas não compareceu a Juízo para dar início ao seu cumprimento, não tendo sido intimado pessoalmente em razão de o endereço informado no boletim de ocorrência estar incorreto. O Juízo das Execuções Penais ainda tentou a intimação do condenado em endereço constante na Receita Federal do Brasil e na Justiça Regional Eleitoral, todavia sem sucesso. Em razão disso, a pena restritiva de direitos substitutiva aplicada foi convertida em pena privativa de liberdade. Ao analisar a questão, a Ministra-Relatora invocou a aplicação do princípio da boa-fé objetiva, pois a Defensoria Pública deveria ter informado, ao Juízo de primeiro grau, o endereço correto do condenado, mas não o fez. Destarte, o dever anexo de colaboração substancia e induz a lealdade entre as partes no processo, âmbito em que o paciente e a sua defesa técnica tinham o dever de informar ao Juízo o endereço correto do condenado, para que a execução pudesse ter o andamento regular, não se perdendo em inúteis e infrutíferas diligências para a localização dele.[312]

---

311 Superior Tribunal de Justiça. **Princípio da boa-fé objetiva pelo STJ em todas as áreas do direito.** [Em linha]. Brasília: STJ Jusbrasil, 201- [Consult. 02 Jan 2018]. Disponível na Internet: <https://stj.jusbrasil.com.br/noticias/100399456/principio-da-boa-fe-objetiva-e-consagrado-pelo-stj-em-todas-as-areas-do-direito>

312 Superior Tribunal de Justiça. **Princípio da boa-fé objetiva pelo STJ em todas as áreas do direito.** [Em linha]. Brasília: STJ Jusbrasil, 201- [Consult. 02 Jan 2018]. Disponível na Internet: <https://stj.jusbrasil.com.br/noticias/100399456/principio-da-boa-fe-objetiva-e-consagrado-pelo-stj-em-todas-as-areas-do-direito>

Boa-fé objetiva da administração pública

Em conformidade com o entendimento de Raquel Urbano de Carvalho, Doutora em Direito Administrativo, placitada na jurisprudência do STJ, "se é certo que se exige a boa-fé do cidadão no seu relacionamento com a administração, não é menos certo que o comportamento do administrador público está jungido aos *standards* dos princípios da boa-fé e da proteção da confiança. E quando a Administração Pública impõe obrigações a terceiros, é fundamental que ela aja com boa-fé, pondere os diferentes interesses e considere a realidade a que se destina sua atuação. Por conseguinte, é direito subjetivo público de qualquer cidadão ter um mínimo de segurança no tocante à confiabilidade ético-social das ações dos agentes estatais".[313]

Neste passo, portanto, não é demasia gizar que o princípio da boa-fé permeia a Constituição e está expresso em várias leis de regência de atividades administrativas, como a Lei de Licitação, Concessões e Permissões de Serviço Público e a Lei do Regime Jurídico Único dos Servidores Públicos.

Desistência de ações

Ao julgar o Mandado de Segurança (MS) nº 13.948, impetrado por um policial federal, a Terceira Seção do STJ, sob a relatoria do Ministro SEBASTIÃO REIS JÚNIOR, decidiu que a conduta da administração coarctada no processo ofendeu os princípios da confiança e da boa-fé objetiva. No caso, o Ministro da Justiça exigiu a desistência de todas as ações, antes de analisar os pedidos de apostilamento do policial, e, posteriormente, indeferiu a pretensão, ao fundamento de inexistência de provimento judicial que amparasse a nomeação. Conforme destacou o Ministro-Relator do caso, a atitude do administrador impôs prejuízo irrecuperável ao servidor.

Apesar da incerteza quanto ao resultado dos requerimentos, o pedido de desistência acarretou a extinção dos processos, com resolução do mérito, inclusive da demanda que lhe garantia a nomeação ao cargo, ceifando qualquer possibilidade de o impetrante ter um julgamento favorável, pois a apelação ainda não havia sido julgada. Ainda restou destacada a doutrina que invoca, como justificativa à proteção da boa-fé na esfera pública, a impossibilidade de

313 Superior Tribunal de Justiça. **Princípio da boa-fé objetiva pelo STJ em todas as áreas do direito.** [Em linha]. Brasília: STJ Jusbrasil, 201- [Consult. 02 Jan 2018]. Disponível na Internet: <https://stj.jusbrasil.com.br/noticias/100399456/principio-da-boa-fe-objetiva-e-consagrado-pelo-stj-em-todas-as-areas-do-direito>

o Estado violar a confiança que a própria presunção de legitimidade dos atos administrativos traz, agindo *contra factum proprium*.[314]

Pagamento de verbas, a título precário, a servidores públicos

No tema pertinente ao pagamento de verbas a título precário, a Lei Federal nº 8.112/1990 prevê a reposição, ao Erário, do pagamento feito indevidamente ao servidor público. O julgamento da Segunda Turma no REsp 1.263.480, sob a relatoria do Ministro HUMBERTO MARTINS, reafirma a jurisprudência do STJ neste sentido, inclusive quando os valores são pagos aos servidores em decorrência de decisão judicial precária, provisória ou não definitiva. Nessa moldura, no julgamento do AREsp 144.877, a Segunda Turma determinou que um servidor público que recebeu valores indevidos, por conta de decisão judicial posteriormente cassada, devolvesse o dinheiro à Fazenda Pública. Essa regra, contudo, tem sido interpretada pela jurisprudência com alguns temperamentos, principalmente em decorrência de princípios como o da boa-fé objetiva. A sua aplicação tem impedido, por vezes, que valores pagos indevidamente a servidores sejam devolvidos. É o caso, por exemplo, do recebimento de verbas de boa-fé, por servidores públicos, por força de interpretação errônea, má aplicação da lei ou erro da administração. Objetivamente, a fruição do que foi recebido indevidamente está acobertada pela boa-fé, que, por sua vez, é consequência da legítima confiança de que os valores integravam o patrimônio do beneficiário, esclareceu o Ministro HUMBERTO MARTINS no julgamento.[315]

Passo seguinte, na sequência da investigação jurisprudencial brasileira, impende trazer à colação do estudo uma seleção de julgados paradigmáticos do Superior Tribunal de Justiça sobre o princípio da boa-fé objetiva nos negócios jurídicos de direito privado, todos eles contendo preciosos substratos doutrinários para a construção e aprimoramento deste instituto no país.

---

314 Superior Tribunal de Justiça. **Princípio da boa-fé objetiva pelo STJ em todas as áreas do direito.** [Em linha]. Brasília: STJ Jusbrasil, 201- [Consult. 02 Jan 2018]. Disponível na Internet: <https://stj.jusbrasil.com.br/noticias/100399456/principio-da-boa-fe-objetiva-e-consagrado-pelo-stj-em-todas-as-areas-do-direito>

315 Superior Tribunal de Justiça. **Princípio da boa-fé objetiva pelo STJ em todas as áreas do direito.** [Em linha]. Brasília: STJ Jusbrasil, 201- [Consult. 02 Jan 2018]. Disponível na Internet: <https://stj.jusbrasil.com.br/noticias/100399456/principio-da-boa-fe-objetiva-e-consagrado-pelo-stj-em-todas-as-areas-do-direito>

Venire contra factum proprium non potest

A figura parcelar defensiva do *venire contra factum proprium non potest* simboliza um dos *standards* de conduta mais consagrados do princípio da boa-fé objetiva, tendo sido adotado pela Terceira Turma do STJ no julgamento do REsp nº 1.192.678/PR[316], sob a relatoria do Ministro PAULO DE TARSO SANSEVERINO, cujo acórdão está assim ementado, *verbis:*

> **"RECURSO ESPECIAL. DIREITO CAMBIÁRIO. AÇÃO DECLARATÓRIA DE NULIDADE DE TÍTULO DE CRÉDITO. NOTA PROMISSÓRIA. ASSINATURA ESCANEADA. DESCABIMENTO. INVOCAÇÃO DO VÍCIO POR QUEM O DEU CAUSA. OFENSA AO PRINCÍPIO DA BOA-FÉ OBJETIVA. APLICAÇÃO DA TEORIA DOS ATOS PRÓPRIOS SINTETIZADA NOS BROCARDOS LATINOS *'TU QUOQUE'* E *'VENIRE CONTRA FACTUM PROPRIUM'*.**
>
> 1. A assinatura de próprio punho do emitente é requisito de existência e validade de nota promissória.
>
> 2. Possibilidade de criação, mediante lei, de outras formas de assinatura, conforme ressalva do Brasil à Lei Uniforme de Genebra.
>
> 3. Inexistência de lei dispondo sobre a validade da assinatura escaneada no Direito brasileiro.
>
> 4. Caso concreto, porém, em que a assinatura irregular escaneada foi aposta pelo próprio emitente.
>
> **5. Vício que não pode ser invocado por quem lhe deu causa.**
>
> **6. Aplicação da *'teoria dos atos próprios'*, como concreção do princípio da boa-fé objetiva, sintetizada nos brocardos latinos *'tu quoque'* e *'venire contra factum proprium'*, segundo a qual ninguém é lícito fazer valer um direito em contradição com a sua conduta anterior ou posterior interpretada objetivamente, segundo a lei, os bons costumes e a boa-fé.**
>
> **7. Doutrina e jurisprudência acerca do tema.**
>
> 8. RECURSO ESPECIAL DESPROVIDO."
>
> (REsp 1192678/PR, STJ, Rel. Ministro PAULO DE TARSO SANSEVERINO, TERCEIRA TURMA, julgado em 13/11/2012, DJe 26/11/2012 - sem grifos no original)

316 Superior Tribunal de Justiça. [Em linha]. [Consult. 18 Jan 2021]. Disponível na Internet: <https://stj.jus.br/scon.stj.jus.br/SCON>

Tome-se como ilustração, no ponto, em sede doutrinária própia, os fundamentos alinhados pelo Ministro PAULO DE TARSO SANSEVERINO[317] para sedimentar a aplicação jurisdicional do princípio da boa-fé objetiva, *verbis:*

> "A boa-fé objetiva constitui um modelo de conduta social ou um padrão ético de comportamento, que impõe, concretamente, a todo o cidadão que, na sua vida de relação, atue com honestidade, lealdade e probidade. Não se deve confundir com a boa-fé subjetiva (*'guten Glauben'*), que é o estado de consciência ou a crença do sujeito de estar agindo em conformidade com as normas do ordenamento jurídico (*v. g.* posse de boa-fé, adquirente de boa-fé, cônjuge de boa-fé no casamento nulo).
>
> O princípio da boa-fé objetiva (*'Treu und Glauben'*) foi consagrado pelo § 242 do BGB, estabelecendo simplesmente o seguinte: '§ 242. O devedor deve cumprir a prestação tal como exige a boa-fé e os costumes do tráfego social'. A partir, em especial, dessa cláusula geral de boa-fé, a doutrina alemã desvendou esse novo princípio do sistema de direito privado. A boa-fé objetiva (*'Treu und Glauben'*) apresenta-se em particular, como um modelo ideal de conduta, que se exige de todos os integrantes da relação obrigacional (devedor e credor) na busca do correto inadimplemento da obrigação, que é a sua finalidade. Almeida Costa, após afirmar que a boa-fé objetiva constitui um *'standard'* de conduta ou um padrão ético-jurídico, esclarece que ela estabelece que 'os membros de uma comunidade jurídica devem agir de acordo com a boa-fé, consubstanciando uma exigência de adotarem uma linha de correção e probidade, tanto na constituição das relações entre eles como no desempenho das relações constituídas. E com o duplo sentido dos direitos e dos deveres em que as relações jurídicas se analisam: importa que sejam aqueles exercidos e estes cumpridos de boa-fé. Mais ainda: tanto sob o ângulo positivo de se agir com lealdade, como sob o ângulo negativo de não se agir com deslealdade'.
>
> A inexistência, no Código Civil brasileiro de 1916, de cláusula geral semelhante ao § 242 do BGB ou à do art. 227, n. 1, do Código Civil Português não impediu que a boa-fé passasse a ser reconhecida em nosso sistema jurídico por constituir um dos princípios fundamentais do sistema de direito privado. A jurisprudência, particularmente do Tribunal de Justiça do Rio Grande do Sul, já vinha fazendo ampla uti-

317 SANSEVERINO, Paulo De Tarso Vieira. **Responsabilidade Civil no Código do Consumidor e a Defesa do Fornecedor.** 3ª ed. São Paulo: Saraiva, 2010, p. 17.

lização do princípio da boa-fé objetiva para solução de casos concretos. A partir do CDC, esse obstáculo foi superado, pois a boa-fé foi consagrada como um dos princípios fundamentais das relações de consumo (art. 4º, III) e como cláusula geral para controle das cláusulas abusivas (art. 51, IV). Assim, a partir de 1990, o princípio da boa-fé foi expressamente positivado no sistema de direito privado brasileiro, podendo ser aplicado, com fundamento no art. 4º da LICC a todos os demais setores. No Código Civil de 2002, o princípio da boa-fé está expressamente contemplado, inserindo-se como expressão, conforme Miguel Reale, de sua diretriz ética. Exatamente a exigência ética fez com que, por meio de um modelo aberto, fosse entregue à hermenêutica declarar o significado concreto da boa-fé, cujos ditames devem ser seguidos desde a estipulação de um contrato até o término de sua execução.

Na relação obrigacional a boa-fé exerce múltiplas funções, desde a fase anterior à formação do vínculo, passando pela sua execução, até a fase posterior ao adimplemento da obrigação: interpretação das regras pactuadas (função interpretativa), criação de novas normas de conduta (função integrativa) e limitação dos direitos subjetivos (função de controle contra o abuso de direito). Em sua função interpretativa, prevista no art. 113 do Código Civil brasileiro, a boa-fé auxilia no processo de interpretação das cláusulas contratuais. Colabora, dessa forma, para uma análise objetiva das normas estipuladas no pacto. A função integrativa da boa-fé, tendo por fonte o art. 422 do Código Civil brasileiro, permite a identificação concreta, em face das peculiaridades próprias de cada relação obrigacional, de novos deveres, além daquelas que nascem diretamente da vontades das partes.

Ao lado dos deveres primários da prestação, surgem os deveres secundários ou acidentais da prestação e, até mesmo, deveres laterais ou acessórios de conduta. Enquanto os deveres secundários vinculam-se ao correto cumprimento dos deveres principais (*v. g.* dever de conservação da coisa até a tradição), os deveres acessórios ligam-se diretamente ao correto processamento da relação obrigacional (*v. g.* deveres de cooperação, de informação, de sigilo, de cuidado). Entre os deveres acessórios, situa-se a obrigação de garantir a segurança do consumidor, fornecendo produtos e serviços não defeituosos no mercado de consumo. Na sua função de controle, limita o exercício dos direitos subjetivos, estabelecendo para o credor, ao exercer o seu direito, o dever de ater-se aos limites, traçados pela boa-fé, sob pena de uma atuação antijurídica, consoante previsto no art. 187 do Código Civil brasileiro de 2002. Evita-se, assim, o abuso de direito em todas as fases da relação jurídica obrigacional, orientando a sua exigibilidade (pretensão) ou o seu exercício coativo (ação).

Desenvolveram-se fórmulas, sintetizadas em brocardos latinos, que indicam tratamentos típicos de exercícios inadmissíveis de direitos subjetivos, como a '*supressio*' (o não exercício de um direito durante longo tempo poderá ensejar a sua extinção), a '*tuo quoque*' (aquele que infringiu uma regra de conduta não pode postular que se recrimine em outrem o mesmo comportamento) e a '*venire contra factum proprium*' (exercício de uma posição jurídica em contradição com o comportamento anterior do exercente)."

Violação do dever de prestar informações na fase pré-contratual

Por seu amplo espectro e exauriente fundamentação doutrinária na aplicação jurisdicional do princípio da boa-fé objetiva aos contratos de direito privado — no caso concreto, a envolver o dever de informação da franqueadora ao franqueado, na fasé pré-contratual do contrato de *franchising* —, impende trazer à colação o acórdão proferido pela Terceira Turma do STJ no julgamento do REsp n.º 1.862.508/SP[318], tendo como voto líder da maioria e redatora para o acórdão a Ministra NANCY ANDRIGHI, cuja ementa é a seguinte, *verbis:*

> **"CIVIL E EMPRESARIAL. RECURSO ESPECIAL. AÇÃO DE RESOLUÇÃO CONTRATUAL. FRANQUIA. BOA-FÉ OBJETIVA. ART. 422 DO CC/02. DEVERES ANEXOS. LEALDADE. INFORMAÇÃO. DESCUMPRIMENTO. FASE PRÉ-CONTRATUAL. EXPECTATIVA LEGÍTIMA. PROTEÇÃO. PADRÕES DE COMPORTAMENTO (*STANDARDS*). DEVER DE DILIGÊNCIA (*DUE DILIGENCE*). HARMONIA. INADIMPLEMENTO. CONFIGURAÇÃO. PROVIMENTO.**
>
> 1. Cuida-se de ação de resolução de contrato de franquia cumulada com indenização de danos materiais, na qual se alega que houve descumprimento do dever de informação na fase pré-contratual, com a omissão das circunstâncias que permitiriam ao franqueado a tomada de decisão na assinatura do contrato, como o fracasso de franqueado anterior na mesma macrorregião.

318 Superior Tribunal de Justiça. [Em linha]. [Consult. 18 Jan 2021]. Disponível na Internet: <https://stj.jus.br/scon.stj.jus.br/SCON>

2. Recurso especial interposto em: 23/10/2019; conclusos ao gabinete em: 29/10/2020; aplicação do CPC/15.
3. O propósito recursal consiste em definir se a conduta da franqueadora na fase pré-contratual, deixando de prestar informações que auxiliariam na tomada de decisão pela franqueada, pode ensejar a resolução do contrato de franquia por inadimplemento
4. Segundo a boa-fé objetiva, prevista de forma expressa no art. 422 do CC/02, as partes devem comportar-se de acordo com um padrão ético de confiança e de lealdade, de modo a permitir a concretização das legítimas expectativas que justificaram a celebração do pacto.
5. Os deveres anexos, decorrentes da função integrativa da boa-fé objetiva, resguardam as expectativas legítimas de ambas as partes na relação contratual, por intermédio do cumprimento de um dever genérico de lealdade, que se manifesta especificamente, entre outros, no dever de informação, que impõe que o contratante seja alertado sobre fatos que a sua diligência ordinária não alcançaria isoladamente.
9. O princípio da boa-fé objetiva já incide desde a fase de formação do vínculo obrigacional, antes mesmo de ser celebrado o negócio jurídico pretendido pelas partes. Precedentes.
10. Ainda que caiba aos contratantes verificar detidamente os aspectos essenciais do negócio jurídico (*due diligence*), notadamente nos contratos empresariais, esse exame é pautado pelas informações prestadas pela contraparte contratual, que devem ser oferecidas com a lisura esperada pelos padrões (*standards*) da boa-fé objetiva, em atitude cooperativa.
11. O incumprimento do contrato distingue-se da anulabilidade do vício do consentimento em virtude de ter por pressuposto a formação válida da vontade, de forma que a irregularidade de comportamento somente é revelada de forma superveniente; enquanto na anulação a irregularidade é congênita à formação do contrato.
12. Na resolução do contrato por inadimplemento, em decorrência da inobservância do dever anexo de informação, não se trata de anular o negócio jurídico, mas sim de assegurar a vigência da boa--fé objetiva e da comutatividade (equivalência) e sinalagmaticidade (correspondência) próprias da função social do contrato entabulado entre as partes.
12. Na hipótese dos autos, a moldura fática delimitada pelo acórdão recorrido consignou que: *a)* ainda na fase pré-contratual, a franqueadora criou na franqueada a expectativa de que o retorno da capital

> investido se daria em torno de 36 meses; ***b)*** apesar de transmitir as informações de forma clara e legal, o fez com qualidade e amplitude insuficientes para que pudessem subsidiar a correta tomada de decisão e as expectativas corretas de retornos; e ***c)*** a probabilidade de que a franqueada recupere o seu capital investido, além do caixa já perdido na operação até o final do contrato, é mínima, ou quase desprezível.
> **11. Recurso especial provido.**
> (REsp n.º 1.862.508/SP, STJ, Redatora p/o acórdão: Ministra NANCY ANDRIGHI, Rel. Ministro RICARDO VILLAS BÔAS CUEVA, p.m., julgado em 24/11/2020, DJe 18/12/2020 - sem grifos no original)

No julgamento sob foco, o voto líder da maioria, da lavra da Ministra NANCY ANDRIGHI, quesitou que "O propósito recursal consiste em definir se a conduta da franqueadora na fase pré-contratual, deixando de prestar informações que auxiliariam na tomada de decisão pela franqueada, pode ensejar a resolução do contrato de franquia por inadimplemento", e, na sequência, afirmou a indispensabilidade de aplicar o princípio da boa-fé objetiva à fase pré-contratual da avença de *franchising* sob litígio. *Permissa venia* pelo alongado da transcrição que segue, mas é imperativo categórico trazer à colação deste estudo os fundamentos doutrinários sobre os quais se alicerça o voto líder da maioria formada no referido julgamento, em face da sua convergência com os paradigmas adotados nesta investigação, *verbis:*

> **"1. DA FUNÇÃO SOCIAL DO CONTRATO, DA BOA-FÉ OBJETIVA, DOS DEVERES ANEXOS E DO DEVER DE INFORMAÇÃO**
> No direito contratual atual, submetido diretamente aos ditames constitucionais, especialmente ao princípio da dignidade da pessoa humana, a função social do contrato, prevista expressamente no art. 421 do CC/02, passa a definir limites internos do direito de contratar e, por conseguinte, a proteger juridicamente as justas expectativas das partes contratantes.
> De fato, no conceito de função social do contrato está inserida a boa-fé objetiva, prevista de forma expressa no art. 422 do CC/02, segundo a qual as partes devem comportar-se de acordo com um **padrão ético de confiança e de lealdade**, de modo a permitir **a concretização das legítimas expectativas que justificaram a celebração do pacto.**
> Com efeito, nos termos da jurisprudência desta Corte, "*a boa-fé objetiva restringe o exercício abusivo de direitos,* ***impondo que as partes colaborem mutuamente para a consecução dos fins comuns perseguidos com***

***o contrato** - que não é um mero instrumento formal de registro das intenções -, e também encontra **a sua vinculação e limitação na função econômica e social do contrato**, visando a fazer com que **os legítimos interesses da outra parte, relativos à relação econômica nos moldes pretendidos pelos contratantes, sejam salvaguardados**"* (AgInt no REsp 1779763/SP, Quarta Turma, DJe 13/08/2020, sem destaque no original).

1.1. DOS DEVERES ANEXOS

A função boa-fé integrativa da objetiva corresponde à criação de deveres jurídicos, à previsão de padrões (*standards*) de conduta, os quais se materializam nos denominados deveres anexos, laterais, secundários ou acessórios, a serem seguidos em todos os períodos contratuais.

Os mencionados deveres anexos compreendem, nesse contexto, entre outros: "*a) os deveres de cuidado, previdência e segurança; **b) os deveres de aviso e esclarecimento**; c) **os deveres de informação**; d) o dever de prestar contas; e) os deveres de **cooperação e colaboração**; f) os deveres de proteção e cuidado com a pessoa e seu patrimônio; g) os deveres de omissão e de segredo*" (MARTINS-COSTA, Judith. A Boa-fé no Direito Privado. Critérios para a sua aplicação. São Paulo: Marcial Pons, 2015, p. 439, sem destaque no original).

1.2. DO DEVER ANEXO DE INFORMAÇÃO

No contexto do contrato como um negócio cooperativo, o dever lateral ou anexo de informação possui grande relevo, pois "*a pertinência da informação é fundamental para que o contratante possa ser alertado sobre fatos que a sua diligência ordinária não alcançaria isoladamente*" (ROSENVALD, Nelson. Dignidade humana e boa-fé no Código Civil. São Paulo: Saraiva, 2007, pág. 109).

Trata-se, de fato, de resguardar as **expectativas legítimas** de ambas as partes na relação contratual, por intermédio do cumprimento de um **dever genérico de lealdade**, razão pela qual " *o ordenamento jurídico prevê deveres de conduta a serem observados por ambas as partes da relação obrigacional, os quais se traduzem **na ordem genérica de cooperação, proteção e informação mútuos**, tutelando-se a dignidade do devedor e o crédito do titular ativo, sem prejuízo da solidariedade que deve existir entre eles*" (REsp 1592422/RJ, Rel. Quarta Turma, DJe 22/06/2016, sem destaque no original).

1.3. DO DEVER DE INFORMAÇÃO NA FASE PRÉ-CONTRATUAL, DA GERAÇÃO DE EXPECTATIVAS LEGÍTIMAS E O *DUE DILIGENCE*

A regra geral da boa-fé permite fundamentar a responsabilidade pela frustração da confiança, evitando o dano às expectativas legítimas criadas antes mesmo de o contrato vir a ser formalizado.

Consoante já afirmado por esta Terceira Turma, "*o princípio da boa-fé objetiva **já incide desde a fase de formação do vínculo obrigacional, antes mesmo de ser celebrado o negócio jurídico pretendido pelas partes***" (REsp 1367955/SP, Terceira Turma, DJe 24/03/2014, sem destaque no original).

A orientação doutrinária segue essa linha, ao defender que "Os deveres **pré-contratuais** surgem quando – e na medida em que os – os **contatos pré-contratuais entre as partes façam surgir, numa delas ou em cada uma delas, a confiança na conduta leal, honesta, responsável e íntegra da contraparte**, sendo o apuramento do surgimento dessa confiança resultado da análise dos atos e comportamentos das partes e da sua apreciação objetiva no quadro do ambiente econômico-social em que o processo formativo do contrato tem lugar. (FRADA, M. A. C. P. Teoria da confiança e Responsabilidade Civil. Coimbra: Almedina, 2004, p. 19).

Essa orientação já foi albergada por esta e. Terceira Turma, ao consignar que "***a responsabilidade pré-contratual** não decorre do fato de a tratativa ter sido rompida e o contrato não ter sido concluído, **mas do fato de uma das partes ter gerado à outra**, além **da expectativa legítima** de que o contrato seria concluído, **efetivo prejuízo material***" (REsp 1051065/AM, Terceira Turma, DJe 27/02/2013, sem destaque no original).

Essa geração de expectativas legítimas não é contrastada pelo dever de diligência (*due diligence*) nas contratações empresariais – consideradas havidas entre contratantes em situação de igualdade, de paridade de condições –, que atua, na verdade, explicitando o seu exato conteúdo.

Com efeito, ainda que caiba aos contratantes verificar detidamente os aspectos essenciais do negócio jurídico, esse exame é pautado pelas informações prestadas pela contraparte contratual, que devem ser oferecidas com a lisura esperada pelos padrões (*standards*) da boa-fé objetiva, em atitude cooperativa.

Nesse sentido, a doutrina salienta que: "**Assume, portanto, a *due diligence* um caráter preventivo, a ser realizada pelo comprador com a estreitíssima colaboração do vendedor, informada diretamente pela cláusula geral de boa-fé objetiva, já que o conhecimento pelo comprador do objeto a ser adquirido tem como fonte a apresentação dos dados a ele pertinentes por parte do vendedor.** [...]

[...] **o dever de diligência não é unilateral, exclusivamente do comprador, mas convoca ambos os contratantes, segundo os ditames da boa-fé objetiva, a assegurar a integridade do objeto da compra e venda.**
[...] **o conhecimento especializado da Empresa X só se poderia fazer sentir caso tivesse prévia ciência dos fatos e informações essenciais** sobre o objeto da venda.
[...] **Não tinha, pois, o dever de, por ser especialista** na exploração mineral, **duvidar da veracidade dos documentos que lhe foram exibidos.**" (TEPEDINO, Gustavo. Novos Princípios Contratuais e Teoria da Confiança: a exegese da cláusula *to the best knowledge of the sellers. In:* Relações obrigacionais e contratos, volume II / Gustavo Tepedino. – São Paulo: Editora Revista dos Tribunais, 2012, pp. 425-450, sem destaque no original).

1.4. DA POSSIBILIDADE DE O DESCUMPRIMENTO DE DEVERES ANEXOS NA FASE PRÉ-CONTRATUAL ENSEJAR A RESOLUÇÃO DO CONTRATO

Na hipótese de descumprimento de deveres anexos, atua a função corretiva do princípio da boa-fé objetiva, se manifestando como parâmetro para o exercício das posições jurídicas.

O art. 187 do CC/02 prevê essa função corretiva, erigindo-a em critério de determinação do abuso de direito, a qual, no ordenamento contemporâneo, distingue-se do ato ilícito em sentido estrito em razão de "*a aferição de abusividade do exercício de um direito* [...] *ser exclusivamente objetiva, ou seja,* [...] *depende*[...] *tão* ***somente da verificação de desconformidade concreta entre o exercício da situação jurídica e os valores tutelados pelo ordenamento***" (TEPEDINO, Gustavo (et. al.). Código Civil interpretado conforme a Constituição da República. Rio de Janeiro: Renovar, 2006, p. 346), não sendo, pois, necessário averiguar a intenção da contraparte contratual, sua má-fé ou malícia.

1.5. DA RESOLUÇÃO DO CONTRATO POR VIOLAÇÃO DE DEVER ANEXO DE INFORMAÇÃO

Além de a violação aos deveres anexos, configuradora de abuso de direito, não depender da averiguação da má-fé (subjetiva) dos agentes, ela não se apresenta de forma originária na manifestação da vontade geradora do contrato.

Realmente, ainda que, quando envolvida alguma desinformação entre as partes, a doutrina não tenha definido com segurança os limites entre a resolução do contrato, por inadimplemento, e a sua anulação, por vício do consentimento, é certo que essas diferentes sortes de irregularidades se manifestam em momentos distintos.

Com efeito, o incumprimento do contrato distingue-se da anulabilidade do vício do consentimento em virtude de ter por pressuposto a formação válida da vontade, de forma que a irregularidade de comportamento somente é revelada de forma superveniente; enquanto na anulação, por sua vez, a irregularidade é congênita à formação do contrato. Conforme destaca a doutrina:

"O traço distintivo a considerar é que o erro, como vício de consentimento, **concerne à formação do contrato, há um vício original**. Distingue-se, com isso, de outros institutos que, ao contrário, resultam **de defeitos sobre circunstâncias posteriores nas quais a vontade foi validamente manifestada pelas partes**. Araken de Assis aponta esse traço distintivo ao mencionar que "**o fato lesivo que desencadeia o mecanismo resolutório surge no curso da relação contratual e, conquanto superveniente aos trâmites formativos, escapa ao plano da validade.**" (BUFULIN, Augusto Passamani. Os requisitos do erro de acordo com a teoria adotada pelo Código Civil brasileiro de 2002. Tese de doutoramento apresentada para a obtenção do título de doutor em Direito das Relações Sociais (Direito Civil) pela PUC/SP. Disponível em: https://sapientia.pucsp.br/bitstream/handle/6078/1/Augusto%20Passamani%20Bufulin.pdf).

Em outras palavras, na resolução do contrato por inadimplemento, em decorrência da inobservância do dever anexo de informação, **não se trata de anular o negócio jurídico** – o que demandaria a ocorrência de **defeito na validade da manifestação da vontade** –, mas sim **de assegurar a vigência da boa-fé objetiva e da comutatividade** (equivalência) **e sinalagmaticidade** (correspondência) próprias da função social do contrato entabulado entre as partes.

1.6. DA JURISPRUDÊNCIA DO STJ SOBRE O INADIMPLEMENTO DECORRENTE DA VIOLAÇÃO DO DEVER DE INFORMAÇÃO NA FASE PRÉ-CONTRATUAL

A jurisprudência desta Corte já reconheceu a possibilidade de o descumprimento do dever de informação da fase pré-contratual gerar a resolução do contrato por inadimplemento. Com efeito, esta e. Terceira Turma já afirmou, em acórdão de minha relatoria, que:

"**A promessa**, feita durante a construção do Shopping Center a potenciais lojistas, de que algumas **lojas-âncoras de grande renome seriam instaladas no estabelecimento** para incrementar a frequência de pú-

> blico, consubstancia promessa de fato de terceiro **cujo inadimplemento pode justificar a rescisão do contrato de locação,** notadamente se tal promessa **assumir a condição de causa determinante do contrato** e se não estiver comprovada a plena comunicação aos lojistas sobre a desistência de referidas lojas, durante a construção do estabelecimento." (REsp 1259210/RJ, Terceira Turma, DJe 07/08/2012, sem destaque no original)
> Em referido julgado, concluiu-se que, se o Tribunal de origem "*reconheceu o descumprimento de um dever assumido expressamente pelo locador e se tal dever, também consoante a análise das provas promovida na origem, fora determinante para a decisão de investimento dos lojistas,* ***o reconhecimento do inadimplemento contratual é de rigor***" (REsp 1259210/RJ, Terceira Turma, DJe 07/08/2012, sem destaque no original). (...)." (todos os grifos no original)

Direito ambiental, liberdade contratual, função social e ecológica do contrato, probidade e boa-fé objetiva dos negócio jurídicos

Também por seu abrangente espectro doutrinário e fundamentação multifuncional na aplicação do princípio da boa-fé objetiva a negócio jurídico matriciado em plano de direito ambiental, é enriquecedora a colação do acórdão proferido pela Terceira Turma do STJ no julgamento de Agravo Interno no REsp n.º 1.688.885/SP[319], sob a relatoria do Ministro HERMAN BENJAMIN, cuja ementa é a seguinte, *verbis:*

> **"AMBIENTAL E PROCESSUAL CIVIL.** ÁREA DE PRESERVAÇÃO PERMANENTE. RESERVA LEGAL. DANO. OBRIGAÇÃO DE RECUPERAR ÁREA DEGRADADA. TERMO DE AJUSTAMENTO DE CONDUTA - TAC. ART. 5°, § 6°, DA LEI 7.347/1985. TÍTULO EXECUTIVO EXTRAJUDICIAL. ART. 784, XII, DO CÓDIGO DE PROCESSO CIVIL DE 2015. **LIBERDADE CONTRATUAL. FUNÇÃO SOCIAL E ECOLÓGICA DO CONTRATO. ARTS. 421 E 1.228, § 1º, DO CÓDIGO CIVIL. ATO JURÍDICO PERFEITO. PRINCÍPIO DA MELHORIA DA QUALIDADE AMBIENTAL E PRINCÍPIO DA PROIBIÇÃO DE RETROCESSO.** INAPLICABILIDADE DO NOVO CÓDIGO FLORESTAL (LEI 12.651/2012). IRRETROATIVIDADE DA LEI. *TEMPUS REGIT ACTUM*. ART. 6º, *CAPUT*, DA LEI

319 Superior Tribunal de Justiça. [Em linha]. [Consult. 18 Jan 2021]. Disponível na Internet: <https://stj.jus.br/scon.stj.jus.br/SCON>

DE INTRODUÇÃO ÀS NORMAS DO DIREITO BRASILEIRO. ART. 12 DO DECRETO FEDERAL 8.235/2014. **ABRANGÊNCIA DO TAC. PROBIDADE E BOA-FÉ OBJETIVA NOS NEGÓCIOS JURÍDICOS. RESERVA MENTAL. ARTS. 110 E 113 DO CÓDIGO CIVIL.** CONDUTA ATENTATÓRIA À DIGNIDADE DA JUSTIÇA. ART. 774 DO CÓDIGO DE PROCESSO CIVIL.

1. Trata-se, na origem, de Embargos à Execução opostos pelos recorrentes contra o Ministério Público estadual. O Termo de Ajustamento de Conduta – TAC foi firmado em 2011, sob a égide das Leis 4.771/1965 (Código Florestal) e 6.983/1981 (Lei da Política Nacional do Meio Ambiente). As obrigações combinadas não foram implementadas, encontrando-se os proprietários *em mora* quando da promulgação do novo Código Florestal em 2012. Na petição inicial, os embargantes justificam o inadimplemento com o argumento de que pediram «a suspensão do cumprimento do termo de ajustamento *até a aprovação do novo Código Florestal*" (grifo acrescentado).

2. É pacífico no STJ – inconcebível entendimento divergente da lei – que a aplicação do novo Código Florestal se perfaz "respeitados o ato jurídico perfeito, o direito adquirido e a coisa julgada" (art. 6º, *caput*, da Lei de Introdução às Normas do Direito Brasileiro – LINDB, Decreto-Lei 4.657/1942), em sintonia, quanto a fatos pretéritos, com o princípio *tempus regit actum*. Precedentes.

3. A legislação ambiental fixa *piso*, e não *teto*, de proteção da saúde humana, biodiversidade, paisagem e sistema climático, donde não tolhe poderes do proprietário para, na posição de *dominus*, por ato de liberalidade unilateral (p. ex., Reserva Particular do Patrimônio Nacional – RPPN) ou bilateral (TAC, p. ex.), avançar além do patamar mínimo da norma e, voluntariamente, encolher suas faculdades de "usar, gozar e dispor da coisa" e dos correlatos processos ecológicos (Código Civil, art. 1.228, *caput*). Em outras palavras, o dono desfruta de *liberdade limitada* no uso e aproveitamento dos recursos naturais, mas retém *liberdade ilimitada* para abdicar de usá-los ou aproveitá-los, se imbuído do nobre fim social de conservar o meio ambiente para as presentes e futuras gerações.

4. Segundo o art. 5º, § 6º, da Lei 7.347/1985, c/c o art. 784, XII, do CPC/2015, o TAC ou documento assemelhado possui eficácia de título executivo extrajudicial. Suas cláusulas devem, por conseguinte, ser adimplidas fiel, completa e lealmente no tempo, modo e condições fixados, incumbindo ao compromissário provar a satisfação

plena das obrigações assumidas. A inadimplência, total ou parcial, dá ensejo à execução do avençado e das sanções cabíveis. Uma vez celebrado livre e conscientemente, e preenchidas as formalidades legais, constitui *ato jurídico perfeito*, imunizado contra alterações legislativas posteriores que *enfraqueçam obrigações estatuídas em favor da sociedade*. Exatamente por reclamar cabal e fiel implementação, impedido se acha o juiz de, a pretexto de existir lei nova, negar execução ao TAC, pois tal constituiria grave afronta à garantia da irretroatividade encapsulada na LINDB e um dos pilares do Estado de Direito. Nessas circunstâncias, despropositado falar em *perda de objeto* quer do título, quer da demanda. Do título, não, pois preservado perante a lei superveniente; da demanda, tampouco, porque íntegro o interesse processual em executá-lo (CPC/2015, art. 485, VI).

5. Se a garantia da irretroatividade não pode ser rechaçada pelo legislador constitucional e ordinário, com maior razão e ênfase não pode sê-lo pela Administração, interditada de a ela desobedecer ao editar norma regulamentar ou ato administrativo. Logo, sem nenhuma eficácia jurídica o art. 12 do Decreto Federal 8.235/2014.

6. Embora inseridas em Título do Código Civil referente aos "Contratos em Geral", as cláusulas gerais dos arts. 421 (probidade e boa-fé objetiva) e 422 (função social do contrato), ambas de ordem pública e interesse social - portanto, diretrizes irrenunciáveis e inafastáveis a serem estritamente guardadas pelos sujeitos e controladas pelo juiz -, possuem tripla *natureza universal*: iluminam o ordenamento jurídico por inteiro, afetando relações privadas e públicas; abraçam, além das modalidades contratuais puras, a multiplicidade inumerável de atos e negócios jurídicos, nessa tarefa complementando o instituto da interpretação, manejado pelo art. 113 do Código Civil, indo além de seu âmbito; recaem sobre o negócio jurídico em si, mas igualmente se estendem às fases a ele anterior e posterior.

7. Ofende os *princípios da probidade e da boa-fé objetiva* o compromissário, ***em mora*, que retarda a execução de obrigações pactuadas (especialmente as destinadas a reparar danos metaindividuais) e, em contrapartida, se beneficia de suspensão ou mesmo remissão de sanções administrativas e penais, sob a escusa de que Projeto de Lei ainda em discussão poderá eximi-lo de respeitar o ajustado. Outrossim, celebrar negócio jurídico na expectativa de não ter de cumpri-lo por conta de anunciada reforma legislativa caracteriza repreensível**

reserva mental (Código Civil, art. 110). Hipótese clara, por outro lado, de ***conduta atentatória à dignidade da justiça*, mediante emprego de *meio artificioso*** para evitar a execução do que acordado em favor da sociedade. Não se deve esquecer que, ao contrário do que indicaria leitura literal apressada, o art. 774 do CPC/2015 representa *padrão ético-jurídico* **a guiar o devedor durante o processo de execução propriamente dito, mas com irradiação para o antes e o depois.**

8. Prescreve, genericamente, o Código Civil que "só quanto a *direitos patrimoniais de caráter privado* se permite a transação» (art. 841). Ora, intuitivo que o regime jurídico do TAC necessite resguardar o interesse público muito mais rigidamente do que se verifica na transação entre particulares. Então, se é verdade que a legislação especial atribui ao Ministério Público e a outros colegitimados a possibilidade de celebrar e homologar judicialmente composição para encerrar litígio, não se mostra menos certo que tais sujeitos estão jungidos às restrições aplicáveis aos negócios jurídicos privados e a diversas outras que lhes são peculiares, tanto em forma como em conteúdo.

9. Para os porta-vozes processuais da metaindividualidade, a liberdade de contratar (*rectius*, de celebrar negócios jurídicos) constante do art. 421 do Código Civil não é absoluta, nem irrefreável, mas se subordina não só à *função social* nele prevista, mas também a cânones jurídicos de regência da vida civilizada em comunidade, entre eles a ***função ecológica do contrato*, cara-metade da *função ecológica da propriedade*** (art. 1.228, § 1º, do Código Civil). Na tutela de bens e valores que integram a órbita da coletividade e das gerações futuras, é interditado acordo – em juízo ou extrajudicialmente, por meio de Termo de Ajustamento de Conduta – concluído à margem ou em vilipêndio da legalidade estrita. A irrestringibilidade não define a resolução amigável protagonizada pelos agentes estatais na litigiosidade transindividual, que obedece a dever inarredável de integral submissão aos interesses e direitos indisponíveis envolvidos. Em resultado, a atuação do Estado (aí incluído o Ministério Público) implica atendimento a rígidos pressupostos, limites e vedações. Daí decorre se franquear ampla vigilância judicial, o que se justifica pelo fato de o TAC ora incorporar, simultaneamente, como figura anfíbia, componentes ***ex voluntate*** e ***ex lege*, ora não vincular outros colegitimados e vítimas individuais descontentes, em harmonia com o espírito cauteloso e republicano de pesos e contrapesos.**

10. Agravo Interno não provido.
(AgInt no REsp n.º 1.688.885/SP, STJ, Rel. Ministro HERMAN BENJAMIN, julgado em 20/09/2020, DJe 20/10/2020 - sem grifos no original)

Princípio da boa-fé objetiva e subprincípio da confiança, abuso de direito e *supressio*.

Em questão pertinente a plano de saúde, é importante trazer à colação, por seus substantivos fundamentos, o julgamento da Terceira Turma do STJ, sob a relatoria da Ministra NANCY ANDRIGHI, no REsp nº 1.879.503/RJ[320] — em que se sobressai a figura parcelar da *supressio* —, cuja ementa do acórdão proferido é a seguinte, *verbis:*

> "RECURSO ESPECIAL. AÇÃO DE OBRIGAÇÃO DE FAZER C/C INDENIZATÓRIA. FUNDAMENTAÇÃO DEFICIENTE. SÚM. 284/STF. ALEGADA OFENSA À RESOLUÇÃO DO CONSU. NÃO CABIMENTO. AUSÊNCIA DE PREQUESTIONAMENTO. SÚM. 211/STJ. FUNDAMENTO NÃO IMPUGNADO. SÚM. 283/STF. NEGATIVA DE PRESTAÇÃO JURISDICIONAL. AUSÊNCIA. DIVERGÊNCIA JURISPRUDENCIAL. DISSÍDIO NÃO DEMONSTRADO. **CONTRATO DE PLANO DE SAÚDE COLETIVO EMPRESARIAL. ROMPIMENTO DO VÍNCULO EMPREGATÍCIO. MANUTENÇÃO DO EX-EMPREGADO E SUA ESPOSA COMO BENEFICIÁRIOS DO PLANO DE SAÚDE POR 10 ANOS. EXCLUSÃO INDEVIDA PELO EX-EMPREGADOR. RESPONSABILIDADE PELA CONFIANÇA. ABUSO DO DIREITO. *SUPRESSIO*.** JULGAMENTO: CPC/2015.
> 1. Ação de obrigação de fazer c/c indenizatória ajuizada em 19/08/2013, da qual foram extraídos os presentes recursos especiais, interpostos, ambos, em 30/08/2018, e atribuídos ao gabinete em 14/05/2020.
> **2. O propósito do primeiro recurso especial é dizer sobre: (i) a negativa de prestação jurisdicional; (ii) a obrigação de o ex-empregador manter, com base na proteção da confiança (*supressio*), o plano de saúde oferecido ao ex-empregado, transcorridos mais de 10 anos do rompimento do vínculo empregatício; (iii) o termo final da obrigação do ex-empregador de indenizar o ex-empregado dos valores despendidos com a contratação de outro plano de saúde.**

320 Superior Tribunal de Justiça. [Em linha]. [Consult. 18 Jan 2021]. Disponível na Internet: <https://stj.jus.br/scon.stj.jus.br/SCON>

3. O propósito do segundo recurso especial é dizer sobre (i) a negativa de prestação jurisdicional; (ii) o julgamento fora do pedido (extra petita); (iii) a obrigação da seguradora de disponibilizar plano de saúde individual que não comercializa; (iv) a ofensa à competência da ANS; (v) a impossibilidade de manutenção do plano de saúde em favor dos beneficiários que não contribuíam.
4. Os argumentos deduzidos pela recorrente não demonstram, concretamente, os pontos omitidos pelo Tribunal de origem, tampouco evidenciam a efetiva relevância das questões para a resolução da controvérsia, a justificar a alegada negativa de prestação jurisdicional (Súmula 284/STF).
5. A interposição de recurso especial não é cabível com fundamento em violação de resolução do Consu, porque esse ato normativo não se enquadra no conceito de lei federal previsto no art. 105, III, "a" da CF/88.
6. A ausência de decisão acerca dos dispositivos legais indicados como violados ou dos argumentos deduzidos nas razões recursais, a despeito da oposição de embargos de declaração, impede o conhecimento do recurso especial (súm. 211/STJ).
7. A existência de fundamento não impugnado – quando suficiente para a manutenção das conclusões do acórdão recorrido – impede a apreciação do recurso especial (súm. 283/STF).
8. A análise da existência do dissídio jurisprudencial é inviável quando descumpridos os arts. 1.029, § 1º, do CPC/15 (541, parágrafo único, do CPC/73) e 255, § 1º, do RISTJ.
9. Devidamente analisadas e discutidas as questões de mérito, e suficientemente fundamentado o acórdão recorrido, de modo a esgotar a prestação jurisdicional, não há falar em violação do art. 1.022, II, do CPC/15.
10. A responsabilidade pela confiança constitui uma das vertentes da boa-fé objetiva, enquanto princípio limitador do exercício dos direitos subjetivos, e coíbe o exercício abusivo do direito, o qual, no particular, se revela como uma espécie de não-exercício abusivo do direito, de que é exemplo a *supressio*.
11. O abuso do direito – aqui caracterizado pela *supressio* – é qualificado pelo legislador como espécie de ato ilícito (art. 187 do CC/2002), no qual, em verdade, não há desrespeito à regra de comportamento extraída da lei, mas à sua valoração; o agente atua conforme a legalidade estrita, mas ofende o elemento teleológico que a sustenta, descurando do dever ético que confere a adequação de sua conduta ao ordenamento jurídico.

> **12. Hipótese excepcional em que, por liberalidade do ex-empregador, o ex-empregado e sua esposa, assumindo o custeio integral, permaneceram vinculados ao contrato de plano de saúde por prazo que supera – e muito – o previsto no art. 30, § 1º, da Lei 9.656/1998, despertando nestes a confiança de que não perderiam o benefício, de tal modo que sua exclusão agora, quando já passados 10 anos, e quando já contam com idade avançada, torna-se inviável, segundo o princípio da boa-fé objetiva.**
> 13. Recurso especial de BRADESCO SAÚDE S/A não conhecido. Recurso especial de UNIPAR-UNIÃO DE INDÚSTRIAS PETROQUÍMICAS S.A conhecido em parte e, nessa extensão, desprovido.
> (REsp n.º 1.879.503/RJ, STJ, Rel.ª Ministra NANCY ANDRIGHI, Terceira Turma, julgado em 15/09/2020, DJe 18/09/2020 - sem grifos no original)

Com esta seletiva e paradigmática panorâmica jurisprudencial do Superior Tribunal de Justiça, conclui-se a abordagem da cláusula geral e princípio da boa-fé objetiva no plano jurídico-normativo brasileiro.

3.2.2 Panorâmica jurisprudencial do Supremo Tribunal de Justiça português

O Supremo Tribunal de Justiça é o órgão jurisdicional máximo no âmbito do ordenamento jurídico-normativo infraconstitucional português e detém um inestimável acervo jurisprudencial formado a partir de julgamentos juscivilistas sobre questões pertinentes à aplicação e interpretação das figuras parcelares e funções defensivas do princípio e cláusula geral de tutela da boa-fé objetiva nos contratos de direito privado. Portanto, esta investigação jurisprudencial em Portugal orienta-se nos julgados do Supremo Tribunal de Justiça, em face da magnitude e importância da sua jurisprudência para os Tribunais de Relação, os tribunais de primeiro grau de jurisdição, as comunidades profissionais forenses e as congregações universitárias e acadêmicas, bem assim para a sociedade civil em geral.

Neste norte e à partida, segue alinhada uma pesquisa sintética realizada sobre o extenso e minucioso trabalho doutrinário-jurisprudencial desenvolvido por MENEZES CORDEIRO no volume V do seu Tratado de Direito Civil[321],

321 CORDEIRO, António Menezes - **Tratado de Direito Civil - Vol. V**, *op. cit.*, p. 297-389, *passim*

pertinente às figuras parcelares e funções defensivas do princípio da boa fé objetiva nos contratos de direito privado. Passo seguinte, na sequência da investigação jurisprudencial lusitana, colaciona-se ao estudo uma seleção de sumários de acórdãos do Supremo Tribunal de Justiça nesta matéria, contendo preciosos paradigmas para a construção e aprimoramento deste instituto no país.

(a) *Venire contra factum proprium*[322]

STJ, 8-jun.-2017 (Salazar Casanova), Proc. 7461/14: incorre em *venire contra factum proprium* o promitente comprador que pede um sinal em dobro quando pretendia, precisamente, que não houvesse contrato.

STJ, 14-fev.-2017 (José Rainho), Proc. 724/09: o *venire contra factum proprium* só opera em casos excepcionais, quando implique atuações clamorosamente contrárias à lealdade e à correção.

STJ, 10-mar.-2016 (Oliveira Vasconcelos), Proc. 206/13: incorre em *venire contra factum proprium* a seguradora que pretende não indenizar um sinistro, invocando uma doença prévia do segurado, quando já a conhecia no momento da contratação.

(b) Inalegabilidades formais[323]

STJ, 17-mar.-2016 (Lopes do Rego), Proc. 2234/11: pode haver *venire contra factum proprium* na invocação de um vício de forma no arrendamento.

STJ, 29-nov.-2011 (Nuno Cameira), Proc. 2632/08: há abuso, por *venire contra factum proprium*, por parte da pessoa que considera válido, longamente, um contrato-promessa, em que pese a inobservância da forma prevista no art. 403.º/3 e, depois, alega a nulidade formal.

(c) Supressio e surrectio[324]

STJ, 21-jun.-2016 (Hélder Roque), Proc. 2683/12: a "neutralização" do direito, próxima do *venire contra factum proprium*, implica: o não-exercício durante um período prolongado; de outros elementos, a convicção de que não será exercido.

---

322 CORDEIRO, António Menezes - **Tratado - Vol. V**, ***op. cit.***, p. 328-331.

323 CORDEIRO, António Menezes - **Tratado - Vol. V**, ***op. cit.***, p. 344-347.

324 CORDEIRO, António Menezes - **Tratado - Vol. V**, ***op. cit.***, p. 362-364.

STJ, 11-dez.-2013 (Fernandes da Silva), Proc. 629/10: a inércia, por período prolongado, pode dar azo, quando quebrada em certas circunstâncias, à figura da *supressio*.

STJ, 30-OUT.-2001 (Pais de Souza), CJ/Supremo IX (2001), 3, 102-104 (103/II): este acórdão refere, apenas, o art. 334.º; materialmente há, todavia, *supressio*; num contrato-promessa com prazo de dois anos para a celebração da escritura, verifica-se que o exercente deixou passar quinze anos, sem pagar as prestações que lhe incumbiam; há abuso do direito quando, superveniente-mente, venha requerer a execução específica.

(d) *Tu quoque*[325]

STJ, 10-jan.-2008 (João Bernardo), Proc. 07B3972: o herdeiro de uma pessoa que celebrara com o cônjuge um contrato-promessa de repúdio da herança, naturalmente nulo, não pode invocar o abuso do cônjuge sobrevivo de invocar tal nulidade: ambos perpetraram a ilegalidade.

STJ, 12-jul.-2001 (Araújo Barros), CJ/Supremo IX (2001) 3, 30-34: num contrato-promessa, o Réu assina, faz reconhecer a assinatura e manda ao Autor, pedindo-lhe que assinasse e fizesse reconhecer a sua; o Autor perde o documento e alega a invalidade por não ter assinado: há abuso.

(e) O desequilíbrio no exercício[326]

STJ, 30-set.-2008 (Paulo Sá), CJ/Supremo XVI (2008) 3, 46-50 (49-50), com indicações: abusa do direito o inquilino que, pagando uma renda mensal de €2,30, exige dos senhorios, que vivem de pensões de reforma, obras custeadas em €5.000,00.

STJ, 8-jun.-2006 (Oliveira Barros), Proc. 06B3597: há abuso de direito quando se requeira, ao senhorio, a realização de obras e sejam necessários 12 anos de rendas para o seu retorno.

No passo seguinte da investigação jurisprudencial lusitana, impende trazer à colação uma seleção de julgados paradigmáticos do Supremo Tribunal de Justiça sobre o princípio da boa-fé objetiva nos negócios jurídicos de direito privado, de notável importância para a colmatação deste instituto em Portugal.

---

325 CORDEIRO, António Menezes - **Tratado - Vol. V**, ***op. cit.***, p. 376-377.

326 CORDEIRO, António Menezes - **Tratado - Vol. V**, ***op. cit.***, p. 386-387.

Regime de cláusulas contratuais gerais, princípio da boa-fé objetiva, cláusulas-surpresa e deveres de lealdade, transparência, cuidado e prestação de informações em contrato de adesão

No julgamento do Recurso de Revista n.º 2015:109.13.OTBMLD.P1.S1. AO[327], em 02/06/2015, a 1.ª Secção Cível do Supremo Tribunal de Justiça, sob a relatoria do Conselheiro HELDER ROQUE, dispôs sobre o regime a ser observado em cláusulas contratuais gerais e em face de cláusulas-surpresa, à luz do princípio da boa-fé objetiva e dos deveres de lealdade, transparência, cuidado e prestação de informações em contrato de adesão, tendo proferido acórdão cujo sumário é o seguinte, *verbis:*

> **"Sumário:**
> I - Provando-se que a pessoa segura se encontrava incapaz para todo o serviço da GNR, que o declarou, absoluta e permanentemente, incapaz para o exercício das suas funções, preenche o pressuposto da invalidez, total e permanente, resultante de doença, na subespécie da total e definitiva incapacidade para o exercício da sua profissão, independentemente da sua eventual incapacidade para o exercício de qualquer outra atividade compatível com os seus conhecimentos e capacidades, em que se traduzia o segundo termo da alternativa.
> II - Da total e definitiva incapacidade do autor para o exercício da sua profissão resulta uma incapacidade funcional permanente, de grau igual ou superior a 66%, tal como vem definida pela tabela de avaliação de incapacidades permanentes, no Direito Civil vigente, porque se trata de dano definitivo, que deve ser avaliado, relativamente à capacidade integral (100%), representando um compromisso integral da capacidade.
> III - Ao autor, pessoa segura, basta alegar, sem ter necessidade de provar, que o sinistro ocorreu, em plena vigência do contrato, cabendo ao réu, entidade seguradora, enquanto facto extintivo da pretensão formulada pelo autor, demonstrar que o sinistro não teve lugar, em plena vigência do contrato, com base no preceituado pelo art. 342.º, n.º 2, do CC.
> **IV - O regime das «cláusulas contratuais gerais» constitui uma resposta normativa à instauração, por iniciativa privada, de uma ordem contratual, significativamente, divergente dos critérios legais, orientados para uma equilibrada composição de interesses, em pre-**

327 Conselho Superior da Magistratura de Portugal [Em linha]. [Consult. 18 Jan 2021]. Disponível na Internet: <https://jurisprudencia.csm.org.pt/ecli/ECLI:PT:STJ:2015:109.13.0TBMLD.P1.S1.A0>

juízo de um amplo círculo de contraentes, porquanto a autonomia privada apenas pode ser exercida "dentro dos limites da lei".

V - O princípio da boa fé objetiva impõe às partes contratantes deveres de lealdade, transparência, cuidado e prestação de informações necessárias, com base no qual o proponente deve apresentar contratos redigidos, de forma clara e precisa, e não obscura, dúbia ou contraditória, com caracteres legíveis, destacando as cláusulas que impliquem limitações aos direitos do aderente, por forma a evitar o aparecimento de cláusulas estipuladas no contrato, de natureza imprevisível, ou, mesmo, cláusulas não condizentes com a realidade, e possibilitar ao consumidor o entendimento adequado dos termos do contrato, porque este foi celebrado, sob determinadas circunstâncias, em decorrência da aparência global exibida.

VI - As denominadas "cláusulas-surpresa", que aparentam ser uma coisa mas, afinal, se revelam outra, podem estar ocultadas, colocadas fora da epígrafe apropriada, desinseridas do contexto sistemático ou racional ou ser redigidas, dissimuladamente, destoando da totalidade do restante clausulado, ofendem o princípio da boa fé do proponente na conclusão do contrato, o direito de informação e esclarecimento adequado do aderente sobre o seu conteúdo e o sistema de proteção do consumidor, como um todo, surpreendendo o aderente real, em prejuízo da sua cognoscibilidade formal e/ou material, por não ser exigível ao aderente, pela forma ardilosa com que as mesmas foram disfarçadas ou pelo modo sub-reptício ou camuflado com que foram apresentadas, o seu conhecimento efetivo.

VII - As «cláusulas-surpresa» são suscetíveis de afetar a cognoscibilidade formal do aderente real, como acontece quando estão colocadas fora da epígrafe apropriada, têm apresentação gráfica desconforme ou surjam num contexto deslocado, ou a sua cognoscibilidade material, quando cultadas, desinseridas do contexto sistemático ou racional ou redigidas, dissimuladamente, surpreendendo o aderente real.

VIII - Quando a entidade seguradora, no âmbito das "Exclusões" da «cobertura complementar obrigatória» de "Invalidez Total e Permanente", exclui do contrato de seguro de vida, em paralelismo com um bloco de situações lesivas ou de perigosidade que resultam de facto culposo da pessoa segura, determinante do seu desencadeamento e verificação, as indemnizações decorrentes de "Doenças Psiquiátricas (de qualquer natureza) de que a Pessoa Segura seja portadora", que se trata de uma situação objetiva, independentemente de culpa, em que

a pessoa segura se encontra num estado de sujeição, não pré-determinado, em que o evento é inevitável e acontece, independentemente da vontade do mesmo, introduz uma cláusula que, do ponto de vista da racionalidade lógico-sistemática, se encontra nos antípodas da previsibilidade lógica do autor e que obsta à sua cognoscibilidade, por ser razoável que tenha passado despercebida a alguém, colocado na posição de contraente real.
IX - Para além do controlo da inclusão das cláusulas constantes dos contratos singulares que, em nome da transparência e publicidade, impõe a sua comunicação prévia e adequada ao aderente, como especial dever de informação e esclarecimento, sob pena de se consideram excluídas do contrato, conjuntamente com as designadas cláusulas-surpresa, existe, também, um controlo do conteúdo das cláusulas legitimadas pelo processo de inclusão nos contratos singulares, que impõe restrições à liberdade de estipulação, vertente da liberdade contratual mais, impressivamente, posta em causa pela técnica da contratação por adesão a condições, unilateralmente, predispostas e impostas pela contraparte.
X - Devendo excluir-se do contrato as "cláusulas-surpresa" que não respeitaram os requisitos necessários à sua inclusão, quer ao seu conteúdo, afetando, quer a cognoscibilidade formal, quer a cognoscibilidade material do aderente real, evidenciando, por si só, a falta de uma verdadeira concordância da sua parte, relativamente ao desequilíbrio do conteúdo regulativo nelas consagrado, de que resulta um prejuízo desproporcionado, rejeitado pelo princípio da boa fé, mantendo-se, não obstante, o contrato, na parte restante, com recurso às normas supletivas aplicáveis e, se necessário, às regras de integração dos negócios jurídicos, consagradas no art. 239.º, do CC, em conformidade com o preceituado pelo art. 9.º, do DL n.º 446/85, de 25-10.
XI - A pré-formulação unilateral da parte predisponente coloca, por via de regra, o "sujeito passivo" que a recebe numa situação de desigualdade, quer formal, quer substancial, que não é eliminada pelo ato, quase sempre de natureza mecânica, da não colocação imediata de dúvidas ou questões sobre o seu conteúdo, que pressupõe algum estudo e reflexão sobre o respetivo texto." (sem grifos no original)

No julgamento em tela, o Conselheiro Relator HELDER ROQUE trouxe à colação da causa um acórdão precedente do STJ, de 22/02/2009, da relatoria do Conselheiro SANTOS BERNARDINO, cujo sumário é o seguinte, *verbis:*

"Sumário:
"1. A responsabilidade pré-contratual (culpa *in contrahendo*), prevista no n.º 1 do art. 227º do CC, assenta num conceito indeterminado - o conceito de boa fé - e tem lugar quando, na fase preparatória de um contrato, as partes, ou alguma delas, não observam certos deveres de actuação - deveres de protecção, de informação, de lealdade, e outros - que sobre elas impendem.
2. Em termos gerais, o instituto da culpa *in contrahendo* significa que a autonomia privada é conferida dentro de certos limites e sob as valorações próprias do Direito, sendo ilegítimos os comportamentos que, desviando-se da procura honesta e correcta de um eventual consenso contratual, venham a causar danos a outrem, bem como os comportamentos pré-contratuais que inculquem, na contraparte, uma ideia distorcida sobre a realidade contratual.
3. Na culpa *in contrahendo* assumem primordial relevância os deveres de informação e de esclarecimento, respeitantes, antes de mais, ao clausulado contratual pretendido, e, particularmente, quando estamos perante sujeitos com poder contratual desequilibrado, com conhecimentos e experiências negociais e jurídicas desiguais, revestindo tais deveres, neste caso, maior amplitude, intensidade e extensão para a parte que detém a posição negocial mais forte, que lhe permite impor à contraparte, mais inexperiente ou menos esclarecida, cláusulas de que esta, por força dessa sua debilidade contratual, não logra colher o verdadeiro significado ou de que, pela mesma razão, nem sequer toma conhecimento.
4. A responsabilidade *in contrahendo* exige a verificação cumulativa dos requisitos da responsabilidade civil, pelo que não estando provado, no caso dos autos, que o banco haja posto em causa **deveres de conduta, de base legal, na fase negociatória com os autores - designadamente os de informação ou esclarecimento, de protecção ou de cuidado - ou que a sua conduta tenha constituído violação objectiva da boa fé (maxime, por desconformidade entre o pretendido pelos autores no que toca aos seguros ligados aos empréstimos, as informações dos funcionários do banco e os seguros efectivamente contratados)**, fica arredada a responsabilidade *in contrahendo* daquele, faltando logo o primeiro de tais requisitos." (sem grifos no original)

Princípio da boa-fé objetiva e proteção da confiança, abuso de direito e elementos caracterizadores do *venire contra factum proprium*

No julgamento do Recurso de Revista n.º 2012:497.07.8TBODM.A.E1. S1.7E[328], em 24/04/2012, a 1.ª Secção Cível do Supremo Tribunal de Justiça, sob a relatoria do Conselheiro GABRIEL CATARINO, dispôs sobre o princípio da boa-fé objetiva e a proteção da confiança em face de abuso de direito e elementos caracterizadores do *venire contra factum proprium*, tendo proferido acórdão cujo sumário é o seguinte, *verbis:*

> **"Sumário:**
> I - Arguida pela recorrente a nulidade da decisão revidenda, por omissão de pronúncia e por ausência de fundamentação (art. 668.º, n.º 1, als. b) e d), do CPC), o tribunal recorrido poderia, e deveria, ter tomado conhecimento da verificação ou não de tais vícios; não o tendo feito, e por uma questão de celeridade processual, cumprirá ao tribunal de recurso sindicar a nulidade com que a decisão vem acoimada.
> II - Se a omissão de pronúncia é aparente e mimetizada pela prejudicialidade que a questão omitida encerrava relativamente ao conhecimento de uma questão mais abrangente e substantiva, não enferma o acórdão revidendo da arguida nulidade.
> III - A falta de fundamentação de uma decisão judicial consubstancia um vício que coenvolve uma total e completa ausência de razoamento do julgador na justificação que apresenta das questões que foram postas a apreciação pelas partes a tribunal.
> IV - O tribunal de recurso não está compelido a utilizar uma fundamentação inovatória, diversificada e própria, podendo optar por aderir aos argumentos utilizados pelo tribunal inferior para a solução da concreta questão de direito, se estes lhe parecerem adequados e ajustados à decisão adoptada e se mostrarem em conformidade com a solução jurídica adrede, ou ao invés, rechaçá-los, repondo uma argumentação, aí sim própria e autónoma, que, na sua perspectiva, seja a que está conforme com a solução de direito a conferir àquela concreta e específica questão.
> V - No caso de adesão, por conformidade, à argumentação e fundamentação do tribunal inferior, o tribunal de recurso pode remeter para a decisão do tribunal recorrido, tal como a lei lhe faculta no art. 713.º, n.º 5, do CPC, ou pode, ainda que não use a faculdade/poder contida

328 Conselho Superior da Magistratura de Portugal [Em linha]. [Consult. 18 Jan 2021]. Disponível na Internet: <https://jurisprudencia.csm.org.pt/ecli/ECLI:PT:STJ:2012:497.07.8TBODM.A.E1.S1.7E>

no citado preceito, limitar-se a declarar que estima a fundamentação utilizada ajustada e adequada à solução encontrada, assim inoculando na sua decisão a fundamentação do tribunal inferior, que fica a fazer parte integrante da decisão proferida no tribunal de recurso, pelo que a função da fundamentação quedará, na adopção deste procedimento, total e perfeitamente completa e realizada de forma cabal e plena.

VI - Ocorre abuso do direito quando alguém, detentor de um determinado direito, consagrado e tutelado pela ordem jurídica, o exercita fora do seu objectivo natural e da razão justificativa da sua existência e ostensivamente contra o sentimento jurídico dominante.

VII - Há neste exercício um desvio flagrante e ostentatório entre a dimensão do direito tutelado e a compressão de um outro estado ou situação jurídica que, não estando salvaguardado pela ordem jurídica, terá obtido, pela permanência na esfera jurídica de um outro sujeito, um estádio de quase direito que a consciência jurídica, numa assumpção de pré-juridicidade ou juridicidade fáctica, deve tutelar ou, pelo menos, obstar que seja torpedeado pelo direito validamente constituído.

VIII - A expressão *venire contra factum proprium* significa uma proibição jurídico-factual da assumpção de um comportamento contraditório, postulando dois comportamentos da mesma pessoa, lícitos em si e diferidos no tempo. O primeiro – *factum proprium* – é, porém, contrariado pelo segundo.

IX - O *venire contra factum proprium* encontra respaldo nas situações em que uma pessoa, por um certo período de tempo, se comporta de determinada maneira, gerando expectativas na outra de que o seu comportamento permanecerá inalterado. Em vista desse comportamento, existe um investimento, a confiança de que a conduta será a adoptada anteriormente, mas depois de referido lapso temporal, é alterada por comportamento contrário ao inicial, quebrando dessa forma a boa-fé objectiva (confiança).

X - Evidenciam-se quatro elementos para a caracterização do *venire*: comportamento, geração de expectativa, investimento na expectativa gerada e comportamento contraditório.” (sem grifos no original)

Acórdão de Uniformização de Jurisprudência (AUJ) do STJ e nulidade da cláusulas contratuais gerais por violação ao princípio da boa-fé objetiva

No julgamento do Recurso de Revista n.º 2017:1077.14.7TVLSB.L1.S1.B5[329], a 2.ª Secção Cível do Supremo Tribunal de Justiça, em 19/10/2017, sob a relatoria do Conselheiro TOMÉ GOMES, aplicou a disciplina do Acórdão de Uniformização de Jurisprudência (AUJ) n.º 2/2016-STJ, de 13/11/2015, e dispôs sobre a nulidade de cláusulas contratuais gerais que violem o princípio da boa-fé objetiva em conta coletiva solidária de cotitular aderente em relação aos demais cotitulares não aderentes, tendo proferido acórdão cujo sumário é o seguinte, *verbis:*

> **"Sumário:**
> I. A natureza factual ou meramente jurídica (conclusiva ou valorativa) de determinado enunciado linguístico não deve ser aferida numa simples base dogmática ou categorial, mas em função das estratégias comunicacionais reveladas pelo contexto alegatório ou probatório em que esse enunciado é produzido, discutidos e ajuizado.
> II. Perante a alegação do autor, impugnada pelo réu, de que a expressão "conta do Cliente" inserida numa cláusula contratual geral não especifica a conta bancária do aderente onde terá lugar o débito - permitindo assim que o predisponente debite e proceda a compensação em contas coletivas de que aquele aderente seja contitular -, tendo as instâncias dado como provada tal alegação, este juízo probatório reveste natureza factual, devendo ser acatado pelo tribunal de revista nos termos do artigo 682.º, n.º 1 e 2, do CPC.
> **III. São nulas as cláusulas contratuais gerais que autorizem o predisponente a compensar o seu crédito sobre o saldo de conta coletiva solidária de que o aderente seja ou venha a ser contitular, por violação do princípio da boa-fé objetiva, em relação aos demais contitulares não aderentes, nos termos e para os efeitos do artigo 15.º da LCCG, conforme a jurisprudência uniformizada pelo AUJ do STJ n.º 2/2016, de 13/11/2015, publicado no Diário da República, 1.ª Série, de 07/ 01/2016.**
> **IV. Uma vez adotada aquela jurisprudência, com a função uniformizadora que lhe é atribuída, em termos de acatamento pelos tribunais**

329 Conselho Superior da Magistratura de Portugal [Em linha]. [Consult. 18 Jan 2021]. Disponível na Internet: <https://jurisprudencia.csm.org.pt/ecli/ECLI:PT:STJ:2017:1077.14.7TVLSB.L1.S1.B5>

> **judiciais, deve ela ser seguida "enquanto se mantiverem as circunstâncias em que se baseou".**
> V. Considerando que o caso em apreço se inscreve no âmbito da factualidade e do quadro normativo tido em conta no indicado AUJ, não se mostra oportuno nem curial, sem mais, questionar novamente o ali fixado." (sem grifos no original)

Princípios da boa-fé e da confiança, culpa na formação dos contratos e dever de informação em negócio preliminar ou preparatório de contrato definitivo

No julgamento do Recurso de Revista n.º 2013:6805.03.3TBCSC.S1.A5[330], em 12/03/2013, a 1.ª Secção Cível do Supremo Tribunal de Justiça, sob a relatoria do Conselheiro GABRIEL CATARINO, dispôs sobre a aplicação dos princípios da boa-fé objetiva e da confiança na aferição de culpa na formação dos contratos em face do dever de informação em negócio preliminar ou preparatório de contrato definitivo, tendo proferido acórdão cujo sumário é o seguinte, *verbis:*

> **Sumário:**
> **I - A doutrina do art. 227.º do CC ("culpa na formação dos contratos") vale para todo o tipo de negócios jurídicos, sendo as suas injunções normativas e jus-legais aplicáveis não só aos contratos *tout court* como aos contratos-promessa, em que a vontade é dirigida para a realização de um contrato definitivo.**
> **II - Tratando-se de um negócio preliminar ou preparatório do negócio definitivo, à formação e negociações preliminares aplicam-se as mesmas regras e injunções normativas que regem para o contrato prometido ou definitivo, notadamente as regras de boa fé, confiança e tutela das expectativas que devem estar presente na formação e concreção de qualquer relação contratual.**
> III - Se os réus, na qualidade de promitentes-cessionários de quotas e créditos de uma sociedade comercial detentora de um estabelecimento comercial (restaurante/bar) tinham conhecimento dos planos que diversos organismos estatais projectavam para a reformulação do espaço onde o mesmo se encontrava sediado, **estavam eles obrigados, ao abrigo dos princípios da confiança e da boa fé, a transmitir todas**

330 Conselho Superior da Magistratura de Portugal [Em linha]. [Consult. 18 Jan 2021]. Disponível na Internet: <https://jurisprudencia.csm.org.pt/ecli/ECLI:PT:STJ:2013:6805.03.3TBCSC.S1.A5>

> **essas informações à autora, para que ela pudesse, na posse de toda a informação, formar completa e com total conhecimento de todas as circunstâncias a sua decisão de contratar.**
> IV - A existência de uma assessoria jurídica não releva para efeitos do que deve ser o comportamento das partes na contratação e nas negociações, nomeadamente porque existem elementos que escapam a quem tem por "mandato" executar ou conformar, de acordo com o direito e a lei, o que as partes querem. Não está no âmbito de uma assessoria jurídica informar-se das circunstâncias e detalhes que não lhe queiram ser transmitidos pelas partes, nomeadamente, não é cabível nas funções de um mandatário indagar para além do que for estritamente necessário a uma correcta formulação/formalização do contrato." (sem grifos no original)

Com esta seletiva e paradigmática panorâmica jurisprudencial do Supremo Tribunal de Justiça, conclui-se a abordagem da cláusula geral e princípio da boa-fé objetiva no plano jurídico-normativo português.

Aproximações Finais

I

Em tempos demarcados por sociedades líquidas, superações históricas e mutação de valores, a percepção é de que o estudo chega ao seu termo sob a égide dos paradigmas alinhados no início da investigação, pois a pauta percorrida entre os direitos da personalidade — qualificada dimensão do postulado da dignidade da pessoa humana — e os princípios da função social dos negócios jurídicos e da boa-fé objetiva no sistema obrigacional dos contratos de direito privado entroniza a atuação social funcionalizada dos direitos num sistema jurídico-normativo aberto, regido pelos princípios da socialidade, eticidade, operabilidade e sistematicidade, dentre outros, voltado à sagração de valores ético-jurídicos estruturantes de uma sociedade livre, justa, ética, solidária e afirmativa da dignidade da pessoa humana como causa fundante.

II

Nesse contexto, o postulado da dignidade da pessoa humana e, nele, destacadamente, os direitos da personalidade, assumem a dimensão de fundamento ético-jurídico dos princípios da liberdade, da autonomia privada e da vinculação dos contratos, constituindo um pensamento reitor do direito como um todo e abrangendo, por extensão, todo o ordenamento jurídico-normativo civilista, tanto quanto o vasto campo dos negócios jurídicos privados. Nessa linha, os direitos da personalidade são atributos e características essenciais à dignidade e à integridade da pessoa humana, exigindo especial proteção, inclusive e muito especialmente nos lindes das relações privadas. Assim, a personalidade da pessoa humana, considerada como valor, constitui um bem jurídico em si mesmo, sendo digno de tutela privilegiada e não se compadecendo com o paradigma dos direitos patrimoniais.

No âmbito do direito, a pessoa humana constitui o seu fundamento ético-ontológico e é o seu princípio e fim, causa última e primeira. Assim, pois, o direito existe pelas pessoas e para as pessoas, tendo por escopo reger a sua interação no mundo de um modo justo. Neste passo, o direito da personalidade diz respeito à posição das pessoas humanas no direito e à exigência da sua dignidade. Como direito cujo fim reside na defesa da dignidade da pessoa humana singularmente considerada, o direito da personalidade contém um número não limitado de poderes constitutivos da sua estrutura, necessários, convenientes ou úteis à sua própria consecução e funcionalmente agregados num conjunto coerente, unificado pelo fim comum da defesa da dignidade do seu titular. Sendo um direito, o direito da personalidade constitui uma das principais manifestações da autonomia privada, conjuntamente com os negócios jurídicos e, neles, nomeadamente, com os contratos juscivilistas.

Ainda no ponto, é bem verdade que a legislação portuguesa, *de lege lata*, no permanente diálogo das suas fontes normativas, não incentiva a formação de dissídios doutrinário-jurisprudenciais sobre a extensão *numerus apertus* dos direitos da personalidade, ao passo que, em face da legislação brasileira, ainda há controvérsias reducionistas que os entendam *numerus clausus*, muito embora o Código Civil entronize plêiade de princípios e cláusulas gerais de tutela nos institutos legislados, vindo a calhar, na espécie, o enunciado doutrinário de que os direitos da personalidade, regulados de maneira não-exaustiva pelo Código Civil, são expressões da cláusula geral de tutela da pessoa humana contida no art. 1º, inc. III, da Constituição Federal (postulado da dignidade da pessoa humana), aplicando-se à espécie, na hipótese de colisão entre eles, a técnica da ponderação.

No Brasil, o dissídio instalou-se na classificação e diferenciação dos direitos da personalidade, a partir da sua análise atomizada, em que a doutrina e a jurisprudência controvertem agudamente na eleição de quais são, ou não, os direitos da personalidade. Ao mesmo tempo que direitos são reconhecidos e não possuem natureza de direitos da personalidade, outros que deveriam ser reconhecidos não são, fazendo com que surjam infinitas classificações dos direitos da personalidade, aumentando à medida da evolução da sociedade, da tecnologia e das inúmeras manifestações da personalidade humana. Neste passo, a decadência da teoria pluralista se deve a dois fatores. O primeiro concerne à diferenciação entre os direitos públicos e privados da personalidade e o segundo diz respeito à necessidade de tipificação e positivação dos direitos da personalidade pelo Código Civil. Este fracionamento, ao dificultar e impedir a efetiva proteção da pessoa humana, foi derruído pelos fenômenos de constitucionalização e repersonalização do próprio Direito Civil, pois o dimensionamento do postulado da dignidade da pessoa humana como centro do ordenamento jurídico pressupõe que a pessoa tenha sua tutela exponencializada, a fim de coibir e tutelar todo e qualquer tipo de ofensa à sua personalidade. Por fim, é importante sublinhar que a doutrina pluralista preleciona um excessivo apego ao patrimonialismo, mormente porque o direito subjetivo recebe a sua máxima expressão nos direitos patrimoniais, sendo o direito exercitável diretamente sobre uma coisa (direito real), ou em face de uma pessoa que objetive um determinado bem jurídico (direito obrigacional). Consoante já referido, a partir da revogação do Código Civil de 1916 e a unificação do Direito Privado, o Direito Civil brasileiro tem recebido uma forte carga de repersonalização e despatrimonialização, controvertendo o histórico apego ao patrimonialismo um aceso dissenso com a realidade contemporânea do Direito Privado.

Destarte, à luz do postulado da dignidade da pessoa humana e dos direitos da personalidade consectários ao exercício da autonomia privada no sistema obrigacional dos negócios jurídicos juscivilistas, para uma existência ética e digna, renomados juristas e sólidas correntes doutrinárias lecionam que a pessoa humana deve ser sempre com os outros e para os outros nas suas relações de associação. Assim, nessa sociedade-de-iguais, a liberdade e a autodeterminação da pessoa humana na seara da autonomia privada e da liberdade de contratar deve ser com os outros e para os outros no Estado de Direito democrático. Neste norte, a liberdade contratual e a autonomia da vontade são direitos da pessoa que não podem ser exercidos de forma egoística, abusiva ou predatória, pena de não serem direitos da personalidade e não dignificarem os contratantes. Por conseguinte, nas relações de associação da pessoa humana, a liberdade contratual e a autonomia da vontade na órbita privada concentram direitos, liberdades e garantias em cujo núcleo está inserido o universo flexível, abrangente e tentacular dos princípios da função social e da boa-fé objetiva, ambos funcionalizados como conteúdo ético substancial da relação com o outro, a fim de impedir que o exercício de direitos se transforme numa mera relação de poder e de subjugação do outro, contra o outro, ao invés de performar uma unidade que, embora dialética no campo dos interesses, deve ser simbolizada na figura do "nós". Nesta perspectiva, o primado da ética deve demarcar os limites e o conteúdo do primado das liberdades e das autonomias das pessoas em associação nos contratos de direito privado, constituindo uma igualdade ontogenética em todas as fases da relação contratual.

Nesta moldura, o postulado fundamental da dignidade da pessoa humana está substanciado no art. 1.º da Declaração Universal dos Direitos do Homem e prescreve que "Todos os seres humanos nascem livres e iguais em dignidade e em direitos. Dotados de razão e de consciência, devem agir uns para com os outros em espírito de fraternidade." Aí, portanto, razão e consciência conformam o denominador comum da igualdade entre os seres humanos, rente à consciência jurídica dos homens e dos povos, constituindo o que justifica, independentemente das diferenças econômicas, culturais e sociais, o reconhecimento, a garantia e a promoção não só dos direitos fundamentais propriamente ditos, mas também dos que residem no seu cerne. Assim, a dignidade da pessoa humana é imanente, inalienável e indissociável do homem real, funcionalizando-se na sua vida empírica, concreta e quotidiana, não podendo ser vista como uma realidade abstrata. Destarte, o direito é inerente à personalidade e o seu fim salvaguarda a dignidade desta e concorre para a concretização das suas razões últimas. Neste passo, portanto, os valores da personalidade são indissociáveis da qualidade do homem real, sem o que a sua dimensão ética pode adquirir a natureza de realidades extrínsecas de que qualquer pessoa pode se libertar arbitrariamente e conduzir o direito para o plano de desagregação social. Bem por isso as Constituições portuguesa e brasileira referenciam a dignidade da pessoa humana como uma dignidade social idêntica para todos os cidadãos individualmente considerados, fora da qual "não é possível o livre e pleno desenvolvimento da sua personalidade" (art. 29.º, n.º 1, da Declaração Universal dos Direitos do Homem). Nesta toada, sendo idêntica em todo homem a natureza humana, ele não terá direitos efetivos se não for considerado digno, pelos seus semelhantes, de se associar com eles. Destarte, a Constituição repousa na dignidade humana e confere uma unidade de sentido, de valor e de concordância prática ao sistema de direitos fundamentais, em cujo âmbito o princípio da dignidade da pessoa humana substancia a referência essencial de todo o sistema de direitos fundamentais. Assim, de modo direto, os direitos, as liberdades e as garantias pessoais e os direitos econômicos, sociais e culturais comuns têm a sua fonte ética na dignidade da pessoa humana, abrangendo todas as pessoas de modo individual e homogêneo. Nesta perspectiva, o princípio informa axiologicamente o sistema de direitos como um todo e cumpre, ademais, a função de auxiliar a descoberta de novos direitos.

III

Dimensão qualificada do postulado da dignidade da pessoa humana, os direitos da personalidade mantêm estreitos nexos etiológicos com o princípio da função social dos negócios jurídicos de direito privado. Na área de concentração dos contratos juscivilistas, o direito das obrigações disciplina os processos de circulação de riquezas entre as pessoas físicas e jurídicas, naturais ou coletivas, abrangendo as situações de transmissão de bens e direitos entre os patrimônios dos sujeitos participantes das relações jurídicas entretidas. Esse quadro exige que se vincule a compreensão do direito das obrigações, bem assim a interpretação e a aplicação das suas normas, a certos e determinados valores expressos no ordenamento jurídico, a partir da Constituição e das grandes linhas principiológicas de atuação do Direito Civil. Neste norte, para o direito obrigacional, releva a disciplina da propriedade privada e da livre iniciativa segundo os seus marcos constitucionais no Brasil e em Portugal, que vão encontrar fundamento, dentre outros, na dignidade da pessoa humana, nos direitos sociais, nos valores sociais do trabalho e da livre-iniciativa, no direito de propriedade e na função social da propriedade, na valorização do trabalho humano, na livre iniciativa na justiça social, na livre concorrência, na defesa do consumidor e do meio ambiente, sendo assegurado a todos o livre exercício de qualquer atividade econômica. Esses fundamentos e mais outros já referenciados repercutem, com diferentes intensidades, no direito das obrigações e na sua conformação infraconstitucional, daí resultando a delimitação da autonomia privada como uma das principais expressões na formação e nos efeitos das relações jurídico-obrigacionais, âmbito em que a legitimidade dos interesses econômicos de que são titulares os sujeitos dessas relações subordinam-se a este conjunto de normas, sob o signo principal da liberdade de iniciativa econômica. Neste sentido, o exercício da liberdade deve harmonizar-se com o rol de direitos e garantias constitucionais e desenvolver-se, no plano infraconstitucional, nas codificações, nas leis e nos estatutos regulamentares. Nessa moldura, o contrato é uma espécie de negócio jurídico por meio do qual as partes contratantes, limitadas pelos princípios da função social e da boa-fé objetiva, autodisciplinam os efeitos patrimoniais que pretendem atingir, conforme a autonomia das suas próprias vontades, mas atuando com responsabilidade, respeito e observância a normas superiores de convivência com assento constitucional e infraconstitucional.

Portanto, em perspectiva civil-constitucional, o contrato caracteriza a espécie mais importante de negócio jurídico e afirma-se socialmente como um instrumento de conciliação de interesses contrapostos, manejado com o objetivo de produzir pacificação social e desenvolvimento econômico, em razão do que deve ser considerado um instrumento de realização social, rente à sua função social constitucionalmente definida. Assim, a dimensão socializadora do contrato não se limita à ideia de harmonização de interesses contrapostos, pois a sua função social conduziu os operadores jurídicos a repensar a função social da propriedade e, nesta esteira, revisitar toda a ideologia em torno dele com fundamento no princípio da dignidade da pessoa humana.

Portanto, no exercício da autonomia privada e da livre-iniciativa, o princípio da função social dos contratos não elimina o princípio da autonomia contratual, mas atenua ou reduz o seu alcance quando presentes interesses metaindividuais ou interesse individual pertinente à dignidade da pessoa humana, criando um dever jurídico principal (de dar, fazer ou não fazer) e deveres jurídicos anexos— de lealdade, confiança, assistência, confidencialidade e informação, dentre outros —, decorrentes da boa-fé objetiva e do superior princípio da sua função social. Nesse contexto, portanto, resulta claro que o princípio da função social do contrato mantém um diálogo permanente com os princípios da autonomia da vontade (ou autonomia privada) e do *pacta sunt servanda*, apenas que temperando-os e vocacionando-os ao bem-estar comum, sem prejuízo do progresso patrimonial colimado pelas partes contratantes. Por isto mesmo, o princípio da função social do contrato é, antes de tudo, um princípio jurídico cumulativo e de conteúdo indeterminado, compromissado com a ideia de impor limites à liberdade de contratar com a finalidade de preservar o bem comum.

IV

Neste passo, uma das substantivas questões que se coloca ao Direito Privado do século XXI reside em saber e definir de que modo é possível concretizar, no Direito Civil, os valores constitucionais contidos nos direitos fundamentais, trasladando-os do plano constitucional para o infraconstitucional.

Em Portugal, no universo jusprivatista e com amplo respaldo doutrinário-jurisprudencial, os juristas civilistas não endossam a tendência de que, à luz de discussões metodológicas em torno do "princípio da igualdade na jusprivatística", a Constituição da República concentre a função de eixo condutor do sistema de direito privado. Neste sentido, o fascínio dos textos constitucionais, compreensível pelos abusos cometidos na primeira metade do século XX e pela perfeição obtida nos articulados das Constituições mais desenvolvidas, tem levado a um neopositivismo que, pretendendo aproveitar ao máximo as potencialidades das leis fundamentais, pode ameaçar o renascer de discursos centrais, com progressões dedutivísticas. Assim, o Direito Civil, quando queira indagar pelas suas referências últimas e, delas, fazer um instrumento operacional, incorre nesse mesmo risco. No Brasil, embora sob fundamentos metodológicos outros, a orientação dos juscivilistas lusitanos recebe eco.

No Brasil, esta questão tem despertado a atenção de parte significativa da Academia Jurídica e, embora não seja unânime, conduz juristas de nomeada à demonstração de que é necessário interpretar o Direito Civil à luz da Constituição Federal. Para esses juristas, há substanciais estudos demonstrativos de que o Direito Civil não mais pode ser interpretado somente a partir dos parâmetros do Código Civil, que sempre foi considerado o *centro* de todo o sistema jurídico de Direito Privado, pois a Constituição Federal de 1988 disciplina matérias de natureza civil nas suas normas de direitos fundamentais, sendo impostergável interpretar o universo jusprivatista em estreita e harmonizada consonância com os fundamentos, princípios e regras da Carta Magna. Assim, o sistema normativo jusprivatista constitui um setor de excelência no bojo do qual se processam as relações intersubjetivas, sendo um campo fértil para a incidência dos valores expressos nos direitos fundamentais que se irradiam por todos os ramos da árvore jurídica, em que se inclui, por óbvio, o direito dos contratos. Assim, a influência da Constituição sobre o Direito Civil é uma realidade jurídica inegável, justificada, inclusive, em perspectiva histórica, pelo abandono da sua clássica concepção representativa de mera norma de organização estatal ou técnica de organização de poder característica do Estado Liberal, sendo catapultada, na abalizada dicção do jurista Paulo Bonavides, à contemporânea compreensão de *norma jurídica fundamental de uma Nação*, dotada de eficácia normativa, disciplinadora da estrutura do Estado e garantizadora dos direitos mais elementares dos cidadãos. Sob prisma histórico, a doutrina da supremacia da Constituição foi deflagrada com a promulgação da Declaração Universal dos Direitos do Homem da ONU, sob cujo impulso vários países incluíram no seu texto constitucional um *rol de direitos fundamentais* com o escopo de *proteger o cidadão frente ao Estado*, dando ensejo à afirmação de que a primeira e mais importante *função dos direitos fundamentais* reside na sua *função defensiva*, servindo como direitos e garantias de defesa do cidadão frente ao poder público.

De outra banda, parte da doutrina juscivilista brasileira entende que as regras reguladoras das relações tipicamente privadas devem natural respeito aos princípios constitucionais, incumbindo ao intérprete concretizá-lo no momento da aplicação empírica do direito, pois princípio é norma e o sistema jurídico concentra uma "ordem teleológica de princípios". Nada obstante, no âmbito da legislação infraconstitucional, o Código Civil exerce papel fundamental de integração e desempenha uma função central no sistema de direito privado, âmbito em que os sistemas normativos afins são por ele satelitizados, nele buscando, com frequência, os subsídios necessários para a integração e complementação das suas regras. Embora as suas raízes constitucionais e principiologia própria, o Código de Defesa do Consumidor de 1990 apresenta-se como um microssistema em torno do Código Civil, sendo demasiada a afirmação de que a Constituição Federal ocupe o eixo central do sistema de direito privado, como se tivesse ocorrido a constitucionalização de todos os seus setores. Destarte, as regras gerais de cada instituto são desenhadas em face do Código Civil, estabelecendo a sua regulamentação ordinária. Nesse contexto, as regras especiais são encontradas nos microssistemas normativos, dando uma nova roupagem a determinados institutos e conferindo-lhes novos efeitos, frequentemente sendo necessário retornar, todavia, ao sistema de direito comum, a fim de formatar a compreensão das mudanças introduzidas pela regulamentação especial.

V

A noção da obrigação como processo e, nele, dos deveres decorrentes da relação obrigacional contratual, conduz à seara das relações de associação e do direito sem direitos, em que a ordem jurídica aparece, em geral, na perspectiva igualitária dos sujeitos da relação obrigacional antes, durante e até depois da extinção dos vínculos negociais, reduzindo-se as coisas a meros objetos de uma relação intersubjetiva. Neste passo, o contrato continua a sua ascensão como principal manifestação da pessoa sujeito de direito e dos seus interesses, mas descortina-se, cada vez mais, o interesse do outro, ou seja, a compaixão pelo outro. No ponto, a doutrina lusitana acentua que, depois da recusa inicial, ocorreu a aceitação do contrato em favor de terceiro, em que as partes atribuem um benefício — tutelado por direito próprio — a um terceiro que não é parte do contrato, a partir do que se abre uma nova dimensão e passa a ser admissível que o interesse em contratar a favor de um terceiro é idêntico ao interesse de contratar em benefício próprio, sendo igualmente digno de proteção. Surge, então, a boa-fé objetiva, o dever juridicamente tutelado e sancionado de os sujeitos pautarem as suas relações negociais em conformidade com os valores inerentes ao ordenamento jurídico, comportando-se como pessoas honestas, como cidadãos de bem, equilibrando os seus interesses de modo harmônico e com base na justiça. O contrato é transformado, então, em instrumento de solidariedade: se o *trust* é a principal criação dos Direitos anglo-saxônicos, a *boa-fé* reflete o novo modo de ser do Direito continental, um e outro aproximando-se na *confiança* colocada no próximo e nas exigências que se fazem a si mesmos, daí resultando uma íntima colaboração, justaposição de interesses e harmonização de vontades.

Quanto às transformações do Direito dos contratos, desde o século XIX muito se fala na crise dos contratos, no bojo da qual compreende-se a grande diversidade de negócios e avultam, sobretudo, os contratos novos merecedores de regulamentações muito diversas e algumas vezes opostas, bem como a superação das vontades individuais pela vontade do legislador, a fim de criar igualdades, eliminar disparidades, perseguir o interesse público, toda essa conjuntura operando em prejuízo do sacrossanto princípio da liberdade contratual. Destarte, sobretudo no século XX, as limitações à autonomia privada e à liberdade contratual foram paulatinamente se multiplicando, abrangendo, em primeiro plano, a obrigação de contratar e, deste modo, inaugurando uma casuística na qual a lei obriga — cada vez mais — certas pessoas a contratar, de que é exemplo o seguro obrigatório dos veículos automotores. Nesta esteira fenomênica, multiplicam-se os casos em que a recusa de contratar é ilícita, sobretudo no campo dos direitos e garantias dos consumidores. Nesta sequência evolutiva, sobrevém a cláusula geral com assento constitucional, segundo a qual constitui uma discriminação ilícita diferenciar as pessoas, *v.g.*, em razão de sexo, religião, raça, opiniões políticas e orientação sexual.

Por fim, mais para agora, mas ainda no século XX, o Legislador introduziu, em inúmeros contratos, cláusulas vinculativas das partes, sobretudo naqueles que afetam o grande público das sociedades de massa, ou que abranjam contratação obrigatória, o que é frequente, *v.g.*, no direito do trabalho e no direito de locação. Neste norte, a política econômica, financeira e monetária, e a necessidade de criar impostos, proteger a saúde pública, salvaguardar a concorrência e organizar as profissões, dentre outras, passaram a limitar cada vez mais o papel da vontade livre de constrangimentos de ambas as partes na celebração e na fixação do conteúdo dos contratos. Assim, a diminuição da liberdade é contemporânea das críticas dirigidas a uma vontade pura e desvinculada, essencialmente egoísta e antissocial, às desigualdades existentes entre as pessoas, à exploração de muitos por poucos, aos desequilíbrios nas trocas e por aí vai, em cujo âmbito é reclamada a intervenção da sociedade para eliminar as desigualdades, criar igualdades e proteger os mais fracos. Neste passo, trata-se de uma *longa manus* que, em regime de aproximações e reciprocidades, começa nos direitos da personalidade e no postulado da dignidade da pessoa humana, repercute nos princípio da função social e da boa-fé objetiva dos contratos e inflete sobre o vasto campo empírico dos negócios jurídicos arrancados do seu estado de natureza e catapultados a patamares civilizatórios mínimos na sociedade de massas e de consumo.

Neste contexto, em face da concepção da obrigação como processo, a orientação clássica sobre a estrutura da relação obrigacional implicava reconhecer, como momentos decisivos, a celebração e a extinção da obrigação, concentrando-se o exame da sua eficácia no dever de prestação ao qual as partes se vincularam originalmente. No entanto, na atualidade, a partir da influência do direito comparado e, nele, em especial do direito alemão, tanto a formação quanto a estrutura da relação obrigacional passaram a ser reconhecidas como espécie de fenômenos dinâmicos marcados por uma sucessão de fases, daí a consagrada expressão de obrigação como processo, em que o traço mais notório que diferencia a noção de Larenz da doutrina tradicional reside na temporalidade da relação jurídica, na sua existência no tempo, em razão do que pode nascer e desaparecer, modificar-se e evoluir para um fim determinado. Assim, a relação jurídica subsiste como tal, embora alguns dos deveres que ela contém tenham sido extintos pelo cumprimento, ou algum dos direitos de formação tenha desaparecido, por ter sido executado ou tenha prescrito por não ter sido exercitado a tempo. Assim, em relação à formação da obrigação e, em especial, quanto às obrigações causalizadas em negócios jurídicos de natureza contratual, releva reconhecer, para a formação do vínculo obrigacional, não apenas o momento da sua constituição formal, com a celebração, mas também a fase prévia de negociações e tratativas, ou seja, a fase pré-negocial. Não bastasse isto, avança-se no reconhecimento de efeitos da relação obrigacional que poderão até ultrapassar o próprio momento da sua extinção, por meio do cumprimento, ou não, do dever de prestação, ou seja, a fase pós-negocial ou pós-contratual.

VI

Portanto, em relação à *formação da obrigação* e, em especial, quanto às obrigações causalizadas em negócios jurídicos de natureza contratual, releva reconhecer, para a formação do vínculo obrigacional, não apenas o momento da sua constituição formal, com a celebração, mas também a *fase prévia* de negociações e tratativas, ou seja, a *fase pré-negocial*. Não bastasse isto, avança-se no reconhecimento de *efeitos* da relação obrigacional que poderão *ultrapassar*, inclusive, o momento da sua *extinção*, por meio do cumprimento, ou não, do *dever de prestação*, ou seja, a *fase pós-negocial* ou *pós-contratual*. Ademais, quanto à *estrutura da relação obrigacional*, a noção de *obrigação como processo* também permite reconhecer, *pari passu* com o dever principal de prestação a que se comprometem os sujeitos da relação obrigacional, a existência de *deveres secundários* e *deveres laterais ou anexos* provenientes ou de disposição legal específica materializada no título, ou da incidência direta da *boa-fé objetiva*, todos eles assumindo uma *unidade funcional sistêmica* que direciona o curso do comportamento esperado das partes em relação ao adimplemento. Nesta moldura, a satisfação do interesse útil do credor é o fim esperado do comportamento das partes.

Destarte, quanto à estrutura da obrigação como processo, a doutrina classifica os deveres decorrentes da relação obrigacional em três espécies, quais sejam (a) os deveres principais de prestação, (b) os deveres secundários ou laterais e (c) os deveres anexos, oriundos da boa-fé objetiva.

Neste passo, juristas portugueses e brasileiros assinalam que os *deveres principais de prestação* são aqueles que integram o *núcleo da relação obrigacional* e que a caracterizam quanto ao seu *tipo*, na hipótese de obrigações típicas derivadas de contratos típicos, com disciplina especificada em lei, todavia aplicando-se, também, aos contratos atípicos, cuja estrutura obrigacional definida entre as partes pode provir tanto da vontade regulamentar das partes, quanto da própria lei (*v.g.*: pagamento da prestação pecuniária de trato sucessivo no local, prazo e *quantum* avençados). Neste primeiro vetor classificatório, portanto, de entender-se evidenciado que, em face do princípio da boa-fé objetiva, o núcleo da relação obrigacional não constitui prerrogativa exclusiva dos contratos típicos.

Os *deveres secundários*, a seu turno, poderão materializar-se em *deveres acessórios* ou de *prestação autônoma* e, entre estes, em *deveres coexistentes* ou *sucedâneos* da prestação obrigacional principal. Os *deveres secundários* meramente *acessórios* têm o objetivo de preparar o cumprimento ou assegurar a sua realização. Já os *deveres secundários* de *prestação autônoma* não têm a sua execução necessariamente associada ao dever principal de prestação, podendo ser *deveres sucedâneos* da obrigação principal (*v.g.*: dever de indenizar decorrente do inadimplemento culposo da obrigação) ou *deveres coexistentes* com o dever principal de prestação (*v.g.*: deveres que emergem da mora, como o pagamento de juros, perdas e danos ou cláusula penal), que deverão ser adimplidos em conjunto com o dever principal de prestação originalmente avençado.

De outra banda, os *deveres laterais ou anexos* podem decorrer de *cláusula contratual*, de *disposição legal* ou da *incidência direta* do *princípio da boa-fé*, sendo assim designados porque não se relacionam, modo direto, com o dever principal de prestação, mas auxiliam e promovem a satisfação dos interesses legítimos das partes da relação obrigacional. A *sistematização* dos *deveres laterais ou anexos* recebe tratamento doutrinário diferenciado e, consonante com a evolução da legislação no plano da positivação normativa de deveres oriundos da boa-fé, poderá ter fontes diferenciadas, conforme sejam as características do sistema jurídico nacional em que involucrados. Segundo sistematização europeia de larga difusão, os *deveres laterais ou anexos* podem substanciar-se em *deveres de cuidado*, *cooperação* e *respeito* às *expectativas legítimas* da outra *parte*, ou aos *deveres de advertência*, ou, ainda, aos *deveres de proteção e cuidado* com a *pessoa* e o *patrimônio* da *contraparte*, ou, mesmo, aos *deveres de abstenção*. Os *deveres* de *informação e advertência* podem resultar da lei. Mas também podem ser *deveres* decorrentes de *estipulação clausular expressa*, a exemplo de contratos empresariais nos quais estabelecida detalhada programação, fluxogramação e/ou cronogramação de notificações entre as partes sobre eventos relevantes no curso executivo da avença. Ademais de tudo, podem ser *deveres* decorrentes, modo exclusivo, da *boa-fé objetiva*, que se impõe por si mesma, por princípio jurídico e *standard* ético de conduta, a exemplo da imposição de um *dever de lealdade* ou de *deveres de cuidado* com a *pessoa* e o *patrimônio* da *outra parte*. Ainda no ponto, os *deveres de cuidado* se identificam com os denominados *deveres de proteção*, pertinentes à *pessoa* ou ao *patrimônio* de um dos sujeitos da obrigação, observando-se, todavia, que esses deveres não têm a sua origem *na* relação obrigacional, sendo *antecedentes* a ela, porque decorrem da *boa-fé* e por isso mesmo têm *eficácia independente* do conteúdo da relação obrigacional, subsumindo um dever de não afetar a pessoa ou o patrimônio da contraparte, de modo que a sua ofensa não gera uma responsabilidade decorrente do *conteúdo da obrigação*, mas, sim, da regra de vedação de exercício abusivo de direito, a exemplo das hipóteses abertas encartadas no art. 187 do CCB, segundo a qual "Também comete ato ilícito o titular de um direito que, ao exercê-lo, excede manifestamente os limites impostos pelo seu fim econômico ou social, pela boa-fé ou pelos costumes".

Por fim, os *deveres laterais de abstenção* podem provir tanto de disposição contratual, quanto de previsão legal ou incidência direta do princípio da boa-fé objetiva, tomando-se como exemplo o sigilo exigível em série de obrigações entre as partes, pelas quais resulta limitada a possibilidade de divulgar até mesmo a própria existência da relação obrigacional, ou, ainda, informações reservadas sob proteção da privacidade ou do sigilo empresarial, das quais uma das partes conheceu-as em razão da execução da obrigação.

Em face da doutrina brasileira, por exemplo, a *quebra* desses *deveres anexos* gera *violação positiva do contrato*, com *responsabilização civil objetiva* daquele que desrespeita a boa-fé objetiva, consoante prescreve o Enunciado n.º 24 do CJF/STJ. Essa responsabilização independente de *culpa* está amparada, também, no Enunciado n.º 363 do CJF/STJ, da *IV Jornada de Direito Civil*, a prescrever que *"Os princípios da probidade e da confiança são de ordem pública, estando a parte lesada somente obrigada a demonstrar a existência da violação"*, tratando-se, portanto, de um preceito de ordem pública.

Bem a propósito, à luz do CPC de 2015, a quebra dos deveres anexos pode gerar uma responsabilidade civil objetiva do violador da boa-fé objetiva processual. Neste diapasão, a doutrina acomete *três funções estruturantes* ao princípio da boa-fé objetiva, quais sejam (1) a *função interpretativa e de colmatação* (CC, art. 113), (2) a *função criadora dos deveres jurídicos anexos ou de proteção* (CC, art. 422) e a (3) a *função delimitadora do exercício de direitos subjetivos* (CC, art. 187).

VII

Nos nexos e correlações entre a função social dos contratos de direito privado e o princípio da boa-fé objetiva, a boa-fé objetiva constitui um mandamento de atuação leal, reta e honesta na vida jurídica, e considera o outro como pessoa e respeita os seus interesses legítimos, sendo uma decorrência lógica do reconhecimento da dignidade e da personalidade humana como núcleo fundamental de toda a ordem jurídica. Assim, na própria ideia de boa-fé está ínsita a necessidade de respeitar a dignidade e a personalidade do parceiro, não se podendo pensar em total respeito à pessoa e sua dignidade sem que haja uma atuação honesta e leal para com ela. Destarte, a dignidade da pessoa humana, valor e princípio supremo do ordenamento jurídico, não se realiza somente no plano constitucional, através da proteção do indivíduo frente ao Estado, mas também no plano infraconstitucional, especialmente no campo jusprivatista, onde a pessoa humana atua com preponderância, em função da liberdade de ação pessoal e da autonomia privada, relacionando-se com os demais membros da sociedade e os seus grupos sociais. Portanto, é também no campo privado, e não apenas no público, que se realizam violações à dignidade e personalidade humanas.

Sob síntese histórica, a tutela da boa-fé não é uma criação da modernidade ou da era contemporânea, pois a sua proteção está presente desde os usos e sistemas mais antigos, a exemplo do Código de Hamurabi. No entanto, é impossível catalogar todas as manifestações do princípio da boa-fé nas legislações históricas, mas uma mirada nos seus antecedentes ajuda a compreensão do seu papel na codificação civil contemporânea e oferece horizontes interpretativos, pois se trata de um princípio que, ao lado da autonomia privada, é considerado fundamental no direito obrigacional, sendo partilhado no ordenamento jurídico da maioria dos países. O Código Napoleônico de 1804 faz alusão à boa-fé e ao dever de prestar de boa-fé em diversos dos seus dispositivos, todavia valorizando-os pelo seu valor subjetivo, como contraponto à má-fé do agente, querendo significar que o direito deveria estimular a convivência tranquila e sincera das pessoas, reprovando as condutas que se afastassem desse ideal de comportamento, refletindo as estruturas econômicas da sociedade francesa do final do século XVIII, ainda agrária e artesanal, portanto indutora de litígios entre sujeitos identificáveis. Nesse contexto, o fundamento central da responsabilidade residia na culpa, de sorte que a interpretação do conceito de boa-fé seguia a linha do sistema, em que a boa-fé subjetiva ligava-se intimamente com a animosidade do sujeito, portanto sem qualquer condição para se afirmar uma teoria objetiva da boa-fé, que se desligasse do elemento vontade, focalizando a sua atenção na comparação entre a atitude tomada e aquela que se poderia esperar de um homem razoável, médio, não reticente, *bonus pater familiae*, ou outro *standard* aplicável à espécie na época. Nessa toada, o quesito incidia sobre a intenção de prejudicar (*animus nocendi*, *l'intention de nuire*), orientando-se para o campo do abuso de direito.

Na Alemanha, quase um século depois, o Código Civil (*BGB*/1900) consagrou o princípio da boa-fé objetiva em dois parágrafos, ordenando que credor e devedor estavam obrigados a agir de acordo com os bons costumes e os ditames da boa-fé objetiva, a fim de resguardar os legítimos interesses do *alter* no negócio (§ 242), bem assim regulando a interpretação dos contratos e prescrevendo que "os contratos devem ser interpretados de acordo com a confiança e a boa-fé" (§ 157). Portanto, já na esfera de influência da revolução industrial, o sistema do *BGB* era bem interessante, pois, de um lado, ao cuidar da responsabilidade civil delitual, caracterizava um ordenamento legal fechado, prevendo e dispondo, de antemão, sobre as hipóteses do dever de indenizar, e, de outra banda, no âmbito do direito contratual, instituia um *sistema aberto*, mediante a utilização de *normas jurídicas indeterminadas*, *princípios* e *cláusulas gerais*, abrindo amplo espaço para que a doutrina e a jurisprudência criassem o Direito e concretizassem as *cláusulas gerais* contempladas no ordenamento jurídico-legal. O certo é que, a partir dessas *cláusulas gerais* dispositivadas, que regulavam uma inédita figura batizada de *Leistung nach Treu und Glauben* (§ 242 do BGB: em sentido livre, "prestação segundo a boa-fé"), os juristas tedescos começaram a identificar *obrigações anexas*, não expressas nos contratos, todavia decorrentes da própria natureza do vínculo assumido, prescindindo, assim, da vontade dos contratantes.

Assim, o *princípio da boa-fé objetiva* começava a ser reconhecido como uma *fonte autônoma de direitos e obrigações*. Na Alemanha, a doutrina da boa-fé objetiva serviu para fundamentar indenizações devidas a partir da celebração de contratos posteriormente declarados nulos, da divulgação de informações sigilosas, de danos ocasionados a clientes de estabelecimentos comerciais, âmbito em que a dicção ousada, inovadora e criativa da sua jurisprudência conduziu ao tratamento das questões atinentes ao desequilíbrio contratual, à revisão equitativa do negócio ou à sua resolução quando, modificadas as circunstâncias originais, restava destruído o sinalagma da troca, a proibição das cláusulas abusivas e ao desenvolvimento da teoria da culpa *in contrahendo* formulada no século XIX por von Jhering, entre outros avanços. Por via judicial, assim, uma série de máximas jurídicas, exprimindo juízos de valor que os códigos oitocentistas não previram expressamente, ingressaram nos ordenamentos enucleadas no dever de correção assentados como ponto cardeal da relação obrigacional.

Enfim, na esteira dos ensinamentos da *jurisprudência concretizadora* alemã e das *cláusulas gerais* introduzidas na codificação desse país, os principais ordenamentos europeus foram assimilando, paulatinamente, a necessidade de elaborar *cláusulas e princípios gerais* próprios de *sistemas normativos abertos*, pois dessa forma a *amplitude da realidade* poderia ser melhor percebida pelo sistema jurídico. Na mesma toada, embora fruto de um momento histórico conturbado, o Código Civil italiano de 1942 recepcionou a boa-fé, prescrevendo que as partes envolvidas em relações obrigacionais deveriam comportar-se *segundo as regras de correção*, com o que os contratantes assumiriam *obrigações laterais*, exigíveis *antes*, *durante* e mesmo *após* a execução do contrato, ainda anotando-se que o seu art. 1.337 dispõe, modo expresso, sobre a responsabilidade surgida na *fase pré-contratual*, ainda no *período de tratativas*. Em França, ocorreu modesta aplicação judicial da boa-fé objetiva, ainda que o instituto contenha previsão, como *cláusula geral*, no art. 1.134, al. 3, do *Code Napoléon*, e muito embora tenham sido apontadas, mais recentemente, concretizações crescentes da boa fé nela referida, tanto quanto aplicações significativas da boa-fé no tocante à resolução unilateral dos contratos e a esquema encontrado para contornar a preferência do editor. Fora disso, a boa-fé não surge especificamente invocada como fundamentode decisões judiciais.

Mais recentemente, no Código Civil português de 1966, concentram-se valiosas tentativas de positivação definitiva do princípio da boa-fé objetiva, de fundamental importância integrativa perante o princípio da autonomia da vontade nas relações obrigacionais. Assim, o seu foco na tutela da confiança pode ser observado em vários dispositivos, a exemplo do art. 227.º/1, que regula a culpa na formação dos contratos, do art. 239.º, que trata da interpretação dos contratos, e do art. 762.º/2, cujo preceito funciona como corolário das normas retro mencionadas, ainda vindo a calhar, no ponto, o Decreto-Lei n.º 446/85, de 25 de Outubro, que instituiu o *regime das cláusulas contratuais gerais* em Portugal, bem assim a Directiva n.º 93/13/CEE, de 5 de Abril de 1993, do Conselho das Comunidades Europeias, reguladora das *cláusulas abusivas* nos contratos celebrados com os consumidores.

No Brasil, não procede dizer que o Código Civil de 2002 inovou ao adotar o princípio da boa-fé objetiva, ainda que se admita ter havido sensível avanço institucional a partir de algumas das normas que o contemplam, a exemplo daquelas contidas nos seus artigos 113, 187 e 422, pois a jurisprudência turbinada na doutrina e legitimada na ordem jurídico-legal lhe é muito anterior, o que também se deve ao advento do Código de Defesa do Consumidor (Lei n.º 8.078, de 1990), na esteira principiológica das normas da Constituição Federal de 1988. Se é verdade que o art. 131 do Código Comercial de 1850 já contemplava, em termos, o princípio da boa-fé objetiva, e que os artigos 221 e 516 do Código Civil de 1916 dispunham sobre o instituto tutelar da boa-fé subjetiva, não é menos verdade que essa conjuntura normativa não impediu que doutrinadores brasileiros assinalassem, ainda em meados do século XX, que a boa-fé objetiva fortalece o conteúdo da obrigação, de modo que a prestação não deve apenas satisfazer os deveres expressos, também sendo necessário verificar a utilidade que resulta para o credor da sua efetivação, quando por mais de um modo puder ser cumprida, ocorrendo, portanto, um aumento de deveres na relação obrigacional. Assim é que o princípio da boa-fé objetiva atua em duas frentes: no campo defensivo, impedindo o exercício das pretensões — que é a espécie mais antiga —, e no campo ativo, criando deveres e podendo restringir, inclusive, o princípio de o cumprimento ser completo ou integral, permitindo outra solução, por exemplo, quando configurada a doutrina do adimplemento substancial, segundo a qual, se o contrato já foi adimplido substancialmente, não se permite a sua resolução, com a perda do que foi realizado pelo devedor, mas atribuindo um direito de indenização ao credor. Mas foi no século XX, por meio do Código de Defesa do Consumidor, que a *cláusula-princípio geral* da *boa-fé objetiva* recebeu a sua consagração, primeiro através do seu art. 4.º, inc. III, que a instituiu, ao formular os princípios fundamentais da política nacional das relações de consumo, depois por via do seu art. 51, inc. IV, que a entronizou definitivamente no plano sancitivo, averbando a nulidade absoluta das cláusulas contratuais incompatíveis com a boa-fé objetiva e a equidade.

Ao dissertar sobre o *critério* das *espécies de boa-fé*, juristas juscivilistas — brasileiros e lusitanos — dedicados ao *thema* lecionam que *distinguir* entre *boa-fé subjetiva* e *objetiva* é o primeiro passo — básico e elementar — para compreender o *princípio*, sendo muito frequente a confusão feita em doutrina, na jurisprudência e em projetos legislativos, ao não discernir com clareza os institutos da boa-fé subjetiva e da boa-fé objetiva. Na ótica da melhor doutrina brasileira, de um lado a *boa-fé subjetiva*, ou o *agir de boa-fé*, expressa um *estado de fato*, que é constatado ou presumido, ou não. Se constatada ou confirmada a presunção, decorrem consequências, que a lei arrola: *v.g.*, a posse de boa-fé, mais o decurso do tempo, tem como eficácia a aquisição da propriedade, por usucapião.

De outro lado, a conduta *segundo a boa-fé* é um *standard* jurídico, ou seja, um *standard* direcionador de *condutas*, *modelo de comportamento* a ser seguido pelos que pactuam atos jurídicos, em especial os contratantes. Neste norte, *assegurar expectativas* e *direcionar condutas*, conforme averbou Niklas Luhmann, são as *funções primárias* do Direito, âmbito em que a função primeira da boa-fé como *standard* jurídico consiste em propiciar o *direcionamento de comportamentos no tráfego negocial*, não se perdendo de vista, ainda no ponto, que os *princípios* da *confiança* e da *boa-fé objetiva* superpõem-se em parte, inclusive em face da sua vinculação etimológica, embora a doutrina lhes trace distinção sob o prisma funcional.

Como *standard* de *comportamento contratual*, e não como *estado de fato*, os valores íntrínsecos à boa-fé são a *probidade*, a *lealdade* e as *considerações às legítimas expectativas* do parceiro contratual. Direcionada a *valores*, a *boa-fé objetiva* configura, normativamente, um *princípio jurídico* que, em consonância com todo *princípio normativo* (prescritivo), conduz o agente ao que Humberto Ávila denomina de *estado ideal de coisas*, no caso uma ação leal, proba (CC, art. 422), em vista do adimplemento satisfativo, finalidade que polariza toda e qualquer relação contratual. Constituindo *princípio normativo* (prescritivo), a boa-fé objetiva tem potencial *jurisgênico*, pois é *princípio produtor* de normas jurídicas dotadas de prescritividade, como todas as normas (os contraentes *devem* agir coerentemente ao pactuado no contrato; o credor *deve* evitar aumentar os seus próprios prejuízos). Assim, desenvolve atuação primacial ao *modular a interpretação* dos contratos, ao *criar deveres* que atuam *lateralmente* aos deveres de prestação (*deveres laterais* de conduta) e ao *balizar limites da licitude* ao *exercício* de direitos subjetivos e faculdades jurídicas. Bem por isto, é possível perceber que boa-fé objetiva e boa-fé subjetiva não apenas se revestem de *natureza* e *significados diversos*, mas *têm diferentes âmbitos e diversas funções*.

Mas, de regra, embora a independência das instâncias, poderá não haver boa-fé objetiva no negócio jurídico contratual quando a conduta ou o comportamento de parceiro contratante violar a boa-fé subjetiva, no mesmo passo que a contrafação da boa-fé objetiva poderá resultar em violação da boa-fé subjetiva, dependendo da natureza dos deveres anexos violados. Aí, no entanto, a concepção é de que o princípio da boa-fé objetiva caracteriza uma dimensão — positiva ou negativa — acima e além da vontade das partes, consoante já sublinhado.

VIII

A questão da boa-fé objetiva em face do problema da sua concretização jurídico-instrumental é objeto de exaurientes estudos e análises em Portugal, âmbito em que parte dos juristas civilistas lecionam que o conceito de boa-fé objetiva cabe na categoria dos conceitos indeterminados, assim compreendidos os conceitos abertos, flexíveis, sem um conteúdo fixado em definitivo, no âmbito dos quais se encarta a categoria das cláusulas gerais, subsumindo conceitos indeterminados cujo preenchimento exige critérios ou juízos de valor. Considerados na sua generalidade, os conceitos abertos não indicam tipicamente uma conduta permitida ou proibida, definindo valores e parâmetros hermenêuticos que servem como marcos de referência interpretativos e oferecem ao intérprete os critérios axiológicos e os limites para a aplicação das demais disposições normativas. Assim, pois, não há na hipótese legal uma pré-figuração descritiva ou especificativa capaz de engessar a sua aplicação, âmbito em que a grande contribuição dessa técnica legislativa aberta reside em propiciar flexibilidade e segurança ao sistema jurídico, ao mesmo tempo em que autoriza o intérprete a adequar a realidade da norma ao caso concreto, ou seja, ajustar o texto normativo à seara normativa. Juristas alemães entendem que os conceitos indeterminados são dotados de uma incerteza em seu conteúdo e sua extensão, tendo a indeterminabilidade como característica, pois mesmo a regra primária que se resolverá pela subsunção dependerá de um preenchimento do seu conteúdo. Nessa medida, os conceitos indeterminados contêm um núcleo conceitual, onde se percebe a clareza conceitual do conteúdo e a extensão do conceito, bem assim um halo conceitual, onde há incerteza e dúvida no seu preenchimento. Vale dizer: a maioria das regras jurídica é composta por verbetes, indeterminados, que necessitam de um preenchimento na prática, tal como ocorre, por exemplo, com o conceito de "sossego noturno", "escuridão" ou "perigo".

Ainda no ponto, ao estudar a *distinção* entre *conceitos indeterminados*, *princípios* e *cláusulas gerais*, nomeados juristas lusitanos e brasileiros entendem improdutivo relacioná-las, pois estas técnicas não se distinguem entre si em termos absolutos, podendo intercambiar-se, residualmente, umas nas outras. Enfim, dada a estrutura típica heterogênea das técnicas usadas pelo Legislador na edição das normas jurídicas abertas, os dissensos entre os juristas não viabilizam a formulação de conceitos e definições universais sobre cada uma destas figuras técnicas. Neste passo, juristas de escol lecionam que a configuração de um conceito indeterminado não é, necessariamente, a configuração de uma cláusula geral, que, por sua vez, pode normatizar com recurso a uma conceitologia precisa. Sob vertente diversa, a equiparação entre princípios jurídicos e cláusulas gerais decorre, fundamentalmente, da extrema polissemia que ataca o termo "*princípios*". As cláusulas gerais não são princípios, embora na maior parte dos casos os *contenham*, em seu enunciado, ou *permitam a sua formulação*. Daí que, em realidade e no mais das vezes, a confusão entre princípio e cláusula geral decorre do fato de uma norma configuradora de uma cláusula geral *conter* um princípio, *reenviando ao valor que este exprime*, como ocorre com o § 242 do BGB, hipótese em que se poderá dizer que determinada norma é, ao mesmo tempo, princípio e cláusula geral. Estas dificuldades não impedem, no entanto, a busca de consensos mínimos.

De outra parte, no afã de converter a concretização das cláusulas gerais em algo racional e racionalizável, a doutrina e a jurisprudência desenvolveram um conjunto de critérios de interpretação e/ou de desenvolvimento do direito. Destarte, o processo de aplicação das normas jurídicas ou das proposições jurídicas pode surgir sob a forma de um juízo de subsunção ou de um juízo de coordenação a princípios e valores: se e quando a previsão normativa só contiver conceitos determinados e fechados — conceitos casuísticos que se definem através da enunciação de todas as notas, cuja presença não só é necessária, mas suficiente, para que o caso a ela se subsuma —, a aplicação da norma ao caso decorrerá de um juízo de subsunção. Se, porém, tal não suceder e a previsão normativa contiver conceitos abertos e indeterminados — vale dizer: se a previsão normativa contiver conceitos indeterminados, princípios e cláusulas gerais —, a aplicação da norma ao caso concreto decorrerá sempre de um juízo de coordenação a princípios ou a valores. Nessa moldura, importa gizar que os juscivilistas lusitanos são exaurientes, prolíficos e eficazes na construção de regras doutrinário-jurisprudenciais que, preservando o princípio da separação dos Poderes do Estado e os históricos limites da atuação jurisdicional do Judiciário no país, objetivam retirar o máximo de eficácia contemporânea e proveito normativo institucional no manejo legislativo e judicial dessas técnicas abertas de enunciação das leis.

Nessa moldura, a relação jurídico-instrumental entre os precedentes jurisprudenciais e a cláusula geral de tutela do princípio da boa-fé objetiva nos contratos de direito privado reveste-se de importância exponencial no circuito dos fatos da vida, pois desvela o ponto interativo mais alto de permeabilidade, dinamismo e flexibilidade entre normas e comportamentos negociais no conjunto uniformizador dos casos concretos, tendentes a serem julgados sempre no mesmo sentido sobre uma determinada questão. A *funcionalização* dessa relação instrumental caracteriza, mais do que nunca, nos lindes do princípio da boa-fé objetiva dos contratos de direito privado, a ponte de ligação e o diálogo construtivo que nasce dos fatos e desenvolve-se segundo os cânones ético-jurídicos e normativos já referidos. Nessa perspectiva, portanto, a jurisprudência é o resultado de um conjunto de decisões judiciais, aplicações e interpretações das leis no mesmo sentido sobre uma determinada questão julgada pelos tribunais, sendo formada por precedentes vinculantes ou persuasivos, usados reiteradamente como *ratio decidendi* em outros processos.

Na seara jurídica brasileira, a questão em tela comporta moldura semelhante, mas adquire contornos peculiares diante da expressiva corrente doutrinário-jurisprudencial que se orienta pela necessária integração dos fundamentos e princípios constitucionais na órbita juscivilista. Neste sentido, juristas de escol lecionam que o sistema normativo aberto não é novo e que a linguagem legislativa das codificações civis, mormente a partir da segunda metade do século XX, passa a adotar modelos mais abertos, vagos ou elásticos que ampliam a capacidade interpretativa do julgador, afastando-se do método subsuntivo de aplicação da lei. Assim, nas leis produzidas a partir da década de 1970, ocorre a abertura do direito à realidade onde ele está inserido e constata-se o surgimento de algumas cláusulas gerais contendo conceitos que buscam o bem comum e a utilidade social, usando terminologias científicas, econômicas e industriais rentes à realidade contemporânea.

Assim, anotam que os processos de criação e desenvolvimento do direito não têm a lei como limite, mas como ponto de partida, e que o preenchimento das cláusulas gerais ocorre a partir de fatos e fundamentos externos à lei, como sucede com a boa-fé e os bons costumes, cuja técnica aproxima o rígido sistema da *civil law* ao da *common law* em razão dos resultados práticos alcançados, apesar da distância entre as fontes, métodos e estruturas que separam os dois sistemas jurídicos, bem assim que essas são as normas abertas, ou vagas, ou, ainda, enunciados elásticos, porosos ou dúcteis, gênero que abrange várias espécies normativas caracterizadas pela ausência, na hipótese legal, de uma prefiguração descritiva ou especificativa, bem como é singularizada pelo emprego, em seu enunciado, de termos cuja tessitura é semanticamente aberta, e dotados, geralmente, de cunho valorativo. Neste sentido, portanto, os conceitos abertos operam como meio de concretizar o direito do indivíduo, pois não basta que o sistema jurídico ofereça inúmeros direitos sem lhes conceder o meio de concretizá-lo, sendo a técnica das cláusulas gerais uma forma de assegurar maior efetividade à concretização do direito no caso concreto, deste modo permitindo uma simbiose entre as normativas constitucional e infraconstitucional, sendo uma técnica para manter todo o sistema aberto e oxigenado.

Mas no plano jurídico-instrumental das técnicas abertas de enunciação das leis, ainda em meados do século XX, juristas brasileiros de nomeada já anteviam o instituto da boa-fé objetiva como o que se entende, na atualidade, por princípio, cláusula geral e/ou *standard* de comportamento negocial, enfim, como uma *fonte autônoma de direitos e obrigações* nas *relações obrigacionais juscivilistas*, o que só começaria a tomar foro e dimensão, ainda assim paulatinamente, alguns anos após a promulgação da Lei Fundamental de 1988. Nessa perspectiva, o princípio da boa-fé objetiva endereça-se sobretudo ao juiz e o instiga a formar instituições para responder aos novos fatos, exercendo um controle corretivo do direito estrito, ou enriquecedor do conteúdo da relação obrigacional, ou mesmo negativo em face do direito postulado pela outra parte. A principal função é a individualizadora, em que o juiz exerce atividade similar à do pretor romano, criando o direito do caso. O aspecto capital para a criação judicial é o fato de a boa-fé objetiva possuir um *valor autônomo, não relacionado com a vontade.* Por ser *independente da vontade*, a extensão do *conteúdo* da *relação obrigacional* já não se mede *exclusivamente nela*, e, sim, pelas circunstâncias ou fatos referentes ao contrato, permitindo construir *objetivamente* o *regramento do negócio jurídico*, com a admissão de um dinamismo que escapa, por vezes, *até mesmo* ao *controle das partes.* Essa *concepção objetiva* da *relação obrigacional* assemelha-se, muito embora a diversidade conceitual, à interpretação objetiva da lei. Também quanto a esta última vigorou, em princípio, a interpretação da vontade do legislador e, somente mais tarde, chegou-se à própria *hermenêutica objetiva da lei*, que prevalece contemporaneamente na maioria dos países.

Tanto em Portugal quanto no Brasil, os exaurientes estudos sobre a natureza jurídica e aplicação dos conceitos indeterminados, princípios, cláusulas gerais, *standards* de comportamento e precedentes jurisprudenciais — cada qual com as suas características intrínsecas e as suas interoperabilidades extrínsecas — não acentuam a formação de consensos, mas no passo hermenêutico seguinte, sobre a efetividade dos direitos institucionais postos *de lege lata* em sistemas normativos abertos, a doutrina e a jurisprudência constroem um porto seguro que agasalha, sob o manto principiológico dos direitos da personalidade e do postulado da dignidade da pessoa humana, a cláusula geral de tutela dos princípios da função social dos negócios jurídicos e da boa fé objetiva nos contratos de direito privado. No plano da classificação do significado e extensão de técnicas normativas de sistemas abertos, muito se dissente em torno dos conceitos indeterminados, dos princípios e das cláusulas gerais, a tal ponto que juristas lusitanos e brasileiros de nomeada colocam em dúvida a propriedade dessas controvérsias, não só em face da excelência dos resultados propiciados por essas técnicas nos ordenamentos jurídicos, mas também pela relativa facilidade de equalizar os eventuais problemas deles decorrentes.

Neste sentido, a adoção da técnica dos princípios e das cláusulas gerais de tutela nos ordenamentos jurídicos abertos tem o condão de conferir contemporaneidade ao sistema das leis e, modo simultâneo, evitar a proliferação de lacunas normativas decorrentes das evoluções sociais. No ponto, diante do ritmo cada vez mais célere das transformações sociais e das crises de legitimidade, é incontroverso que o Legislador não mais consegue acompanhar a evolução dos tempos e criar suportes fáticos suficientes para a aplicação da lei. Embora a funcionalidade de um sistema aberto atribua ao intérprete a construção da regra aplicável a cada caso concreto, os próprios movimentos doutrinários e jurisprudenciais têm construído *fórmulas hermenêuticas* e *mecanismos procedimentais* encarregados de restringir solipsismos e discricionariedades, na exata medida em que buscam orientação na própria unidade e circularidade do sistema e nas múltiplas fontes dialogáveis do direito, para o que muito contribuem os fundamentos e princípios constitucionais e as grandes linhas mestras juscivilistas, seja na forma de conceitos indeterminados, princípios normativos, cláusulas gerais ou *standards* jurisprudenciais.

Em Portugal, por exemplo, por seu agrande apreço ao princípio da separação dos Poderes do Estado e aos limites institucionais de atuação da prestação jurisdicional, a solução foi legislativa e proveio do Decreto-Lei n.º 446/85, de 25 de Outubro, que instituiu o *regime das cláusulas contratuais gerais* no país, no mesmo passo em que, no âmbito da Comunidade Econômica Europeia, sobreveio a Directiva n.º 93/13/CEE, de 5 de Abril de 1993, do Conselho das Comunidades Europeias, reguladora das *cláusulas abusivas* nos contratos celebrados com os consumidores. No Brasil, juristas de nomeada entendem que a adoção da técnica de legislar mediante cláusulas gerais deve ser precedida da fixação de critérios interpretativos voltados ao atendimento de preceitos constitucionais, sendo necessário incluir, junto com as cláusulas gerais, critérios para a sua aplicação, a exemplo de normas descritivas de valores.

IX

Na abordagem doutrinária lusitana, há acentuado consenso de que o reconhecimento da *dignidade da pessoa humana* e dos *direitos de personalidade*, a *autonomia privada*, *a boa-fé*, a *propriedade privada* e a *responsabilidade civil* constituem *princípios fundamentais do direito civil português*. O reconhecimento da *dignidade da pessoa humana* e dos *direitos de personalidade*, talvez o princípio mais fundamental entre os princípios fundamentais do Direito Civil, constitui pressuposto lógico do Direito, que deve ser aceito e compreendido, no seu patamar mínimo, pela necessidade de convivência em sociedade, sendo consagrado no art. 6.º da Declaração Universal dos Direitos do Homem da ONU, de 10/12/1948, e nos artigos 12.º e 13.º, dentre outros, da Constituição da República Portuguesa (CRP), recebendo concretização no Código Civil (*v.g.*: artigos 27.º/1, 66.º/1, 68.º, 70.º/1, dentre outros). As autonomias privada e contratual, bem assim a liberdade contratual, também constituem princípios fundamentais do direito civil lusitano, a primeira por sua relevância essencial na esfera de atuação dos particulares, as demais por traduzirem legítimas manifestações da autonomia privada, conferindo às pessoas a possibilidade de celebração de negócios/contratos que bem entenderem, arbitrando a sua conformação nos limites da lei, estando consagradas no art. 405.º do Código Civil. A boa-fé, por sua vez, é um *princípio fundamental* do direito português com aplicação transversal, constituindo uma das bases mais substanciais do Direito Civil, por isso que extrapola os seus próprios limites para outros campos do Direito, impondo-se às pessoas e coarctando qualquer atuação que a contrarie, abrangendo o domínio de atuações lícitas ou até resultantes de outros princípios relevantes do ordenamento jurídico, como o da já referida autonomia privada. A dificuldade de prever todas as manifestações concretas de exercício juridicamente censurável da autonomia privada impõe o recurso ao conceito indeterminado de boa-fé objetiva, que se concretiza em cada caso com base nos elementos disponíveis pertinentes à situação sob análise. De regra, consoante já assinalado, distingue-se entre boa-fé subjetiva e boa-fé objetiva, a primeira dizendo respeito a um estado da pessoa, nomeadamente o conhecimento ou desconhecimento de um fato ou circunstância, ao passo que a segunda pertine a algo exterior à pessoa, mas que a esta se impõe, por exprimir valores fundamentais do sistema jurídico. Nesta perspectiva, o princípio da boa-fé objetiva caracteriza uma norma de conduta que todas as pessoas devem respeitar.

Na abordagem doutrinária brasileira contemporânea, os princípios assumem uma função de grande importância na atual codificação privada material, sendo comum afirmar que o Código Civil de 2002 é um *Código de Princípios*, tão grande a sua presença na codificação vigente, o mesmo podendo ser dito em relação ao Código de Defesa do Consumidor de 1990 e ao novo Código de Processo Civil de 2002, que valorizam *princípios* como a *dignidade da pessoa humana* e a *boa-fé objetiva*, tanto no plano jusmaterialístico, quanto no processual. Além disso, consoante gizado pela Escola de Direito Civil Constitucional, sobressai a importância assumida pelos *princípios constitucionais* no ordenamento jurídico brasileiro, pois eles constituem regramentos básicos aplicáveis a determinados institutos jurídicos juscivilistas que pertinem aos contratos de direito privado. Os princípios são abstraídos das normas, dos costumes, da doutrina, da jurisprudência e dos aspectos políticos, econômicos e sociais, podendo estar expressos na norma, embora não necessariamente. No ponto, observe-se que o *princípio da função social dos contratos* está expresso no Código Civil, no art. 421 e no parágrafo único do art. 2035, e implícito no CDC e na CLT, contendo normas que protegem o vulnerável na relação contratual. No caso do CDC (Lei Federal n.º 8.078, de 1990), a *função social dos contratos* pode ser retirada de vários dos seus dispositivos, a exemplo dos artigos 46, 47, 51, 52 e 53, dentre outros. Avulta, no ponto, a importância do CDC, uma vez que, na regra geral, os negócios jurídicos contratuais são adesivos de consumo — não paritários, portanto — e estão enquadrados nos seus artigos 2.º e 3.º. Neste contexto, agiganta-se o uso da *teoria do diálogo das fontes* entre essas codificações no vasto campo dos contratos de direito privado, pois, por meio desse caminho metodológico e científico, é possível aplicar a determinado contrato, modo simultâneo, tanto o CDC quanto o CC, desde que isso não prejudique o consumidor vulnerável.

Nesta toada, portanto, toma vulto a apregoada *aproximação principiológica* entre esses dois Estatutos, gerando adesão imediata à *teoria do diálogo das fontes*, que decorre, em substância, dos *princípios sociais contratuais* encampados pela nova codificação, quais sejam a *função social dos contratos* e a *boa-fé objetiva*. Nesta perspectiva, o *Enunciado n.º 167* do CJF/STJ, aprovado na *III Jornada de Direito Civil*, estabelece a cláusula geral de que, "Com o advento do Código Civil de 2002, houve forte aproximação principiológica entre esse Código e o Código de Defesa do Consumidor, no que respeita à regulação contratual, uma vez que ambos são incorporadores de uma nova teoria geral dos contratos". Além dessa interação entre CDC/CC, a *teoria do diálogo das fontes* constrói a interação destas codificações com a Constituição Federal no âmbito dos contratos de direito privado, nomeadamente a partir dos princípios do *Direito Civil Constitucional*, a exemplo da principiológica *cláusula geral de tutela e proteção da personalidade e dignidade da pessoa humana* (CRFB, art. 1.º, III), da *solidariedade social* (CRFB, art. 3.º, I) e da *igualdade* em sentido lato, ou *isonomia* (CRFB, art. 5.º, *caput*), constituindo uma realidade hermenêutica que encontra consolidado respaldo na jurisprudência dos Tribunais de Apelação e nos Tribunais Superiores da Federação (STF e STJ).

Para mais dessa interação entre Código Civil e Código de Defesa do Consumidor, não se pode perder de vista que, no plano dos contratos, é preciso interagir com a Constituição Federal, *locus* de substanciação e valoração dos princípios dos *direitos civis constitucionais*, de que são exemplos os princípios da *dignidade da pessoa humana* (CRFB, art. 1.º, inc. III), da *solidariedade social* (CRFB, art. 1.º, inc. I) e da *igualdade lato sensu ou isonomia* (CRFB, art. 5.º, *caput*), dentre outros. De anotar, ainda no ponto e nesse sentido, o respaldo significativo da jurisprudência nacional. Ademais, é preciso destacar que o art. 1.º do CPC/2015 prescreve que o processo civil será ordenado, disciplinado e interpretado em consonância com os valores e as normas fundamentais da Constituição da República Federativa do Brasil (CRFB), no mesmo passo em que o seu art. 8.º determina que o juiz, ao aplicar o ordenamento jurídico, atenderá aos fins sociais e às exigências do bem comum, resguardando e promovendo a dignidade da pessoa humana e observando a proporcionalidade, a razoabilidade, a legalidade, a publicidade e a eficiência, deste modo substanciando a visão civil-constitucional do sistema jurídico.

Nesse contexto, a boa-fé é, antes de tudo, uma *diretriz principiológica de fundo ético* e *espectro eficacial jurídico* que subsume um princípio de substrato ético e moral revestido de natureza jurídica cogente. Constitui, portanto, um princípio vinculado a uma norma de comportamento ligada à eticidade da ordem social. Nesta toada, uma releitura da estrutura obrigacional, sem as amarras tecnicistas da teoria clássica e revista à luz desse construto ético, conduz à conclusão de que o *contrato* não se esgota apenas na *obrigação principal* de *dar*, *fazer* ou *não fazer*, uma vez que a boa-fé objetiva impõe às partes contratantes, *também*, a observância de *deveres jurídicos anexos ou de proteção*, que, embora não estejam inscritos no contrato, integram-no com a mesma relevância e intensidade dos deveres jurídicos principais, minimamente bilaterais no campo obrigacional do sinalagma. Assim, os *deveres anexos ou de proteção* decorrentes do *princípio da boa-fé objetiva* podem ser exemplificados nos *deveres de lealdade*, *confiança*, *assistência*, *informação*, *confidencialidade* ou *sigilo*, dentre outros. Tais deveres são impostos tanto ao sujeito ativo quanto ao sujeito passivo da relação jurídica obrigacional bilateral, referindo-se à exata satisfação dos *interesses comutativos* envolvidos nas prestações e contraprestações obrigacionais assumidas, *por força e em decorrência* dos *deveres da boa-fé contratual.*

X

Por fim, importa reiterar que, seja em Portugal ou no Brasil, a partir de meados do século XX, os juristas de vanguarda já tinham plena consciência dos movimentos e fundamentos que acabaram por desembocar na relativização e ponderação dos direitos privados, em decorrência da sua função social, da vinculação ético-social imanente desses direitos e do seu necessário distanciamento do formalismo do sistema de direito privado clássico do século XIX. Nesse contexto de mudanças e na construção de técnicas de legislar mediante normas jurídicas abertas, flexíveis, a construção do sentido das normas passou a depender de vários fatores, dentre os quais se insere o próprio intérprete, pois, nesse sentido, a interpretação concentra uma atividade complexa em que a norma, sempre relevante, é um ponto de partida.

Nessa moldura e perspectiva, o Direito do século XXI, na percepção dos juristas CRISTIANO DE FARIAS, FELIPE BRAGA NETTO e NELSON ROSENVALD[331], "exige uma leitura ética, que dialogue com a sociedade, e não se satisfaz com conceitos puramente apriorísticos e formais. Isso não significa, convém repetir, que o juiz possa se libertar dos limites do sistema jurídico. Não se trata de voluntarismo, mas de reconhecer a força normativa dos princípios e a importância da teoria dos direitos fundamentais. A solução dos casos difíceis não virá apenas da norma, mas de uma construção complexa em que atuam a sociedade, o intérprete e os atores sociais, com valores plurais e nem sempre homogêneos". Trata-se de reiterar, no ponto, que as categorias, conceitos e institutos devem ser lidos à luz da função exercida, com a passagem da estrutura à função, com o abandono de uma concepção estrutural do direito em favor de uma postura funcionalizada, na qual sobreleva a atuação social dos direitos.

Nessa linha de conta, nada mais simbólico e ilustrativo do que concluir este estudo com os paradigmas epistemológicos anunciados no início da investigação, chamando à colação alguns depoimentos doutrinários representativos da tábua de valores desta obra como um todo.

---

331 FARIAS, Cristiano Chaves de; BRAGA NETTO, Felipe Peixoto; ROSENVALD, Nelson. **Novo Tratado de Responsabilidade Civil.** 4.ª ed. São Paulo: Saraiva Educação, 2019, p. 707.

Assim é que, para DIOGO LEITE DE CAMPOS, "Ao primado dos direitos do sujeito, contraponho o primado da ética — como conteúdo e limites de tais direitos. Rejeitando a soberania absoluta de cada um, que só pode levar ao domínio absoluto, na dialéctica do senhor-escravo"[332], bem por isto que "a constante redescoberta da dignidade da pessoa humana, em termos de personalismo ético, torna dificilmente aceitável o poder de alguém sobre o outro ou em relação a uma actividade de outro."[333] Para GUSTAVO TEPEDINO, "tem-se a personalidade como o conjunto de características e atributos da pessoa humana, considerada como objeto de proteção por parte do ordenamento jurídico. A pessoa, vista deste ângulo, há de ser tutelada das agressões que afetam a sua personalidade, identificando a doutrina, por isso mesmo, a existência de situações jurídicas subjetivas oponíveis *erga omnes*. Dito diversamente, considerada como sujeito de direito, a personalidade não pode ser dele o seu objeto. Considerada, ao revés, como valor, tendo em conta o conjunto de atributos inerentes e indispensáveis ao ser humano (que se irradiam da personalidade), constituem bens jurídicos em si mesmos, dignos de tutela privilegiada."[334] Destarte, os direitos da personalidade são atributos e características essenciais à dignidade e à integridade da pessoa humana, exigindo especial proteção, inclusive e muito especialmente nos lindes das relações privadas. Considerada como valor, a personalidade da pessoa humana constitui um bem jurídico em si mesmo, sendo digno de tutela privilegiada e não se compadecendo com o paradigma dos direitos patrimoniais.[335] Para MARIA CELINA BODIN DE MORAES, "À identificação taxativa e ao desdobramento dos direitos da personalidade se opõe a consideração de que a *pessoa humana* — e, portanto, sua personalidade — configura um valor unitário, daí decorrendo o reconhecimento, pelo ordenamento jurídico, de uma *cláusula geral de tutela* a consagrar a *proteção integral da personalidade*, em todas as suas ma-

332 CAMPOS, Diogo Leite de - **Nós - Estudos sobre o Direito das Pessoas.** Coimbra: Almedina, 2004, p. 130.

333 CAMPOS, Diogo Leite de - **As Relações de Associação - O Direito sem Direitos.** Coimbra: Almedina, 2011, p. 127.

334 TEPEDINO, Gustavo - **A tutela da personalidade no ordenamento jurídico-constitucional brasileiro.** *In:* TEPEDINO, Gustavo - **Temas de Direito Civil - Tomo I.** 3.ª ed. rev. atual. Rio de Janeiro: Renovar, 2004, p.27.

335 TEPEDINO, Gustavo - **A tutela da personalidade no ordenamento jurídico-constitucional brasileiro.** *In:* TEPEDINO, Gustavo - **Temas de Direito Civil - Tomo I.** 3.ª ed. rev. atual. Rio de Janeiro: Renovar, 2004, p.49, *passim*.

nifestações tendo como *ponto de confluência* a *dignidade da pessoa humana*, posta no ápice da Constituição Federal de 1988."[336]

Para MENEZES CORDEIRO[337], "A sistemática deve ser reformulada, admitindo-se um sistema aberto, móvel, heterogéneo e cibernético; a boa fé articula-se com esta realidade, distinguindo-se das lacunas. A boa fé traduz, no caso concreto, a projecção dos dados materiais relevantes do sistema, a cuja luz devem ser vistas a confiança e a materialidade da regulação jurídica". Para JUDITH MARTINS-COSTA[338], "o caminho da construção dogmática da boa-fé, com base em critérios firmes e em distinções que oferecem segurança deve ser ainda trilhado pela doutrina brasileira. Para tanto é necessário um diálogo mais ativo entre doutrina e jurisprudência. Almeja-se que possa contribuir, para tanto, o esforço de crítica sincera e construtiva aqui ensaiado".

Para finalizar a galeria de paradigmas, importa reiterar a concepção de DIOGO LEITE DE CAMPOS, segundo a qual "Há que retirar todas as consequências do princípio da boa fé, e do seu complemento, a proibição do abuso do direito; revendo, com base neles, a própria concepção do direito subjetivo. Externamente, constituem limites do direito as pessoas e os direitos dos outros e do próprio. A paridade ontológica dos seres humanos exclui que se estabeleçam entre eles relações de poder; mas só relações bilaterais, em que cada um tenha simultaneamente direitos e obrigações. Esta bilateralidade estende-se, naturalmente, às relações sociais. Entre o ser humano e a sociedade estabelecem-se vínculos complexos, integrando direitos e deveres, genética e funcionalmente incindíveis. O direito subjectivo, na sua concepção tradicional, é assim duplamente ferido. Limitado, internamente, pelo dever ético-jurídico perante a outra parte, transforma-se em poder-dever; convertendo-se de instrumento de poder, em veículo de colaboração. Limitado, externamente, pelos direitos dos outros e do próprio; integrado numa relação complexa em que cada uma das partes tem deveres e direitos correlativos e justapostos; transforma-se em mero componente de uma complexa [*relação*]

336 MORAES, Maria Celina Bodin - Recusa à realização de exame de DNA na investigação de paternidade e direitos da personalidade. *In:* BARRETO, Vicente. **A nova família.** Rio de Janeiro: Renovar, 1994, p. 174, *apud* FACHIN, Luiz Edson. ***Artic. et op. cit.***, p. 7.

337 CORDEIRO, António Manuel da Rocha e Menezes - **Da Boa fé no Direito Civil.** 7.ª reimpr. Coimbra: Almedina, 2017, p. 1.299.

338 MARTINS-COSTA, Judith - **A Boa-fé no Direito Privado - Critérios para a sua aplicação.** 2.ª ed., 2.ª tiragem, São Paulo: Saraiva Educação, 2018, p. 775.

jurídica que traduz a densidade da trama do tecido social. Também os direitos da personalidade têm de sofrer esta transformação — que, de algum modo, tem de começar por eles, dada a sua posição (estratégica) no núcleo do relacionamento social, que permitem e ao qual dão sentido. Assentes na paridade ontológica dos seres humanos; na natural contratualidade das relações; são poderes-deveres em que cada um, ao exercer o poder (de exclusão dos outros, ou a "sobre" si próprio) está a levar a cabo um plano de realização pessoal eticamente fundada, ou colaborar na intensificação das relações sociais também eticamente fundadas. O poder está a serviço do eu — que não se confunde com a vontade — e dos outros."[339]

Assim, tanto em Portugal quanto no Brasil, cada qual trilhando os seus históricos caminhos próprios, a densidade das investigações doutrinárias e jurisprudenciais sobre a função social dos negócios e a boa-fé objetiva nos contratos privados encontra tutela de concretização e efetividade sistêmica em normas constitucionais e juscivilistas abertas, flexíveis, que sufragam valores ético-jurídicos vinculados aos valores supremos dos direitos da personalidade e do postulado fundamental da dignidade da pessoa humana.

Portanto, na conclusão, o momento é de reafirmar a carta de paradigmas subscrita no início da investigação: o princípio da boa-fé objetiva, sob o manto tutelar da função social dos negócios jurídicos, constitui um receptáculo qualificado e conforma uma matriz ético-jurídica de efetividade substancial dos valores dimanentes dos direitos da personalidade, dimensão qualificada do postulado fundamental da dignidade da pessoa humana no sistema obrigacional dos contratos de direito privado no Brasil e em Portugal.

Destarte, à luz do postulado da dignidade da pessoa humana e dos direitos da personalidade consectários ao exercício da autonomia privada no sistema obrigacional dos negócios jurídicos juscivilistas, para uma existência ética e digna, a pessoa humana deve ser sempre com os outros e para os outros nas suas relações de associação. Assim, nessa sociedade-de-iguais, a liberdade e a autodeterminação da pessoa humana na seara da autonomia privada e da liberdade de contratar deve ser com os outros e para os outros no Estado de Direito democrático. Neste norte, a liberdade contratual e a autonomia da vontade são direitos da pessoa que não podem ser exercidos de forma egoísti-

339 CAMPOS, Diogo Leite de - **Nós - Estudos sobre o Direito das Pessoas.** Coimbra: Almedina, 2004, p. 130-132.

ca, abusiva ou predatória, pena de não serem direitos da personalidade e não dignificarem os contratantes.

Mais poderia ser investigado. Avançar é sempre possível e, sobretudo, instiga a natureza humana à evolução. Neste passo, o estudo reflete a arte do possível e materializa uma perspectiva de evolução de conteúdos. O Direito estatal e as suas formas de organização social decorrem dos anseios antropológicos do Homem por segurança, paz e harmonia, fundamentando, estruturando e aperfeiçoando a própria existência do Estado de Direito democrático. Nesta perspectiva, concluir que os princípios da função social e da boa-fé objetiva nos contratos de direito privado devem substanciar uma *longa manus* dimanente de direitos da personalidade e do postulado fundamental da dignidade da pessoa humana significa comprometer-se com a evolução do *homo sapiens* em direção ao exercício de padrões de comportamento civilizatórios — juridicizáveis e juridicizados — demarcados por uma eticidade permanente que o afaste, modo definitivo, do seu estado de natureza.

Referências

Fontes Documentais

1.1 - Geral

CONSTITUIÇÃO da República Federativa do Brasil de 1988: de 05 de Outubro de 1988. **Diário Oficial da União. N.º 191-A**, de 05/10/1988, p. 1-32 [Em linha]. [Consult. 01 Fev 2018]. Disponível na Internet:< http://www.planalto.gov.br/ccivil_03/Constituicao/Constituicao.htm>

CONSTITUIÇÃO da República Portuguesa: Lei Constitucional n.º 01/2005, de 12 de Agosto, Sétima Revisão Constitucional. **Diário da República Eletrónico I Série.** N.º 86 (04-10-76), Decreto de Aprovação da Constituição. Presidência da República, p. 738-775. [Em linha]. [Consult. 19 Dez 2017]. Disponível na Internet: <https://dre.pt/web/guest/pesquisa/-search/502635/details/maximized?p_p_auth=i1T29lIT>

CONSTITUIÇÃO da República Portuguesa: **Lei Constitucional n.º 01/2005, de 12 de Agosto, e legislação complementar.** 3.ª ed. Coimbra: Almedina, 2016. ISBN 978-972-40-6427-7.

1.2 - Específica

CÓDIGO Civil Brasileiro: **Lei n.º 10.406, de 10 de Janeiro de 2002.** Diário Oficial da União, de 11/01/2002. [Em linha]. [Consult. 01 Fev 2018]. Disponível em <http://www.planalto.gov.br/ccivil_03/Leis/2002/L10406.htm>

CÓDIGO Civil Português: **Decreto-Lei n.º 47.344/66, de 25 de Novembro.** [Em linha]. [Consult. 01 Fev 2018]. Disponível em <http://www.pgdlisboa.pt/leis/lei_mostra_articulado.php?nid=775&tabela=leis&so_miolo=>

CÓDIGO de Defesa do Consumidor: **Lei n.º 8.078, de 11 de setembro de 1990.** [Em linha]. [Consult. 01 Fev 2018]. Disponível em <http://www.planalto.gov.br/ccivil_03/Leis/L8078.htm>

Bibliografia

2.1 - Livros e Monografias Científicas

ANDRADE, José Carlos Vieira de - **Os Direitos Fundamentais na Constituição Portuguesa de 1976.** 5.ª ed. Coimbra: Almedina, 2016. ISBN 978-972-40-4669-3

ASCENSÃO, José de Oliveira - **O Direito - Introdução e Teoria Geral.** 13.ª ed. refundida, 8.ª reimpr. da edição de 2005. Coimbra: Almedina, 2016. ISBN 978-972-40-2443-1

ÁVILA, Humberto Bergmann - **Teoria dos Princípios - da definição à aplicação dos princípios jurídicos.** 5.ª ed. rev. e ampl. São Paulo: Malheiros, 2006. ISBN 85-7420-704-7

BARROSO, Luís Roberto - **Curso de Direito Constitucional Contemporâneo - Os conceitos fundamentais e a construção de um novo modelo.** 2.ª ed. São Paulo: Saraiva, 2010. ISBN 978-85-02-09126-9

BENJAMIN, Antonio Herman; MARQUES, Cláudia Lima; MIRAGEM, Bruno (Coord.) - **O Direito do Consumidor no mundo em transformação.** São Paulo: Thomson Reuters Brasil, 2020. 978-65-5614-355-2

CALAIS-AULOY, Jean; STEINMETZ, Frank - ***Droit de la Consommation.*** 6.ª éd. Paris: Dalloz, 2003. ISBN 2-24-705090-5

CAMPOS, Diogo Leite de - **As Relações de Associação - O Direito sem Direitos.** Coimbra: Almedina, 2011. ISBN 978-972-40-4385-2

_______- O Direito e os Direitos da Personalidade. CAMPOS, Diogo Leite de - ***Nós - Estudos sobre os Direitos das Pessoas.*** Coimbra: Almedina, 2004. ISBN 974-48-8155-6.

_______- Os direitos da personalidade: categoria em reapreciação. CAMPOS, Diogo Leite de - ***Nós - Estudos sobre os Direitos das Pessoas.*** Coimbra: Almedina, 2004. ISBN 974-48-8155-6.

CANOTILHO, J. J. Gomes - **Direito Constitucional.** 6.ª ed. rev. Coimbra: Almedina, 1993. ISBN 972-40-0757-X

_______- **Direito Constitucional e Teoria da Constituição.** 7.ª ed., 13.ª reimpr. Coimbra: Almedina, 2003. ISBN 978-972-40-2106-5

CARVALHO, Jorge Morais - O Direito Civil como direito privado comum - Os princípios gerais. *In:* ROSÁRIO, Pedro Trovão do (Coord. Geral) [*et al.*] - ***Introdução ao Direito.*** 2.ª reimpr. Coimbra: Almedina, 2017. ISBN 978-972-40-6474-1

_______- **Os limites à liberdade contratual.** Coimbra: Almedina, 2016. ISBN 978-972-40-6470-3

COELHO, Fábio Ulhoa - **Curso de Direito Civil - Contratos. Vol. 3.** 8.ª ed., rev., atual. e ampl. São Paulo: RT, 2016. ISBN 978-85-203-6688-2

CORDEIRO, António Manuel da Rocha e Menezes - **Da Boa fé no Direito Civil.** 7.ª reimpr. Coimbra: Almedina, 2017. ISBN 978-972-40-7193-0

_______- **Tratado de Direito Civil - Parte Geral - Exercício Jurídico - Vol. V.** 3.ª ed. rev. e actual. Coimbra: Almedina, 2018. ISBN 978-972-40-7218-0

_______- **Tratado de Direito Civil - Direito das Obrigações - Sistemas e Direito Europeu - Dogmática Geral - Vol. VI.** 2.ª ed. rev. Coimbra: Almedina, 2012. ISBN 978-972-40-4980-9

_______- **Tratado de Direito Civil - Direito das Obrigações - Contratos - Negócios Unilaterais - Vol. VII.** 2.ª reimpr. da 1.ª ed. do tomo II da parte II de 2010 Coimbra: Almedina, 2016. ISBN 978-972-40-4101-8

COSTA, Helena Regina Lobo da - **A Dignidade Humana - Teorias de prevenção geral positiva.** São Paulo: Revista dos Tribunais, 2008. ISBN 978-85-203-3307-5

COSTA, Mário Júlio de Almeida - **Direito das Obrigações.** 12.ª ed. rev. e actual., 4.ª reimpr. Coimbra: Almedina, 2016. ISBN 978-972-40-4033-2

FACHIN, Luiz Edson; RUZYK, Carlos Eduardo Pianova - Direitos fundamentais, dignidade da pessoa humana e o novo Código Civil: uma análise crítica. *In:* SARLET, Ingo Wolfgang (Org.) [*et al.*]. - **Constituição, Direitos Fundamentais e Direito Privado.** 2.ª ed., rev. e ampl. Porto Alegre: Livraria do Advogado, 2006. ISBN 85-7348-407-1

FARIAS, Cristiano Chaves de; BRAGA NETTO, Felipe Peixoto; ROSENVALD, Nelson. **Novo Tratado de Responsabilidade Civil.** 4.ª ed. São Paulo: Saraiva Educação, 2019. ISBN 978-85-536-1069-3

FRADA, Manuel António de Castro Portugal Carneiro da - **Teoria da confiança e responsabilidade civil.** Reimpr. da edição de 2004. Coimbra: Almedina, 2016. ISBN 978-972-40-2122-5

FRITZ, Karina Nunes - **Boa-fé objetiva na fase pré-contratual - A responsabilidade pré-contratual por ruptura das negociações.** Curitiba: Juruá, 2008. ISBN 978-85-362-2242-4

GAGLIANO, Pablo Stolze; PAMPLONA FILHO, Rodolfo - **Manual de Direito Civil - Volume Único.** São Paulo: Saraiva, 2017. ISBN 978-85-472-1572-9

________- **Novo Curso de Direito Civil - Vol. 4, Tomo I - Contratos: Teoria Geral.** 13.ª ed. rev. e atual. - de acordo com o novo CPC. São Paulo: Saraiva, 2017. ISBN 978-85-472-1479-1

GONÇALVES, Glácio Maciel (Coord.); POTTES DE MELLO, Aymoré Roque; NETO, Abrão Amisy; *et al.* - **Temas Relevantes de Direito Processual Civil: Abordagens e Reciprocidades Luso-Brasileiras.** Curitiba: CRV, 2018. ISBN 978-85-444-2928-0

LISBOA, Roberto Senise - **Confiança contratual.** São Paulo: Atlas, 2012. ISBN 978-85-224-6896-6

LOTUFO, Renan - Da oportunidade da Codificação Civil e a Constituição. *In:* SARLET, Ingo Wolfgang (Org.) [*et al.*]. - **O novo Código Civil e a Constituição.** 2.ª ed., rev. e ampl. Porto Alegre: Livraria do Advogado, 2006. ISBN 85-7348-423-3

MAFFINI, Rafael - **Princípio da Proteção Substancial da Confiança no Direito Administrativo Brasileiro.** Porto Alegre: Verbo Jurídico, 2006. ISBN 85-7699-013-X

MARQUES, Cláudia Lima; BENJAMIN, Antonio Herman V.; MIRAGEM, Bruno - **Comentários ao Código de Defesa do Consumidor.** 6.ª ed. rev., atual. e ampl. São Paulo: Thomson Reuters Brasil, 2019. ISBN 978-85-5321-377-1

MARQUES, Cláudia Lima; MIRAGEM, Bruno (Coord.) - **Diálogo das Fontes - Novos Estudos sobre a Coordenação e Aplicação das Normas no Direito Brasileiro.** São Paulo: Thomson Reuters Brasil, 2020. ISBN 978-65-5065-436-8

MARTINS-COSTA, Judith - **A Boa-fé no Direito Privado.** São Paulo: RT, 2000. ISBN 85-2031-796-0

_______- **A Boa-fé no Direito Privado - Critérios para a sua aplicação.** 2.ª ed., 2.ª tiragem, São Paulo: Saraiva Educação, 2018. ISBN 978-85472-2895-8

_______- Critérios para aplicação do princípio da boa-fé objetiva. *In:* MARTINS-COSTA, Judith; FRADERA, Véra Jacob de (Orgs.). [*et al.*]. - **Estudos de Direito Privado e Processual Civil em homenagem a Clóvis do Couto e Silva.** São Paulo: RT, 2014. ISBN 978-85-203-5431-5

MENDES, Gilmar Ferreira; COELHO, Inocêncio Mártires; BRANCO, Paulo Gustavo Gonet - **Curso de Direito Constitucional.** São Paulo: Saraiva, 2007. ISBN 978-85-02-06468-3

MIRAGEM, Bruno - **Direito Civil: Direito das Obrigações.** São Paulo: Saraiva, 2017. ISBN 978-85-472-1471-5

MIRANDA, Jorge; MEDEIROS, Rui - **Constituição Portuguesa Anotada - Vol. I.** 2.ª ed. rev. Lisboa: Universidade Católica, 2017. ISBN 978-972-54-0541-3

_______- **Manual de Direito Constitucional - Tomo IV.** 4.ª ed. rev. e atual. Coimbra: Coimbra, 2013. ISBN 978-972-32-2274-6

MORAES, Maria Celina Bodin. O conceito de dignidade humana: substrato axiológico e conteúdo normativo. *In:* SARLET, Ingo Wolfgang (Org.) [*et al.*]. **Constituição, Direitos Fundamentais e Direito Privado.** 2.ª ed., rev. e ampl. Porto Alegre: Livraria do Advogado, 2006. ISBN 85-7348-407-1

NEGREIROS, Teresa Paiva de Abreu Trigo de - **Fundamentos para uma Interpretação Constitucional do Princípio da Boa-Fé.** Rio de Janeiro: Renovar, 1998. ISBN 85-7147-095-2

NOVAIS, Jorge Reis - **A Dignidade da pessoa humana - Dignidade e Direitos Fundamentais - Vol. I.** Coimbra: Almedina, 2016. ISBN 978-972-40-6157-3

OLIVEIRA, Nuno Manuel Pinto - **Princípios de Direito dos Contratos.** Coimbra: Coimbra, 2011. ISBN 978-972-32-1915-9

PEREIRA, António Pinto - **Princípios Gerais de Direito.** Coimbra: Coimbra, 2013. ISBN 978-972-32-2111

PERLINGIERI, Pietro - **Perfis do Direito Civil - Introdução ao Direito Civil Constitucional.** Trad. de Maria Cristina De Cicco. 1.ª ed. rev. e ampl. Rio de Janeiro: Renovar, 1999. ISBN 85-7147-038-3

PINTO, Paulo Mota - Notas sobre o direito ao livre desenvolvimento da personalidade e os direitos da personalidade no direito português. *In:* SARLET, Ingo Wolfgang (Org.) [*et al.*]. **A Constituição concretizada.** Porto Alegre: Livraria do Advogado, 2000. ISBN 85-7348-162-5

PINTO, Carlos Alberto da Mota; MONTEIRO, António Pinto; PINTO, Paulo Mota - **Teoria Geral do Direito Civil.** 4.ª ed., 2.ª reimpr. Coimbra: Coimbra, 2012. ISBN 978-97232-2102-2

PRATA, Ana - **A Tutela Constitucional da Autonomia Privada.** Reimpr. da edição de 1982. Coimbra: Almedina, 2017. ISBN 978-972-40-6184-9

RAMIRES, Maurício - **Diálogo Judicial Internacional - O uso da jurisprudência estrangeira pela Justiça Constitucional.** Rio de Janeiro: Lumen Juris, 2016. ISBN 978-85-8440-586-2

RODRÍGUEZ, Carlos Eduardo López - **Introdução ao pensamento e à obra jurídica de Karl Larenz.** Porto Alegre: Livraria do Advogado, 1994. ISBN 85-8561-678-4

SÁ, Priscila Zeni de. **Poder Judiciário e as Cláusulas Gerais - Parâmetros para a concretização no direito civil-constitucional.** Florianópolis: Tirant Lo Blanch, 2018. ISBN 978-85-9477-1506

SANSEVERINO, Paulo de Tarso Vieira - **Princípio da Reparação Integral - Indenização no Código Civil.** 1.ª ed., 2.ª tiragem São Paulo: Saraiva, 2011. ISBN 978-85-02-08611-1

SANSEVERINO, Paulo de Tarso Vieira - **Responsabilidade Civil no Código de Defesa do Consumidor e a Defesa do Fornecedor.** 3.ª ed. São Paulo: Saraiva, 2010. ISBN 85-0203-544-4.

SARLET, Ingo Wolfgang - **Dignidade da Pessoa Humana e Direitos Fundamentais.** 9.ª ed. rev. e atual., 2.ª tiragem. Porto Alegre: Livraria do Advogado, 2012. ISBN 978-85-7348-816-6

SARLET, Ingo Wolfgang; MARINONI, Luiz Guilherme; Mitidiero, Daniel - **Curso de Direito Constitucional.** 6.ª ed. rev. e atual. São Paulo: Saraiva, 2017. ISBN 978-85-472-1446-3

SARLET, Ingo Wolfgang. A influência dos direitos fundamentais e relações privadas, em especial na jurisprudência do STF e ao caso da proteção do consumidor. *In:* BENJAMIN, Antonio Herman; MARQUES, Cláudia Lima; MIRAGEM, Bruno (coordenadores). **O Direito do Consumidor no mundo em transformação.** São Paulo: Thomson Reuters Brasil, 2020. ISBN 978-65-5614-355-2

SCHREIBER, Anderson - **Direito da Personalidade.** 3.ª ed. rev. e atual. São Paulo: Atlas, 2014. ISBN 978-85-224-9343-2

SILVA, Almiro do Couto e - Prefácio à "Obrigação como Processo". *In:* MARTINS-COSTA, Judith; FRADERA, Véra Jacob de (Orgs.) [*et al.*]. - **Estudos de Direito Privado e Processual Civil - Em homenagem a Clóvis do Couto e Silva.** São Paulo: Revista dos Tribunais, 2014. ISBN 978-85-203-5431-5

SILVA, Clóvis Veríssimo do Couto e - **A obrigação como processo.** São Paulo: Bushatsky, 1976. ISBN 85-225-0581-0

_______- O princípio da boa-fé no Direito brasileiro e português. *In:* FRADERA, Vera Maria Jacob de (Org.). [*et al.*] - **O Direito Privado brasileiro na visão de Clóvis do Couto e Silva.** Porto Alegre: Livraria do Advogado, 1997. ISBN 85-7348-026-2

SILVA, Jorge Cesa Ferreira da - Princípios de direito das obrigações no novo Código Civil. *In:* SARLET, Ingo Wolfgang (Org.) [*et al.*]. **O Novo Código Civil e a Constituição.** 2.ª ed., rev. e ampl. Porto Alegre: Livraria do Advogado, 2006. ISBN 85-7348-423-3

SZANIAWSKI, Elimar - **Direitos da Personalidade e sua Tutela.** 2.ª ed., rev., atual. e ampl. São Paulo: RT, 2005. ISBN 85-203-2755-9

TARTUCE, Flávio - **Direito Civil - Teoria Geral dos Contratos e Contratos em Espécie - Vol. 3.** 13.ª ed. rev., atual. e ampl. Rio de Janeiro: Forense, 2018. ISBN 978-85-309-7788-7

TARTUCE, Flávio; NEVES, Daniel Amorim Assumpção - **Manual de Direito do Consumidor - Direito Material e Processual - Volume Único.** 8.ª ed. rev., atual. e ampl. Rio de Janeiro: Forense; São Paulo: Método, 2019. ISBN 978-85-309-8441-0

_______- **Manual de Direito Civil - Volume Único.** 8.ª ed., rev., atual. e ampl. Rio de Janeiro: Forense, 2018. ISBN 978-85-309-7796-2

TAVARES, André Ramos - **Curso de Direito Constitucional.** 6.ª ed. rev. e atual. São Paulo: Saraiva, 2008. ISBN 978-85-02-06502-4

TEPEDINO, Gustavo - A tutela da personalidade no ordenamento jurídico-constitucional brasileiro. TEPEDINO, Gustavo - **Temas de Direito Civil - Tomo I.** 3.ª ed. rev. e atual. Rio de Janeiro: Renovar, 2004. ISBN 85-7147-427-3

_______- O Velho Projeto de um Revelho Código Civil. TEPEDINO, Gustavo - **Temas de Direito Civil - Tomo I.** 3.ª ed. rev. e atual. Rio de Janeiro: Renovar, 2004. ISBN 85-7147-427-3

TEPEDINO, Gustavo; Joyceane Bezerra de Menezes (Coord.) - **Autonomia Privada, Liberdade Existencial e Direitos Fundamentais.** Belo Horizonte: Fórum, 2019. ISBN 978-85-450-0585-8

TEPEDINO, Gustavo; OLIVA, Milena Donato - **Teoria Geral do Direito Civil - Questões Controvertidas.** Belo Horizonte: Fórum, 2019. ISBN 978-85-450-0566-7

USTARRÓZ, Daniel - **Direito dos Contratos: Temas Atuais.** 2.ª ed. rev. e ampl. Porto Alegre: Livraria do Advogado, 2012. ISBN 978-85-7348-790-9

VARELA, João de Matos Antunes - **Das Obrigações em Geral - Vol. I.** 10.ª ed. rev. e actual., 13.ª reimpr. da 10.ª ed. de 2000. Coimbra: Almedina, 2016. ISBN 978-972-40-1389-3

_______- **Das Obrigações em Geral - Vol. II.** 7.ª ed., 11.ª reimpr. da 7.ª ed. de 1997 Coimbra: Almedina, 2016. ISBN 978-972-40-1040-3

VASCONCELOS, Pedro Pais de - **Contratos Atípicos.** 2.ª ed. Coimbra: Almedina, 2009. ISBN 978-972-40-3701-1

_______- **Direito de Personalidade.** Reimpr. de 2006. Coimbra: Almedina, 2014. ISBN 972-40-2994-8

VENOSA, Sílvio de Salvo - **Direito Civil - Contratos - Vol. 3.** 17.ª ed. São Paulo: Atlas, 2017. ISBN 978-85-97-00921-7

ZANELLATO, Marco Antonio - Boa-fé objetiva: formas de expressão e aplicações. **Revista do Direito do Consumidor**. Vol. 100, ano 24. p. 141/194. São Paulo: RT, jul.-ago. 2015. ISSN 1415-7705

ZANINI, Leonardo Estevam de Assis - **Direitos da Personalidade - Aspectos essenciais.** São Paulo: Saraiva, 2011. ISBN 978-85-02-12646-6

2.2 - Internet

ANJOS, Luís Henrique Martins dos - **O Sistema Jurídico e a influência de fatores metajurídicos.** Brasília: BDJur/STJ/RDDP, 2011, p. 41-93 [Em linha]. [Consult. 14 Mai 2018]. Disponível na Internet: <https://bdjur.stj.jus.br/jspui/bitstream/2011/63005/sistema_juridico_influencia_anjos.pdf>

CAMPOS, Diogo Leite de - O Direito e os Direitos da Personalidade. CAMPOS, Diogo Leite de - **Nós - Estudos sobre os Direitos das Pessoas.** Coimbra: Almedina, 2004. [Em linha]. [Consult. 21 Dez 2017]. Disponível na Internet: <http://www.oa.pt/upl/%7B7f3725e2-d544-4142-8f45-d3b6ff311355%7D.pdf> ISBN 974-48-8155-6.

FRADERA, Vera Maria Jacob de - A boa fé objetiva, uma noção presente no conceito alemão, brasileiro e japonês de contrato. **Revista da Faculdade de**

Direito da UFRGS - Edição Especial. n.º 22, set/2002, p. 125-140. Porto Alegre: FDUFRGS, 2002. [Em linha]. [Consult. 27 Mai 2018]. Disponível na Internet: <http://dx.doi.org/10.22456/2317-8558.48655> ISSN 0104-6594

GLITZ, Frederico E. Z. - **Contrato, Globalização e Lex Mercatoria - Convenção de Viena 1980 (CISG), Princípios Contratuais UNIDROIT (2010) e INCOTERMS (2010).** Rio de Janeiro: Clássica, 2012. [Em linha]. [Consult. 5 Jan 2018]. Disponível na Internet: <https://books.google.com.br/books?id=16IiBAAAQBAJ&pg=PA177&lpg=PA177&dq=comiss%C3%A3o+Lando+na+europa&source=bl&ots=ICc2Yx_OFm&sig=x0sPDIogTy-2uULCU5e2F1i2JCg&hl=pt-BR&sa=X&ved=0ahUKEwiy7OX5zMnYAhWEIpAKHd6VDBIQ6AEIJzAA#v=onepage&q=comiss%C3%A3o%20Lando%20na%20europa&f=false> ISBN 978-85-99651-51-3

PENTEADO, Luciano de Camargo - Figuras Parcelares da Boa-fé Objetiva e *Venire Contra Factum Proprium.* **THESIS** São Paulo, v. 8, ano IV, 2.º semestre, 2007, p. 39-70 [Em linha]. [Consult. 07 Jan 2018]. Disponível na Internet: <http://www.cantareira.br/thesis2/ed_8/3_luciano.pdf > ISSN 1806-762X

STJ - Superior Tribunal de Justiça - **Princípio da boa-fé objetiva pelo STJ em todas as áreas do direito."** [Em linha]. [Consult. 02 Jan 2018]. Disponível na Internet: <https://stj.jusbrasil.com.br/noticias/100399456/principio-da-boa-fe-objetiva-e-consagrado-pelo-stj-em-todas-as-areas-do-direito>